U0732918

程序法治的制度逻辑与理性构建

CHENG XU FA ZHI DE ZHI DU LUO JI YU LI XING GOU JIAN

江必新◎著

"十八大与法治国家建设"丛书

SHI BA DA YU FA ZHI GUO JIA JIAN SHE CONG SHU

深入学习宣传贯彻党的十八大精神主题出版重点选题
"十二五"国家重点图书出版规划项目
国家出版基金资助项目

中国法制出版社
CHINA LEGAL PUBLISHING HOUSE

总　序

人类很早就意识到法治与国家治乱兴亡之间的规律性关联。秦商鞅说，“以治法者强，以治政者削。”汉王符说，“法令行则国治，法令弛则国乱。”古希腊柏拉图也观察到，现实中的那些统治者能不能服从法律乃是决定城邦兴衰成败的关键问题。数以千计的历史年轮已经充分展现了这样一个规律：法治是迄今为止人类所能找到的治国理政的最好方式。然而，历经时空层层打磨后的“法治”二字，其内涵绝不仅限于字面。作为“规则之治”，法治塑造着人类生活的规范性、制度性和程序性；作为“法之统治”，法治要求法律规则的权威性、统一性和至上性；作为“良法之治”，法治内含了公平正义自由秩序等诸种价值；作为“程序之治”，法治强调程序的合法性、正当性以及程序相较于实体的优先性；作为“理性之治”，法治要求奉法者执中守正、辩证施治、莫走极端。法治所蕴含的从人类日常生活和历史实践中所积累出来的智识、思维、价值、信仰、模式、程序，深远而现实地影响着每一个人的生命和生活，左右着每一个国度以及民族的盛衰和荣辱，揖别人类的过往并祈祷着人类社会的未来。

党的十八大是中国法治建设的重要里程碑。以习近平为总书记的新一届中央领导集体，举“法治中国”为纲，张“法治国家、法治政府、法治社会与依法治国、依法执政、依法行政”为目，法治成为治国理政的基本方式，法治思维和法治方式成为新时期领导干部的基本准则，依法办事成为举国上下的第一遵循，科学立法、严格执法、公正司法、全民守法成为推进法治中国建设的宏伟阶梯，维护宪法法律权威、深化行政执法体制改革、确保依法独立公正行使审判权检察权、健全司法权力运行机制、完善人权司法保障制度成为法治改革的五大重心，法治理念、法治精神、法治思维、法治方式、法治文化、法治环境编织起法治中国的立体网络。这份决心和担当所诠释的共同体认是：法治是建设中国特色社会主义的重要内容，是党领导人民治国理政的基本方略，是实现中华民族伟大复兴的重要支撑，是如期建成小康社会的捷径快道。

毫无疑问，一个通过全方位法治化而实现国家治理现代化的中国正在熔炉中锻造。笔者以为，法治中国这一宏大命题比依法治国、依法行政等命题拥有更加丰富的内涵：“法治中国”是人类法治文明成果的“继承版”，是法治国家建设的“中国版”，是中国法治建设的“升级版”。从依法治国到法治中国，是中国法治建设的一次极为重要的升级，是中国共产党探索治国理政规律的一个极为重要的成果，是中国政治文明进一步提升的一个极为重要的契机。佐证这个结论的是这样一些正在发生的细节性事实：中国正在经历从有法可依向科学立法、民主立法的提升，从强调法律体系和规则体系向强调理念、体制、制度、机制四位一体的提升，从倡行法律面前人人平等到力求权利平等、机会平等、起点平等的提升，从依法管理向依法治理的提升，从简单地强调政府严格执法向强调公正文明执法的提升，从规范执法行为向从行为到程序、从内容到形式、从决策到执行一体规范的提升，从事前授权、事后纠错的控权方式向建立权力运行的监督制约体系的提升，从注重私法权利向不仅注重私法权利而且注重公法上的权利保障的提升，从严格司法向公正司法的提升，从强调执法司法队伍建设向强调所有法治环境和法治条件改善的提升……据此必可期待，未来之治理必定滋养于法治，未来之中国必定享誉于法治的成就，未来之人民必定受益于法治中国建设的红利。

建设法治中国，仍需在规则治理上完成未竟事业，尤需在中国特色上凝心聚力，更要在制度建设上大展宏图；既要在“加快建设”上争速度，又要在“全面推进”上“舒广袖”，还要在有效治理上见成效。这无疑是一项重大而艰巨的时代任务。笔者深感，于法治中国建设方兴未艾之际，亟待进行系统研究和深挖细嚼，以彰显法治中国之精义，描绘法治中国之图谱，拓展法治中国之路径。有鉴于此，笔者搜几十年法学研究之思虑，索数十载政法工作之体验，不揣浅薄，于工作之余，梳理法治国家、法治政府、法治社会之宏旨，阐释良善司法、辩证司法、程序法治之大要，研究法治思维与法治方式之运用，探求法治中国之制度逻辑与构建方式，拢此八本为“十八大与法治国家建设”丛书一套，愿能藉此弘扬法治之精神，略陈法治建设之已见，以陋砖而引真玉，以个人短视而发方家之真言。

还记得儿时的夏夜，每当在屋外稻场纳凉的时候，祖母总是指着遥远的星空，让我辨识一个又一个的星座。从那时起，我就感到宇宙之宏大无穷，而个人之渺小不足道；人类对于真理的认识和接近太过于艰难。而此时，耳边又似响起祖母的教诲：“好好学习吧，将来做一个对公家有用的人。”谨以此丛书献给我敬爱的、伟大的祖母——易诗秀老人！

本丛书入选国家新闻出版广电总局“深入学习宣传贯彻党的十八大精神主题出版重点选题”、“‘十二五’国家重点图书出版规划项目”，并获得国家出版基金支持。邹雅竹、蒋惠等帮助整理了部分文稿；我的博士后、博士生李春燕、刘润发、杨科雄、何君、王红霞、鞠成伟、张宝、刘耀辉、郑雅方、罗英、廖希飞、杨省庭、兰燕卓、郑礼华、刘琼、石毅鹏、蒋清华、曹实、贺译葶、张雨、邵长茂以及最高法院的梁凤云、李纬华、阎巍、周觅同志、北京高院的程琥同志、重庆高院的王彦同志、江苏高院的杨志刚同志、江西财经大学的方颉琳老师帮助整理了部分讲座录音稿，个别章节也有他们的合作参与（程琥、李春燕、王红霞、邵长茂等）。中国法制出版社总编辑刘时山、编辑马颖等同志在项目申报、文字审校和最终出版方面付出了辛勤劳动。没有这些深情支持和热心帮助，就不能有这套书的面世，在此谨致以衷心感谢！

是为序。

江必新

甲午仲夏于地坛寓所

目　录 *CONTENTS*

绪　论

在人类管理公共事务的历史上，程序的发明和应用发挥了神奇的作用：它推开了法治文明的大门，实现了驯服统治者、把权力晒在阳光下的梦想，正是凭借程序的锁链才得以将公共权力这个巨大“利维坦”关进制度的笼子里，人类自此可以与恣意和专横的人治相揖别，正如法谚所言：“正是程序决定了法治与恣意的人治之间的基本区别。”

我国经历“文革”浩劫后毅然选择了走法治道路，党的十八大更把法治建设提到一个前所未有的高度。但直到今天，对于很多法学专业以外的人来说，到底什么是法治，什么是人治，仍不甚清楚。笔者以为，如果抛开周密而繁琐的标准，用一个通俗易懂的标准区分人治和法治，“程序”无疑是一个很好的选择。换句话说，讲程序就可以约等于讲法治，反之亦然。

对于治国理政，程序法治有极大的优越性。从表面上看，程序似乎由一些琐碎的步骤、顺序、方式、形式、时间所组成，但组合得科学良好的程序却至少具有九大功能：行为引导、品质改善、正义实现、民主参与、权力制约、意志统一、利益平衡、权利救济和责任追究等等。程序法制，是规范人们行为的最有效的制度。

对于民主政治和法治政府，程序法治是最重要的标志和最基本的依托。试想，如果没有选举程序，没有民意表达程序，没有公民参与程序，没有公开决策程序，那民主是什么呢？民主也许会因此变得“空心化”。我们之所以能够理直气壮地宣称我们拥有社会主义民主政治，也就在于我们有一套选举程序、票决程序、公民参与程序、政治协商程序等等。我们讲法治，如果没有公民权利救济程序，没有对权力的监督制约程序，没有严格的刑事诉讼程序，那法治又是什么呢？法治也许只是“空气震荡”。所以，我们不难证明，正是程序法治决定了恣意的人治与具有确定性的法治之间的区别；我们不难理解，人们更愿意在虽无实体规则但有良好程序规则之下生活的道理。

对于实现伟大而光荣的中国梦来说，程序法治有着更为现实的意义。有了科学合理的程序法治，才可以通过正当程序充分吸纳民意、集中民智、维护民权，以人为本理念才能真正贯彻在执政活动之中，中华民族伟大复兴才有程序依靠。

对于相对有限的立法资源来说，程序立法的效益好于实体立法。当前，我国立法任务十分繁重，方方面面都需要立法。立法资源有限，先立什么法律？笔者认为，还是应先创设统一的程序法。单个法律即使成百上千，但仍然不能囊括无余；而制定统一的程序法，却可以将所有活动纳入法律规范，以一当十甚或以一当百。即使实体法定得再多，若无一部程序法来保障，这些实体法也很难实现。相反，如果没有实体法，但有一部良好的程序法，大家都按照设计得良好或正当的程序来操作，作出的行为虽不能保证百分百的高质量，却可以保证绝大多数行为符合或接近公平正义的要求。

对于社会转型、体制转轨、社会关系急剧变动的现实，更宜制定程序法而不宜仓促制定实体法。因为制定实体规则，既要考虑昨天的历史，又要迁就今天的现实，还要考虑明天的发展，这使立法者勉为其难，只能制定出十分抽象、缺乏可操作性的原则规范。制定程序规则，对复杂变动的社会关系依赖较少，可以适当超越时空的限制，对成千上万的行为进行类型化处理，分别作出统一的程序要求。这样的法律规范不仅具有可操作性，而且容易得到有效实施。

可见，科学制定和认真实施程序法，大力发展程序法治，是建设法治中国的“方便法门”。本书拟就如何树立程序法治意识，如何科学制定程序法，如何贯彻实施程序法，谈一些感想和体会，与读者分享，诚望广大读者与笔者一道，沿着正当的程序法制之路，携手走向共和国的法治大厦。

第一章　程序法治及其功能

中国近百年的战争史和斗争史，使不少国民忘记了中华民族是最讲程序的“礼仪之邦”。不少官员认为程序是束缚手脚的绳索，是降低速度和效率的繁文缛节，是碍手碍脚的羁绊。因此，要建构理性的程序，法治必须对其性质与功能进行再认识。

一、程序法治能实现公权力机关和利益相关人的双赢

一个设计得好的程序，能使公权力机关和利益相关人实现双赢。我们进行程序法治建设的目的，就是要实现公权力机关和利益相关人的双赢，实现科学发展，促进社会和谐。

政府在这个过程中能够得到的好处是：

第一，程序法治可以防止公权力机关决策的重大失误，确保决策的正确性。公权力机关的决策错了，就会浪费大量的人力、物力、精力，劳民伤财，甚至会失去科学发展的宝贵时机。我国因决策失误而造成的损失太多了。“文革”就是一部典型的决策错误而导致历史性灾难的反面教材。

第二，程序法治能够促使公权力机关最大限度地公开信息、听取民意、吸取民智，确保公权力机关决策的民主化科学化。有时候，公权力机关的决策从原则上来看是正确的，方向也是对的，但由于程序不公开，缺少广泛地听取意见（特别是不同意见）的程序，就容易导致公权力机关决策所依据的信息不全面，出台的政策就可能有偏差。程序法

治从制度上保证了老百姓有较为完善的机制和程序来发表意见，公权力机关的决策方案就会少一点缺陷，多一份胜算的把握。

第三，程序法治有利于促进沟通，凝结共识，推动公权力机关决策的顺利实施。程序法治可以搭建一个规范化的公权力机关与利益相关人对话、沟通和交流的平台。公权力机关通过程序法治让更多的人民群众参与，通过双方的沟通、协商、互动反馈，促进彼此间的理解，甚至形成共识，保证公权力机关决策的贯彻落实。通过这样的程序，公权力机关可以向老百姓讲清楚为什么要做、如何做、何时做，而老百姓也会自发地支持公权力机关来把好事办好，支持凝结了自己共识的公权力机关决策和决定，也会体认公权力机关管理是为了老百姓的切身利益和长远利益。长沙市曾就绿化、交通疏导、城市色彩等民生问题，召开了一个市民代表旁听、电视网络广播同步直播的市政府常务会议，得到了社会各界的广泛关注和支持。这就是一个利用公开的行政程序达到双赢的很好的例证。

第四，程序法治可以及时化解矛盾，减少争议。程序法治由于从制度上保证利益相关人的参与权，保证双方有着较为畅通的信息交流和反馈，容易缩小彼此间的差距，至少会避免因误解而扩大争议。任何一个工程、一项政府决策都可能涉及不同利益，都可能难以同时让所有人满意。但通过程序法治，公权力机关就可能充分平衡各方面的利益，使各方能够找到利益的共同点，求大同，存小异；及时化解矛盾，避免因矛盾的不断堆积而成为科学发展的阻力。

第五，程序法治有利于提高公权力机关决策的透明度和公权力机关行为的能见度，有效预防腐败，提高效率。公权力机关的一切权力来自于人民，应当服务于人民，随时接受人民群众的监督。通过程序法治，公权力机关将每一项权力行使都摊在阳光下，便于人民群众监督。

对于老百姓来说，程序法治可以方便其维护自己的合法权益。

首先，程序法治可以有效地保障公民的知情权。在行政程序中公民可以要求政府机关依法公开与他有关的信息和材料，有权了解政府调查了解的事实、证据，甚至通过听证等方式，维护自身的权利。例如借助公开的程序，公民就更加容易了解某个工程的来龙去脉，这个项目投资多少，对他们有什么益处，等等。可以说，程序法治保障了公民对社会管理活动的知情权。

其次，程序法治有利于保障公民的参与权。当事人参与程序的法治化，使他们不再单纯是一个被管理的对象，同时也是程序的主要参与者。程序法治化要求公权力机关在整个程序中，要做到事前有告知、事中有听证、事后有释明。而通过这样的一个个具体的程序，老百姓参加到管理的每个环节，行使着广泛的参与权。民主的真谛在参与，没有参与即无所谓民主。过去我们把民主的希望过多地寄托在选举上，实践表明，选举对民主的作用是非常有限的，不如参与来得具体、来得实在、来得持久。参与权是人民群众实现自己的民主权利、实现自己主人翁地位的一个最好的平台。

再次，程序法治有利于保障公民的表达权。公开的程序是当事人制度化地表达意见的平台。在公权力机关决定作出之前，利益相关者有权自由地表达自己的看法和观点，特别是公权力机关在作出对他不利的决策和决定时，必须事先听取他的意见。公民的观点和看法不论正确与否，都应当被公正、无偏私地听取，否则公权力机关就可能构成程序违法。这些制度设计从根本上保障了公民的表达权。

最后，程序法治有利于保障公民的监督权和请求救济权。公民如认为权力机关侵犯其权益，可以要求依法定程序进行救济，甚至可以要求公权力机关赔偿。而程序法治就是将各种救济制度法治化，当事人对公权力机关的决定不满意，可以自由选择通过不同的权利救济渠道来解决，使自己受到损害的权益得到恢复。

因此，对于普通民众来说，程序法治是其权利的保护伞，没有程序保障，再美好的权利也可能只是画饼充饥。而只有通过程序法治，公民的知情权、参与权、表达权、监督权（申请救济权），才能真正得到保障。

二、程序法治有利于预防和解决各种争议

一方面，程序法治建设有利于提高公权力机关决策的正确性、科学性，减少对国民权利侵害的可能性，这就从源头上减少了发生争议的可能性。

另一方面，程序法治从制度上保障了当事人对整个程序的参与，通过协商、沟通，求同存异，至少可以最大限度地缩小分歧。在沟通、反馈的过程中，不同观点和利益的碰撞，管理者与被管理者之间的不同主张与回应，会使得彼此对对方的主张和理由判断得更加客观、更加中立，也容易理解和接受对方的观点和立场。这样的程序设计可以避免矛盾的激化，防止非理性决定的出现。而政府通过听取意见和被管理对象对政策、决定的不同看法，一般都能够更加注意到不同主体的不同需求，可以及时调整和完善决策和决定，保持行政管理的弹性和灵活性，对潜在的争议也可以早发现、早预防、早解决。

有些地方在出台政策、决定之前，忽视听取老百姓的意见，甚至害怕“庶民议政”而影响其“政绩工程”，结果导致信访问题不断。总结这些教训，主要原因就是搞建设贪大求快，发展经济不讲规则，作决策不讲程序。由于忽视决策时的公众参与和意见听取，使政策决定缺乏民意基础，毛病、漏洞百出，作出的决策要么错误成分较多，要么群众不支持、不理解，要么方案考虑得不周全，决策一旦实施，往往困难重重，难以为继。而一旦发现反对意见太多，就“头痛医头，脚痛医脚”，不停地对政策和决定进行修改和变更，不仅造成资源的巨大浪费，而且导致矛盾层出不穷。如果事先重视行政程序作用的发挥，就会减少这些麻烦。

三、程序法治有助于实体正义的实现

程序法和实体法如果能完美结合，程序正义与实体正义如果能有机

统一，那是最好不过的了。对人类来说，程序不是终极目标，实体才是它追求的目的。

但是有时候，人们对实体问题的是非对错，可能有不同的看法。人们对个人利益、集体利益和国家利益之间的关系和轻重缓急也会存在不同认识，有时难以形成共识。比如对老城区进行拆迁修路，需要拆迁搬走的居民和继续居住的居民、居住了许多年的老住户与年轻住户、开发商与被拆迁人之间都会有不同意见。如何协调这些不同意见，保证既尊重大多数，又保护少数？不少人希望立法机关通过立法来解决所有的实体问题，政府机关对社会的管理只需依照法律规范按图索骥即可。这样的想法既不现实，也无法实现。这就要求我们必须转变思路，在最大限度地制定符合实际情况的实体法的同时，花更大气力解决好行政程序的立法问题。这就需要我们通过公开的程序来听取意见，让不同意见的人都参与到决策程序中来，严格按规定的程序作出决策。

事实上，程序法治解决得好，就更容易实现实体法治。没有程序正义，实体正义往往很难实现。有时候即使没有实体规则或者实体规则规定得不明确，但只要执法者能够依照客观理性，按照正当的程序去作决策和决定，最终的结果也是能够被接受的。不管是和尚分粥的故事，还是切蛋糕的故事，都说明程序具有独立的价值而不仅仅依附于实体。如何把粥或蛋糕分均匀是个实体问题，有时不论如何分，都会有人觉得不公平。如何让分的人保持公正、公平，可以靠教育、靠自律、靠纪律、靠监督。但多年来的实践表明，这些方法都有局限。因此，如何对分配权进行控制，保证分配的公平、公正和公开，最关键的就是程序设计。最聪明的方法就是设定这样的一个程序：让那个负责分配的人，最后一个取属于自己的那一份。这就把实体问题转变成了程序问题。尽管这样分配也可能出现偶然的不公平或不公正的问题，但由于它是通过一个公正、正当的程序来进行的，即使实体不公正，人们也容易接受这样的结果；只要每个人都参与了分配的过程，即使存在一定程度的不公正，大家也都容易认可。这就是程序法治独立的价值。制订统一的行政程序法，以确保实体正义的实现，这是法治国家的一个重要标志。所以，要尽快建成法治国家，完善法律体系，一个较快的办法就是制定程序法。

制定一部良好的行政程序法，有以下几个方面的重要意义：

第一，行政程序法是完善社会主义法律体系的重要组成部分。中国的一个基本情况是民族众多，国土广阔，各地经济社会发展水平不一致，地区差别非常大，因此，很难从实体法上对所有社会问题进行整齐划一的规范。既要维护法治统一，又要保证符合各地的实际情况，从这个角度来看，只有好的程序规则、程序法才能做到。笔者以为，大量制定实体法而不制定程序法这个思路一定要转变。没有好的程序，再好的实体法都没有用。

第二，在现代法治社会，人的价值观念多元化，利益诉求多元化，对同一个问题，未必有共同的观念。比如对旧城进行拆迁改造，不同利益群体、不同区域的居民意见肯定不一样，不可能用一个实体规则来调整，也不能靠行政命令使他们达成统一的认识。在实体上说不清楚的时候，就需要寻求一个底线共识。在这种情况下，实体规则解决不了的，就要依靠程序规则来解决。程序在这个时候发挥着一个特殊的功能，它是民主和法治、自由和纪律等之间实现统一的一个载体。

第三，有好的程序法才能更好地服务实体。要建立完善的社会主义法律体系，必须树立正确的法律体系观念。除了权力与权利的平衡之外，还有程序与实体的平衡。因此，程序正义与实体正义同样重要，在某些特殊情况下甚至是只要实现了程序上的公平，就可以认为或应当认为实体上也是公平的。

第四，“礼仪之邦”的说法说明我国有重程序的传统，只是后来丢掉了这个传统。中国古代的行政程序已经比较发达，在政府如何管理方面有许多规制。所谓礼治，实际上是程序之治。

第五，有统一的行政程序法，能够提高行政效率，节省很多资源。很多人认为有程序约束，做起事来繁琐，速度慢，效率不高。单单看一个具体的行政行为可能是这样，因为听取各方意见需要时间，的确比政府首长拍拍脑袋就决定要慢。但经验告诉我们，按科学、正当、合法的程序办事，慢实际上就是快；办事不讲程序，不讲规则，快实际上就是慢。无数的事实表明，那些不按正当程序作出的决策，往往是“欲速则不达”。

有人认为，按照程序来决策会增加成本。实际上，举行听证会能花费多少成本？这个成本比起现在一些地方处理信访的成本要低得多，与给老百姓和国家造成的巨大损失相比更是微乎其微。

第六，从政治上来说，贯彻科学发展观要靠程序法治。不按科学、民主的程序决策，拍脑袋决策，那肯定不是科学发展。程序法治的最大功利是通过程序集思广益，达成共识，形成合力，以提高治国理政的效益。此外，程序法治对于实现民主政治也有极为重要的意义，程序法治的精髓是让所有被管理者都有实实在在的知情权、表达权、参与权、请求救济权，让人民群众成为地地道道、名副其实的主人。

四、程序法治建设与高效便民行政并不冲突

高效、便民都是政府施政的主要目标，但对此的理解不应过于绝对和抽象。一方面，所谓高效、便民要结合行政行为或是行政程序的全过程来判断。高效绝非仅仅指从一个单一的时间段或者某种行为的短期效果，去评价和判断其行政效率的高低和价值的大小。便民也不能简单理解为办事环节越少老百姓就越方便、越拥护。高效、便民在行政法中都应当放在更大的时间段内去考量，即要从整个行政行为运行、发展过程来评价其必要性和合理性。它需要有一系列严谨科学、简便易行的行政程序的设计。讲程序就是讲规则，程序价值本身就应当包含高效、便民。另一方面，是否高效、便民不仅由行政机关自我判断，还必须充分考虑程序的公正性、可操作性和公众的可接受性。只有公平的程序才有持久的生命力，才能够被群众所认可。

如果一件事情不按正当程序办，草率决策、仓促行事，看似快捷，但后患无穷。正反两方面的经验告诉我们，有些事情当时做得很快，但

到后来却留下一大堆的乱子和矛盾，而要处理这些乱子、矛盾，花的时间、精力、成本会更多。有些事情虽然当时看起来很快，但是从整体来看它是一个非常慢的工程。所以，我们判断效率高低、是否便民，不能仅仅看当时当地，而要从整个过程来看。同样，一件事情，即使有程序且按程序执行，但程序本身缺乏公平性、正当性，也会给老百姓带来诸多不便甚至使公众对行政机关产生信任危机，后患无穷。

“和尚分粥”的故事，讲的就是程序规则。七个和尚首先认识到制定规则的重要性，是防止恣意专权的前提。如何分粥才公平合理，是接下来必须考虑的重要事情。在尝试多种方式后，最后得出由每个和尚轮流值日分粥，且分粥的和尚要最后一个领粥的最佳方案。这个故事告诉我们，搞程序管理，首先必须严格地按程序办事，其次要充分考虑程序的正当性、公正性和可操作性。虽然行政过程开始时可能会慢一些，但是矛盾少，纠纷少，实际上是效率更高的行为，是维护老百姓长远利益、根本利益的最方便有效的方式。法治的首要特征就是讲规则、讲程序，这是确保高效、便民的前提。良好的程序是可持续发展的前提，是从“法治”迈向“善治”的基础。“人治”貌似效率高，但十有八九隐藏祸根、埋下隐患，带有极大的风险，往往需要后世或后人为其埋单，需要巨大的道德克减或人的价值的贬损作为代偿。

五、以程序法治建设推动善治建设

法律是严肃的，同时也必须是理性的。合理行政是依法行政的高级标准，属于更高层次的治理。依法行政是治国理政的基本标准，因为任何法律都不可能完美无缺，任何地方或国家也都不可能让法律天衣无缝地实施。要达到治理的高标准，就要合理行政，也就是要达到善治。善治要有很高的正当性、合理性、科学性、民主性。要实现善治，仅仅满足法治需求是不行的，必须向合理性迈进。也就是说要不断增加行政的正当性含量。要做到这一点，必须讲诚信规则，必须控制自由裁量权，必须有好的决策，必须建树高标准的行政伦理。湖南这些年的法治建设表明，湖南不仅仅是在进行法治建设，也是在进行善治的建设，是在向治理的更高层次迈进。这也是中国传统文化所追求的。孔夫子所主导的就是善治。法律的应用必须服从善治的需要。这也是我国治理文化的一个传统。法治是基础，是阶梯，是人类生存、发展和完善的必要条件。法治不是人类追求的目标，人类追求的是人的自由的全面的发展。但我们必须明确，要达至善治，法治是不可逾越的阶段，必须有这个阶段。善治必须从法治起步，因为人类如果没有基本规则约束，善治就如同建立在流沙上一样。我们要建设善治的服务型政府，就要强调以公民为服务对象，强调政府公共管理的多元主体、多元参与，以尊重公民权、实现公共利益为目标、社会协调运作的综合治理模式。笔者相信，未来中国特色的社会主义制度会更多地体现善治的特点，更大限度地满足人民群众的多样化需求。

第二章　立法程序的正当化

立法是通过设定权力和权利来调整社会关系的国家活动，对社会乃至国家和民族的发展起着基础性、全局性和根本性的作用。在法治状态下，法是治国之准据，但不是什么法都可以用来治国，也不是什么法都能治好国。在笔者看来，法有“良法”、“恶法”和“笨法”之别，只有良法才是值得托付的治国规则。而“恶法”和“笨法”，或成为社会动乱的源头，或成为国家进步和发展的阻碍，或成为没有实效的摆设，危害巨大。这是因为：如果说，一次不公正的裁判比十次犯罪更为可怕，那么，一次不公正的立法远比一百次不公正的裁判更为可怕。正因为如此，中央多次强调要坚持科学立法、民主立法，不断提高立法质量，努力实现良法善治。

立法程序是“造法之法”，是良法产出之圭臬。规范立法程序，对于实现良法善治，具有独特的意义和价值。我国 1982 年宪法对我国立法体制进行了改革。宪法、全国人大组织法、地方组织法对立法程序等问题作了基本规定，全国人大及其常委会的议事规则又进一步作了具体规定。特别是 2000 年立法法出台施行，对立法程序进一步加以法律化、制度化，对于提升立法质量和水平具有重要意义。目前，中国特色社会主义法律体系已经形成，我国总体上实现了有法可依，但仍然需要进一步完善。习近平总书记在中共中央政治局第四次集体学习时强调：“实践是法律的基础，法律要随着实践发展而发展。要完善立法规划，突出立法重点，坚持立改废并举，提高立法科学化、民主化水平，提高法律

的针对性、及时性、系统性。要完善立法工作机制和程序，扩大公众有序参与，充分听取各方面意见，使法律准确反映经济社会发展要求，更好协调利益关系，发挥立法的引领和推动作用。”如何进一步完善中国立法程序，增强立法程序的正当化，是一项极为重要的课题。

一、什么是立法程序的正当化

立法程序正当化，指的是立法程序要愈加趋向正当以利于产生良法。笔者认为，正当化的立法程序至少应当具备以下特征：

第一，有利于保障立法的人民性。我国的立法是国家权力机关代表人民行使立法权的活动，体现人民意志是社会主义国家性质对立法工作的本质要求。彭真同志曾经指出，立法要从全国各族最大多数人民共同的根本利益出发。他还从历史的角度深刻指出，中国历史悠久，我看基本的历史经验就是要顺乎群众利益和要求，失去群众就站不住脚。正当化的立法程序，应当是有利于通过立法充分体现人民的意志、切实维护人民的利益的立法程序。

第二，有利于保障立法的正义性。正义是程序公正的价值中最基本的要素。正当的立法程序，要求立法程序能够正当考虑一切相关因素的影响，包括立法法案所应确认和维护的利益、所应确认和维护的意志；同时要排除一切不相关因素的影响，包括立法法案所不应确认和维护的利益、立法法案所不应确认和维护的意志。

第三，有利于保障立法的科学性。“立法要从中国实际出发，解决中国的实际问题，并且以我们的社会实践来检验。”[①]“立法是在矛盾焦点上砍一刀”[②]。法首先要管用，这是法的第一生命。在社会矛盾日益加深，社会利益深刻调整的今天，立法的有效性更显珍贵。法就是要对这些矛盾划一个合理解决的界限作为准则，要在矛盾的焦点上划杠杠。

---

① 彭真：《论新时期的社会主义民主与法制建设》，中央文献出版社 1989 年版，第 301 页。

② 参见乔晓阳主编：《立法法讲话》，中国民主法制出版社 2000 年版，第 21 页。

正当化的立法程序，应当是有利于促进立法解决实际问题的程序。通过这样的立法程序制定的法律，能够更好协调利益关系，发挥立法的引领和推动作用。如果遇到问题就搁置审议，这样总是回避矛盾的立法程序，会耽误社会矛盾和问题的解决。

二、立法程序正当化的必要性

（一）立法程序是否正当，关乎党的命脉、国家前途、民族命运和人民幸福

党的十八大报告提出，法治是治国理政的基本方式。加强法治建设，是我们党在深刻总结历史经验教训的基础上作出的战略选择。彭真同志指出："过去我们曾经对法制建设的重要意义认识不够，强调不够，经过十年内乱，大家头脑比较清醒了，认识到象'文化大革命'中那样无法无天是要吃苦头的，决不能再让它重演。"① "发展社会主义民主、健全社会主义法制是根本性、全局性的问题，它决不仅是人大常委会的事情，而是全党的事情，整个国家、整个民族的事情。"② 是走法治的道路，还是走人治的道路，关乎党的命脉、国家前途、民族命运、人民幸福。走法治道路，首先需要推进科学立法。党把自己的主张和人民的意志通过法定的程序变成法律，完善这个法定的程序是推进科学立法的基本要求。可见，立法程序是否正当，绝不是一件可有可无的小事，而是关乎党的命脉、国家前途、民族命运、人民幸福的大事。完善、健全、正当的立法程序，能够保障国家和社会在法治的轨道上运行，进而保障社会主义始终沿着正确的道路和方向前进。

---

① 彭真：《论新时期的社会主义民主与法制建设》，中央文献出版社 1989 年版，第 219 页。

② 彭真：《论新时期的社会主义民主与法制建设》，中央文献出版社 1989 年版，第 326 页。

（二）立法程序的正当化是夯实道路自信、提升制度自信的重要手段

党的十八大提出要坚定中国特色社会主义的“道路自信、理论自信、制度自信”。完善立法程序与道路自信、制度自信息息相关。

坚定“道路自信”，关键在于深刻认识和自觉把握中国特色社会主义道路的内涵与实质。中国特色社会主义政治建设道路，就是在坚持中国共产党领导下更好地保障和发展人民民主权利；这一建设道路的科学内涵和基本特征是，坚持共产党领导、人民当家作主、依法治国的有机统一。[①] 事实上，完善的立法程序，是承载“坚持共产党领导、人民当家作主、依法治国的有机统一”的最重要的途径之一。立法，是把党的意志上升为国家意志的过程，就是制定制度保护人民利益的过程，就是依法治理国家的过程。这个过程越科学、越规范，我们对这条道路也就更自信。因为科学、正当的立法程序，更能体现三者的有机统一。

坚定“制度自信”，关键在于深刻认识和自觉把握中国特色社会主义制度的本质。党的十一届三中全会在总结历史经验教训的基础上提出：“为了保障人民民主，必须加强社会主义法制，使民主制度化、法律化，使这种制度和法律具有稳定性、连续性和极大的权威，做到有法可依，有法必依，执法必严，违法必究。”法律制度是各种制度中最具权威性和稳定性的制度。我们所指的“制度自信”中的“制度”，当然包含具有最高效力的法律制度。社会主义法律体系的基本完成，是我们制度自信的重要基础。坚持制度自信，也对法律制度，特别是立法程序提出了更高的要求。只有所立之法都是良法，才能有制度自信。如何保障所立之法都是良法，关键因素之一是立法程序。如果“中国制造”

---

① 方筱筠、陈叶军：《道路自信　理论自信　制度自信：党的十八大的灵魂》，载 http：//www. cssn. cn/news/619155. htm，访问时间 2013 年 5 月 4 日。

有一天也能成为中国法律的一个品牌，成为中国在世界民族之林的强有力的竞争力，那么我们就会更好地拥有“制度自信”。

（三）立法程序正当化是建设法治中国的必然要求

2013年1月，习近平总书记就做好新形势下政法工作作出重要指示，第一次明确提出建设法治中国。完善立法程序，是建设法治中国的一项前提性、基础性工作。

立法程序的正当化是保障立法质量的基本前提。“求木之长者，必固其根本；欲流之远者，必浚其源泉。”建设法治中国，前提是良法为治。“正当化”是立法程序设计的基本出发点，也是检验立法程序的一条重要标志。出发点决定着每一个程序制度设计的走向。“立法程序的正当性是良法得以生成的逻辑前提。”① 只有出发点是好的，才能确保产生良法。目前，立法中存在的问题并不少，尤其是地方立法：立法项目的选题和立项还不够科学；部门利益倾向仍然不容忽视；公民参与立法的渠道仍不够通畅；公民与立法机关之间的互动机制尚未建立等等。② 只有构建健康、完备、正当的立法程序，才能保证法成为良法，实现善治。缺乏正当性的立法程序，不能让人预期能生产出公平正义之法来。

立法程序的正当化是培育法治社会的重要途径。“检视一国法治和民主的成熟程度，很明显的一个标准，是看这个国家的公民对自己国家的最高权力机关或立法机关的立法运作制度，有何种程度的了解和理解。”③ 长久以来，公众对于立法工作既不熟悉，也不关心。“从群众中来，到群众中去”的群众路线，实事求是、调查研究的工作方法，在

---

① 刘爱龙、欧阳琼：《立法程序的正当性》，载《南华大学学报（社会科学版）》2007年第1期。

② 唐山市人大常委会法制工作委员会：《浅谈地方立法中存在的问题和不足以及改进措施》，载 http：//www. hppc. gov. cn/list – lifa. asp？ id =465，访问时间2013年5月9日。

③ 周旺生：《再论全国人大立法运作制度》，载《求是学刊》2003年第4期。

这些年的立法工作中没有充分得到重视。这些问题导致法律制度既与实际生活严重疏离，公众对法律制度也抱有极大的怀疑和不信任。立法程序的正当化，是实现“让立法走向群众、让群众走向立法”的良性互动过程。有人说中国社会存在“共识断裂”的危险。“走过集体至上的时代，中国已进入一个利益的迷宫，每一件事都面临不同的利益选择。”① 在这样的社会大背景下，通过完善立法程序，扩大公众有序参与，让更多的利益主体参与到立法过程中来，充分听取各方面意见，使法律准确反映经济社会发展要求，更好协调利益关系，无疑是消解公众与公权之间矛盾与对立，培育法治社会的一个重要的途径。

（四）立法程序正当化是实现公平正义的必然选择

党的十八大报告提出：“公平正义是中国特色社会主义的内在要求。要在全体人民共同奋斗、经济社会发展的基础上，加紧建设对保障社会公平正义具有重大作用的制度，逐步建立以权利公平、机会公平、规则公平为主要内容的社会公平保障体系，努力营造公平的社会环境，保证人民平等参与、平等发展权利。”

建立以权利公平、机会公平、规则公平为主要内容的社会公平保障体系，要求进一步加强社会领域立法：一是要保障立法的资源和重点向社会领域倾斜；二是要保障这些制度更多地体现权利公平、机会公平、规则公平。如何实现这两点，关键要靠立法程序。以立法计划的编制为例，如果立法计划编制凭个人意志立项，凭工作感情立项，凭部门实力立项，立法计划编制的程序无法保障人民反映强烈、社会迫切需要的立法项目优先立法，那么，这些项目连启动的机会都没有，建设以权利公平、机会公平、规则公平为主要内容的社会公平保障体系也就无从谈起，无法落实。

实现社会公平正义，还体现在每一个立法项目之中。只有构建正当

---

① 金苍：《用什么终结“一闹就停”困局》，载《人民日报》2013年5月8日第5版。

的立法程序，才能充分保障立法者站在中立的立场，为人民立法，而不是为部门立法。例如，一些地方制定停车场管理条例，制定收费条款或者施划停车泊位线，只征求交警、物价、财政等部门的意见，而不充分听取停车人的意见，不去调研听取附近居民的意见，这样出台的立法不仅无法保障社会公平，甚至会制造更多的社会矛盾。

三、提高立法程序正当化所应解决的主要问题

（一）立法机构应否专职化

立法机构的专职化问题，并不是立法程序的内容。但是，对立法程序的探讨，离不开对立法决策主体的研究。议员专职化是当代各发达国家议会的共同潮流。在西方国家，议员职责成为议员的本职工作，一如政府成员以其在政府中的职责为自己的本职工作那样。时间要素、薪金待遇要素是议员专职化两大要素。①

在我国，立法机关的专职化问题可以分解为两个问题：一是人大代表专职化问题。二是人大常委会专职化问题。这里重点探讨人大常委会的专职化问题。

虽然我国宪法和人大组织法规定，各级人大常委会组成人员不得担任国家行政机关、审判机关的职务，但没有限制他们从事其他职业。从实际情况看，各级人大常委会委员和专门委员会委员中，相当比例的委员都是兼职委员，不少委员无暇顾及人大工作，把其当作“副业”。由于不是专职，并且没有助手，他们实际上很难承担法律草案的起草工作，因而提出的法律案相对较少。一是在其位不愿谋其政，行使立法权缺乏必要的“激情”和“主动性”，无法较好履行法定职责。二是缺少时间，调研不充分，影响立法质量。

因此，不少学者提出要实行常委会的专职化。主张要使常委会成为

① 蒋劲松：《英美法德瑞以六国议会议员专职化》，载《人大研究》2001年第10期。

真正有能力的立法机关，必须实行专职化。专职化包括常委会组成人员专门从事常委会工作，不兼其他职务，为常委会组成人员配备办公室和专门的助理人员。常委会专职化了，常委会组成人员才有充分的时间对法律草案进行调查、研究，才有可能延长常委会会期，才有时间通过全体会议的形式审议法律草案，并采取逐条辩论的方式，通过提修正案的方法讨论通过法律，从而提高立法质量。[①] 此外，还有学者提出，专职委员的产生必须经过法律途径，依法产生，决不能靠任命，而且必须体现民意。由于专职委员是一个专门的职务，因此，必须解决好工作条件、工作待遇等问题。另外，专职委员不能成为安排、安置政府部门退职人员的地方，应该选一些年富力强能干事者。[②]

笔者认为，立法机构的专职化是立法科学化的客观要求。立法是人民意志的体现，是一项严肃而艰难的工作。在现代立法日益专业复杂的情况下，如果把立法当做一项兼职工作来做，不管是怎么样的立法程序，都无从保障所立之法的科学化水平。立法机构的专职化应当是一个渐进的过程。从实践来看，全国人大在2003年开始设立专职人大常委会委员。2008年十一届全国人大扩大了“专职委员”的规模。近年来，一些地方还根据本地实际情况，对人大常委会组成人员中的专职组成人员或专职委员应占比例作出了明确规定和要求。党的十八大报告明确提出：“健全国家权力机关组织制度，优化常委会、专委会组成人员知识和年龄结构，提高专职委员比例，增强依法履职能力。”实现立法委员的专职化，需要在人大换届选举中，明确专职委员的比重，[③] 需要制定和设计好一套人大专职委员的进入程序，逐步减少非专职委员。

---

① 蔡定剑：《人民代表大会制度改革与宪政发展》，载 http：//www. 21ccom. net/articles/zgyj/xzmj/article_201001206196_2. html，访问时间2013年4月12日。

② 《人大专职委员比例提高：提升常委会履职效能》，载 http：//www. jcrb. com/xztpd/2013zt/201301/2012lps/mzp/mztm/201301/t20130116_1029149. html，访问时间2013年4月12日。

③ 例如，《中共黑龙江省委关于进一步加强人大工作的决定》明确要求“换届时省、市、县人大常委会组成人员中专职委员要达到50%以上并逐步有所增加”。

（二）立法计划是否应当纳入立法程序

编制立法计划，是否属于立法程序，学术界存在不同的认识。立法程序是指有关国家机关制定、修改和废止法律和其他规范性文件的法定步骤和方式。一般认为，立法程序仅指由法案到法的阶段的立法程序。提出立法案，是法律制定程序的开始。理由主要有：立法程序作为一种程序法，主要内容都属于强制法性质。在没有立法规划时，全国人民代表大会及其常委会照样进行立法，并没有因为缺少立法程序的第一个环节（立法规划）而停止立法工作，更没有因为立法未经过立法规划的程序步骤而被宣布为违法。在有了立法规划以后，立法规划并没有得到严格执行。而且，在立法时，有些立法规划的内容已经过时，有些立法规划的权威性和强制性不够。我国的立法规划只是一种任意性计划，并不具有必须实施（完成）的法律上的强制力，以至于立法规划的相当一部分都没能实现，也不会导致任何强制性或者制裁性的法律后果。① 立法法规定的全国人大立法程序，也仅仅是立法过程中由法案到法的阶段的运作制度，亦即提案制度、审议制度、表决制度、公布制度。有的观点认为，立法规划的编制程序是一种特殊的程序，要以“准法”的观点来看待，但又要与立法程序相区别。因为编制立法规划的程序可以是法定的、公开的步骤和方法，也可以作为立法主体内部规则所确定的步骤和方法而存在。它有法的属性但又不是完全意义的法。② 只有少数学者主张立法程序始于规划的制定。

笔者认为，对于立法程序，应当从广义上进行理解，立法计划应当作为立法程序来予以规范，缺乏立法计划的立法程序是不完整、不正当的。立法计划是否应当纳入立法程序来进行规范，应当由客观调

---

① 参见李林：《立法理论与制度》，中国法制出版社 2005 年版，第 183 ~ 184 页。

② 参见周旺生：《立法论》，北京大学出版社 1994 年版，第 463 ~ 464 页。

整的需求所决定，而不能由自我设计的理论来框定。强制性并不是立法程序的必然属性。换言之，即使立法程序具有强制性的一般特点，也并不妨碍立法计划成为立法程序中的一个选择性程序。立法计划的编制是对稀缺的立法资源进行分配。由于立法机关每一年的立法指标有限，一些行政机关往往对立法资源展开追逐。以至于立法机关不是因为社会需求而立法，而是因为政府部门的需要而立法，而这些需要，有社会管理的需要，也有部门利益的追逐。在部门追逐立法计划的有限配额的过程中，强势部门形成了对弱势部门的排挤，导致社会亟需的立法项目总是不能提上议事日程，或者总是处于论证的状态。一些强势部门并不急迫的立法项目，反而优先进入了立法的程序。立法计划的弊端是现实存在的，在地方立法中更为明显。立法计划编制程序，对立法工作并没有强制性和约束力，但是却实实在在影响到立法的全过程，不容否定。“立法规划的强计划性冲击了正式的立法制度，对立法议案提前进行了投票，这种投票虚置了正式的立法制度。”① 所以，立法计划并不是一个可有可无的程序，反而是立法程序里首先应当予以正当化的第一个程序。对于哪些立法项目应当在一个新的年度开展立法，哪些立法项目没有必要进行立法，哪些项目暂行论证，应当公开在阳光之下，听取公众意见，进行专家论证，由专家进行选择对比，由公众发表意见，而不能完全置于没有任何程序可循的暗箱操作之中，使其取决于领导批条子立项、部门请客吃饭立项。为解决这一问题，一些地方曾进行过有益探索。例如，湖南省推进“开门立法”和“公推公选”立法项目，让社会公众申报立法项目，并召开听证会由申报部门对所有项目进行投票。这是寻求立法计划编制程序正当化的一种有益尝试。

---

① 梁存宁：《全国人大及其常委会立法议案制度研究》，载 http：//article. chinalawinfo. com/article_print. asp？ articleid = 25088，访问时间 2013 年 4 月 12 日。

（三）全国人大主席团是否应当拥有立法提案权

主席团是否应当拥有立法提案权，是立法程序中的一个重要问题。我国立法法第12条第1款规定："全国人民代表大会主席团可以向全国人民代表大会提出法律案，由全国人民代表大会会议审议。"但是，对于主席团是否拥有立法提案权仍有争议。

一种观点认为，从理论上看，赋予主席团立法提案权与主席团的性质及主要任务相违背。按照一般典型的议会理论，议会的领导机构的主要任务是组织辩论，即要具有一定的超脱性，这就要求领导机构不能自行提出议案，因为这样会使他自己也成为争论的当事方。许多国家甚至规定议长没有投票权（只有在投票结果正反相等的条件下才能投票）来贯彻这个精神。我国把主席团定位为大会的领导机构，更主要的也是通过程序方面的引导控制来使大会顺利运作，而它自己有权提出法律案时，极有可能和与之持反对意见的代表对立起来，从而影响其公正的形象。因此从理论上来讲，不应该赋予人大主席团法律提案权。实际中，中央认为有必要提出议案时，完全可以通过国务院或人大常委会或其他机关来达到这个目的，不用通过主席团来进行。①

另一种观点则认为，赋予主席团以法律提案权具有正当性。全国人大主席团是大会会议的主持集体，人数有一百多人，成员来自于党政军和工人、农民、知识分子等各方面的代表人士，具有广泛的代表性，大会主席团有条件集中各方面的意见提出法律案。其次，在大会期间，有可能需要临时提出法律案，交由全国人大审议讨论，在它需要提出法律案时，应当具有法律案提案权。

虽然立法法规定，向全国人大提出的法律案，由大会主席团决定列入大会议程，但由于向全国人大提出的法律案都先向常委会提出，而全

---

① 参见周旺生：《论全国人大的立法运作制度》，载《法治论丛》2003年5月第18卷第3期。

国人大议事规则又规定，常委会提出大会议程草案，大会预备会议通过大会议程。因此，实践中，凡提请大会审议的法律案，都不是由主席团决定列入议程的，而是由常委会列入大会议程草案，由大会预备会议通过。①

笔者认为，对人大主席团是否拥有立法提案权，实际上是人大主席团的定位问题。人大主席团应当仅仅作为一个临时组织者，还是应当赋予更多的权力？如果赋予更多的权力，那么这个超越了人大代表的“代表的代表”，其合法性又在哪里，对于更好地行使立法权有利还是有弊？笔者认为，人大主席团拥有立法提案权，是正当的。第一，从法理上看，人大主席团拥有立法提案权，有利于更好地表达人民的意志。人大主席团是大会的临时组织机构，便于收集人大代表的提案。与人大常委会相比，人大主席团是人大代表更为畅通的渠道。第二，从实践来看，增加了民主立法的途径。第三，主席团拥有立法提案权并不会带来明显的不公正。因为主席团提交立法案，也并非某一个人的决策，而是必须经过主席团全体成员通过的。主席团全体成员来自人大代表，是代表中的代表，具有正当性和合理性。第四，如果有代表反对人大主席团提出的提案，同样可以在投票中予以体现。唯一的问题在于，一些代表可能无法参与到人大主席团对于提案是否上会的讨论。对于这一问题，也可以设计相应的程序进一步完善。例如，如果超过多少代表对所提的提案持反对意见，应当将提案提交全国人大会议进行初次表决。表决通过的，才可以进入正式的表决程序。

（四）是否为常委配置法律助理的制度

吸收专家学者参与立法，聘请法律顾问协助立法工作，是我国立法实践中的一项传统。我国的重大民事、行政和刑事立法背后都有专家学

---

① 参见乔晓阳主编：《立法法讲话》，中国民主法制出版社 2000 年版，第 115 页。

者的身影。[①] 近年来，我国地方也进行了广泛探索。[②] 从国外的实践来看，法律助理制度作为现代法治国家追求立法公正和科学的一种辅助制度，已经取得了较大的成功。但是西方的法律助理制度，主要是指为议会或者议员个人聘请专职或者非专职的助理，这和我国的实践情况又有所区别。西方的法律助理制度是否符合我国的国情，移植这一制度需要进行怎样的完善，值得进行深入研究。这里重点探讨为民选常委配置立法助理的问题。对于我国是否应当建立民选委员的立法助理制度，有两种不同意见。

赞成建立立法助理制度的，主要有以下几条理由：一是有利于保障民选常委更好地行使立法权。我国的各级人大常委会委员由专职和兼职组成。专职委员主要是各级党政机关领导转岗而来的领导干部，兼职委员主要是民主党派以及专家学者等等。不少民选常委严格地讲并不是适格的立法者。从知识结构来看，他们大多数并不具备专业的法律素质；从时间精力上看，由于兼职，他们并没有充分的调查研究的时间。事实上，每个委员不可能成为法律专家，即便熟悉一些法律，也很难精通。立法助理一方面可以为民选常委提供专业的建议，解决草案起草中的专业性、技术性问题，弥补其法律专业知识的缺失；另一方面，可以进行充分的调研，考察民情、收集民意，为民选常委立法提供信息支持。二是有利于增强立法的科学性、客观性。第一，民选常委更好地行使立法权，法律专家间接参与立法，本身就有利于提高立法质量，有利于提高

---

① 例如在我国民法通则的起草中，由江平、王家福、佟柔和魏振瀛等四位学者组成的四人专家小组，发挥了重要作用。全国人大常委会法制工作委员会专门成立的由专家组成的“行政立法研究组”，在行政诉讼法、国家赔偿法等行政立法方面，也发挥了重要作用。

② 2002 年初，深圳市人大常委会在全国率先尝试法律助理制度，首次将法学界呼声较高的理论探讨变成了现实的探索，19 名法律专业人士成为我国首批兼职法律助理。继深圳之后，海口市人大常委会于 2003 年探索建立法律助理制度，聘请了一批具有法律理论和实践经验的法律专业人士担任法律助理，协助人大常委会法制委员会开展立法工作，并且规定了主要职责，包括立法调研、提供建议和参与法律起草。2003 年 11 月，重庆市人大常委会也决定每一位常委会组成人员都可以根据自己的意愿申请聘请一位法律助理。此后，上海、成都、郑州、广东和湖北等地的人大都进行了类似的尝试。

立法速度以适应社会需求。第二，立法助理具有专门的知识，能够解决法案中的专业性技术性问题。第三，立法助理是中立的，由立法助理协助起草工作，有利于消除立法的部门化倾向，提高立法的公平性。第四，理论工作者间接参与立法，可以将新的立法观念付诸于立法实践。第五，有利于实现理论和实践的良性互动。可以为法学家提供理论与实践相结合的舞台，有助于独立法学家阶层的形成，有利于法学研究与实践的结合。① 三是现代行政权的过度膨胀，将使权力机关的效用大减，因此立法助理制度已成不可阻挡的趋势。②

反对者提出，建立立法助理制度应当慎重：第一，可能导致委员的过度依赖，形成“影子立法”，损害人大立法权威。立法助理制度的建立，本意是为了协助议员搞好立法工作，提高民主政治的质量。在有的西方国家，由于议员对立法助理过于依赖，立法助理已不仅仅是议员的助手，而成为“议程的安排者”、“政党的创议者”、“政策的妥协者”、“议会的首席调查员”和“法律的制定者”。立法助理成为“隐形政府”，议员反而在决策中成了立法助理的代言人。③ 第二，增加立法的成本，形成强大的财政压力。第三，无法保障立法助理的中立性。第四，立法机关内部已经建立相关的办事机构，这些机构配备了一些具有某方面专业知识的工作人员，实质上也是一种立法助理，建立立法助理制度是多此一举。

笔者认为，从正当化的角度看，我国目前没有必要建立民选委员的立法助理制度，至少并不具有急迫性。第一，立法助理不中立的问题暂时无法得到解决。目前，我国利益关系日趋复杂，在没有健全的制度约束下，一些立法助理往往打着这一招牌去牟取其他利益，甚至直接充当

---

① 参见曹海晶：《西方国家立法助理制度及其借鉴》，载《政治与法律》2003 年第 1 期；以及深圳市人大法律助理制度的实践与思考，载 http：//gezlawyer. blog. 163. com/blog/static/35875590200772892818246/，访问时间 2013 年 4 月 15 日。

② 参见秦前红、李元：《关于建立我国立法助理制度的探讨》，载《法学论坛》2004 年第 6 期。

③ 池海平、巢容华：《立法学》，武汉大学出版社 2003 年版，第 243 ~ 245 页。

利益集团的代表，起到了左右立法、损害社会公益的相反后果。第二，立法助理制度在现阶段容易成为一种摆设，反而增加立法负担。立法从本质上是寻求社会问题的解决之道。法律知识再丰富，如果经验阅历不够丰富，解决实际问题的能力不足，从书本到书本，也并不一定作出多么良好的立法决策。第三，我国的立法体制决定了立法助理的需求空间有限。在我国的立法体制架构中，人大的立法权与行政立法权是有机统一，良性互动的。权力机关并不担心行政机关立法权的扩大威胁到自身地位。相反，权力机关对于自身力量无法承担的事项，往往积极授权行政机关进行立法。此外，民选委员并没有因为强大的选举压力需要聘请立法助理的需求。事实上，在人大机关，已有相关部门扮演了立法助理的角色。解决民选委员法律知识不足的问题，可以通过党的十八大提出的“优化组成人员知识和年龄结构，提高专职委员比例”来解决，而没有必要依靠聘请立法助理。

（五）是否应当实行立法回避的问题

“权力部门化，部门利益化，利益法制化”，是当前行政立法中存在的一种现象。一些行政机关利用掌握的国家立法资源，在起草法律、法规、规章草案或者参与立法讨论的过程中，借“法”扩权，以“法”争利，不适当地扩大本部门的权力和利益，尽可能减少本部门应当承担的责任和义务。这种立法怪象，从源头上污染了法治生态，成为立法中亟待清理的一个重大污染源。为了解决这一问题，立法机关采取了诸如引导、鼓励和规范公众参与立法，[①] 公开征求工作意见，举行立法听证，寻求立法共识等在内的很多新的措施，但是效果并不显著。有学者指出，如果立法者不是站在一个中立者的立场，而是试图通过立法来实现部门利益，规避法律责任的话，那么即使有再多的制度和约束亦难以

① 如甘肃省人大出台的《甘肃省公众参与制定地方性法规条例》。

使行政立法达致一种理想状态。[①] 那么，如何让立法者站在一个中立者的立场？有人提出了立法回避制度。肯定者认为：立法回避，就是维持立法者的公正性，这是自然公正原则、正当法律原则对立法者最低的要求。“自然公正原则、正当法律程序是回避制度的最根本的法理基础。”[②] 第二，立法回避是防止立法中的部门利益化，提高立法质量的有效途径。立法回避制度可以有效剔除部门利益在行政立法中的渗透，克服行政立法过程的寻租现象，使立法更加公平。第三，在目前地方政府立法机关素质偏低的情况下，采取委托立法、招标立法等立法回避方式可以解决行政立法中行政机关难以应对的许多专业性、技术性问题。第四，行政立法回避制度也是民主立法与公众有序参与行政立法的必然需要，有利于加强对相对方合法权益的保护。根据这一理论，近年来，湖南、贵州、北京、青岛、郑州等地纷纷启动了委托立法的尝试。[③] 2007 年，重庆市还建立了立法回避制度，明确规定 3 类立法项目应当实施立法回避：主管部门有直接明显利害关系的，原则上部门回避；专业性极强，需要借助专家智慧的，原则上相关部门回避；综合性跨部门的立法项目，部门间难以达成共识的，原则上单一部门回避。

也有人提出反对意见，认为立法回避只应当作为立法的一种补充程序，而不能完全实行“政府立法回避”。主要理由概括起来有以下几点：第一，部门立法是法定职责，如果实行“政府立法回避”，造成政府立法资源的严重浪费。现代立法涉及的专业技术要求越来越高。议会立法之所以让权于行政立法，一个重要原因就是行政管理的信息优势。一旦将其排斥在外，政府立法便失去了其行政主体的信息、经验和智力支持，势必影响专业化较强的立法的质量。第二，受委托的专家或者社

---

① 崔卓兰、卢护锋：《论行政立法回避制度——从重庆市人民政府立法回避的实践切入》，载《河南省政法管理干部学院学报》2008 年第 1 期。

② 汪全胜：《立法回避制度论》，载《山东大学学报》2004 年第 4 期。

③ 胡峻：《论行政立法回避制度——兼与杨建顺教授商榷》，载《现代法学》2008 年第 5 期。

会组织不熟悉各领域的专业知识、欠缺必要的信息和技术，难以确保立法质量，从而导致立法看似公正却不具有实效性，反而使政府的实际工作无法开展。此外，受委托部门能否广泛听取、吸收各方意见，能否独立于行政主体与各方复杂的利益关系之外，能否抵制行政诱惑或压力等，都带有不确定因素。[①] 第三，立法参与机制要求广泛的参与，在立法层面排斥任何一种利益诉求的表达和反映，不符合民主主义原则，也难以确保立法的科学性和有效性。事实上，政府部门的参与，便于他们了解法规的实质、重点和内涵，从而有利于将来搞好执法工作。第四，如果认为某些事项不宜由行政机关自行立法，应当将其确定为法律事项，由人大及其常委会制定法律、法规，为行政机关提供更高层次的法律规范。但是，如此回避的话，人大及其常委会的工作难以正常开展。[②]

笔者原则上支持建立立法回避制度。事实上，立法回避制度的幕后，是传统行政与公民社会的博弈。在传统行政立法中，行政机关往往从便于管理的理念出发，在制定法的过程中，更注重怎样便于管理，对如何化解社会矛盾，维护社会公众利益考虑得不多。他们从事执法活动，更热衷执行本部门制定的法，哪怕是规范性文件，对于其他机关制定的法，即使是国家的法律法规，也存在选择性执行的倾向。这种落后的行政立法理念违背历史潮流，必须破除。立法回避并不必然导致行政管理的困难。尽管行政立法回避制度现在还存在这样或那样的问题，但其保障人民的利益、克服行政立法过程中的部门化、利益化倾向是其主体，因此“绝不会因为保障了人民的利益就会妨碍政府工作的开展；相反地，摆脱部门利益、地方利益影响的行政法规与行政规章能够促成‘良法’体系的形成，也可以极大地提高行政法规规章的实效性。”[③]

但是，从客观条件来看，当前立法回避不可能完全做到。主要是因

---

① 柴清玉：《对政府立法回避的冷思考》，载《人大建设》2008 年第 6 期。

② 杨建顺：《“政府立法回避”不宜全面推广》，载《法制日报》2007 年 7 月 20 日第 8 版。

③ 胡峻：《论行政立法回避制度——兼与杨建顺教授商榷》，载《现代法学》2008 年第 5 期。

为各方面的力量所致：一是社会组织还没有成熟起来，专家与实务操作脱节，信息不对称，起草的草案不一定满足现实需要；二是立法经费需要完善相应的财政预算制度来加以解决。笔者认为可以设计两条程序来预防部门利益法律化。第一，建立立法回避的启动程序。明确立法机关在哪些情形下，可以启动立法回避制度：如经公众提出申请，立法机关在认为确有必要、客观条件具备的情况下，启动行政立法的回避制度；立法机关根据实际情况可以自行决定是否启动立法回避程序。第二，建立公共利益评估和考量程序。即对条文的公共利益、部门利益进行考量，对增加政府的权力是否赋予相应的义务、增加公民的义务是否赋予相应的权利进行整体的考量，就如重大决策的社会稳定风险评估一样，以此来防止部门利益法律化。公共利益评估和考量，要由公众参与，公开接受公众的检验。只有经过公共利益评估和考量程序，才能最后出台施行。第三，可以建立审查过滤机制，使违法或配置不当的行政规定不进入实施过程。

（六）如何处理法律委员会与其他专业委员会的关系

法律委员会与其他专业委员会的关系，立法法有明确规定，但是存在一些不同的看法。关于专门委员会之间的关系，李鹏同志曾经指出："首先是法律委员会和其他专门委员会之间的关系。根据全国人大组织法的规定，法律委员会要起综合作用。因为法律在起草和审议过程中，总要有一个部门站在部门利益之上加以平衡。而且立法要用法律语言，因此由法律委员会统一审议是必要的。但是法律委员会的工作方法要有所改进，要建立协商制度、反馈制度。法律草案进入法律委员会审议程序以后，对内容、文字作出的修改，应该与原来参与审议的专门委员会商量。各专门委员会应该通过协商、合作，共同审议好法律。"① "专门

① 参见李鹏：《立法与监督——李鹏人大日记》，新华出版社、中国民主法制出版社 2006 年版，第 299 页。

委员会对本行业的情况了解比法律委员会深透一些，应该发挥更大的作用。但法律规定，专门委员会提出的立法草案要经过法律委员会统一审议，然后提交常委会审议，这个程序是不可缺少的。现在需要改进的地方是，当进入法律委的程序后，其他专门委员会不要停止工作，继续把对法律的有关意见反馈给法律委，这样做，法律委和其他专门委员会的工作关系就理顺了。”①

对此，一些学者是认可的。例如，有的学者指出，由法律委员会统一审议提请全国人大及其常委会审议的法律案，是中国立法的一个非常重要的制度。在法治有待发达、提案人的法律专业化或职业化状况亟待提升的状况下，实行这一制度有助于保证立法质量，有助于统筹国家立法大局，分清立法的轻重缓急，集中力量先解决尤其急迫的立法问题。在坚持法制统一原则的国情之下，实行这一制度有利于维护法制的统一，避免和消除法律之间的矛盾和冲突，保证法律体系的协调发展。②

但是也有人认为，法律委员会与其他专业委员会的关系是不合理的，要改革由法律委员会统一负责审议法案的做法。主要理由是：从宪法基础上，根据宪法第 70 条第 1 款的规定，法律委员会与其他专门委员会在法律上是平等的。因此，在立法职责分工上，法律委员会对其他委员会审议的法律草案进行统一审议，在宪法上缺乏必要的法理学基础。法律委员会独揽立法管辖权存在弊端。从立法法起草过程来看，立法法对于委员会制度与立法机关决策的民主、权力分工与制约方面，研究不够；对各国立法机关实行由常设委员会分别负责审议法律草案，并直接向院会大会提交审议报告程序的优缺点没有进行比较分析。法律委员会统一审议与有关专门委员会分别审议存在制度设计的冲突，以及审议权力方面的不平衡。这些冲突主要体现在：第一，列入常务委员会审

① 参见李鹏：《立法与监督——李鹏人大日记》，新华出版社、中国民主法制出版社 2006 年版，第 297 页。

② 参见周旺生：《论全国人大的立法运作制度》，载《法治论丛》2003 年 5 月第 18 卷第 3 期。

议的法律草案，由法律委员会进行统一审议并向常务委员会提交法律草案修改报告和审议结果报告，这与其他有关专门委员会作为与法律委员会地位、性质和任务相同的全国人大常设工作机构不能提交法律草案修改报告和审议结果报告相冲突。第二，法律委员会以外的其他专门委员会对法律草案的审议，程序、形式重于实质，这与各专门委员会都能够行使同样的议案审议权相冲突。第三，法律委员会对法律草案统一审议的结果，可能与有关专门委员会审议的结果不一致，导致全国人大两个或两个以上专门委员会审议法律案判断权的冲突。第四，有关专门委员会对法律草案的重要意见不一致，向常务委员会委员长会议报告违背了专门委员会直接向常务委员会报告并由常务委员会决定问题的原则。随着各专门委员会专职常委人数的逐步增加，如何平衡与发挥各专门委员会协助全国人大及其常委会行使职权的职责是一项新任务。改革法律委员会统一审议法律草案的立法程序，是实现这个目标的首要任务。这不仅是提高立法效率，发扬立法民主的需要，也是立法机关权力分工协作、相互制约的程序保障，并且符合各国立法程序的通行做法。①

笔者认为两种观点都有合理的成分。前一种观点是对历史的总结，后一种观点是对现状及未来的前瞻。但是，不论采取哪一种制度，必须将立法机关内部的权力分工协作、相互制约的程序保障，纳入立法程序正当化研究的重要内容。笔者认为，着眼于立法程序的正当化，从长远来看，应当对法律委员会统一审议法律草案的立法程序进行改革。具体设想为：专门委员会对法律草案进行修改后，交由法律委员会进行合法性审查，合法性审查之后由专门委员会将法律草案提交常委会，常委会审议之后不再将意见交法律委员会，而是由专门委员会进行修改。主要理由是：第一，专门委员会集中了相关方面的专家，起草和审议法律草案时有较多时间和精力开展专门调研，而法律委员会一般前期参与不

---

① 周伟：《各国立法机关委员会制度比较研究》，山东人民出版社 2005 年版，第 557 ~ 563 页。

多，缺少对法律实质含义的把握；第二，从程序上完善专门委员会和法律委员会的平等关系，既能充分发挥专门委员会和法律委员会的两个积极性和各自的优势，又能实现各委之间的相互制约。

（七）如何解决服从多数，尊重少数的问题

服从多数、尊重少数，是立法程序应当坚持的一项重要原则。我国宪法第3条规定，“中华人民共和国的国家机构实行民主集中制的原则”。民主集中制原则意味着，在国家机构内部，权力机关、审判机关等合议制的国家机构实行集体领导、少数服从多数的制度。根据立法法，全国人大表决通过法律案，采取相对多数原则，即由全体代表的过半数通过。表决结果由会议主持人当场宣布。全国人大常委会采取的也是相对多数的原则，是以常委会全体组成人员的过半数通过为标准。因此，全国人大常委会议事规则规定，常委会会议必须有常委会全体组成人员的过半数出席，才能举行。这一规定是同常委会表决方式相呼应的，因为一定的出席人数是法案表决通过的保证。

不过，服从多数，也应当尊重少数。各国立法机关委员会在实行多数决原则的同时，也确认了尊重少数的原则。尊重少数的含义是：第一，尊重少数人的意见。第二，保证少数人的权利。第三，反映少数人的观点。[①] 不少学者持这样的观点，认为在确认委员会议事的多数原则时，应当尊重和保护少数的权利，并提议全国人民代表大会各专门委员会的议事规则应对保护少数权利原则作出明确的规定，使专门委员会会议审议中的正反两方面的意见以及弃权的意见及其理由，能够较为全面、客观、详细地反映到代表大会或常务委员会的会议上。可以明确规定：“委员会的审议报告应当写明表决过的意见和表决中的少数不同意见，但经委员会的决定，也可以只写经表决后通过的意见。”[②]

---

① 周伟：《各国立法机关委员会制度比较研究》，山东人民出版社2005年版，第32页。

② 周伟：《各国立法机关委员会制度比较研究》，山东人民出版社2005年版，第34页。

笔者认为，要将尊重少数人的意见、保证少数人的权利、反映少数人的观点贯穿在整个的立法程序之中。不仅应该贯穿于表决程序中，还应当体现在立法程序的各个环节之中。例如，在立法征求意见的过程中，注重倾听少数人的意见；在公众参与环节，要尽可能让一些不受关注的群体的声音也得以充分表达。

（八）如何解决立法程序行政化、首长决策制的问题

立法程序的行政化问题，是立法程序不正当的一个重要表现。根据宪法的规定，我国国家机构的组织与活动遵循集体领导和个人负责相结合的原则。这一原则是民主集中制原则在国家机构领导制度中的具体体现。集体领导制是指全体组成人员和领导成员的地位和权利是平等的，重大问题由全体组成人员和领导成员集体讨论，并按少数服从多数的原则作出决定，集体承担责任。这样可以充分发挥集体的智慧和作用，防止主观性和片面性，防止个人专断。这一原则适合于议事机构。个人负责是指在经过讨论、充分发扬民主的基础上，由首长集中正确的意见作出决定的制度。这样可以充分发挥首长个人的智慧和才能，提高工作效率。这一原则适合于行政机构。①

立法决策应当重视集体智慧。立法的民主原则和科学原则都要求摒弃专断、任性的习性去做出立法决策。但是，由于我国立法机关的体制，立法机关本身的行政化倾向明显，首长决策的情况在不同程度上存在。一位资深立法专业人士说：人大立法时有时有几种选择方案，但往往最后选择不是最优的，而是次优的，甚至是最劣的方案。如果哪个法律中哪个条款有明显的不当或错误，那么很可能这个条款是领导拍板定的。因为领导一拍板，法律条款中再有问题也就没有人敢提了。②

---

① 《中华人民共和国立法法释义》，载 http：//www. npc. gov. cn/npc/flsyywd/xianfa/2001 - 08/01/content_140407. htm，访问时间 2013 年 4 月 27 日。

② 蔡定剑：《人民代表大会制度改革与宪政发展》，载 http：//www. 21ccom. net/articles/zgyj/xzmj/article_201001206196_2. html，访问时间 2013 年 4 月 12 日。

对于立法程序的行政化问题，这种说法虽然极端，但说明行政化倾向在立法过程中是客观存在的。对于行政化的产生，有关论者曾概括为深受三大影响：一是受到行政级别的影响。人大及其常委会的官员与政府官员一样，都套用一定的“行政级别”，以这些级别决定其待遇与福利，而人大及其常委会在讨论案件的过程中，往往以分组或者代表团为单位，分组或代表团中行政级别较高的官员则往往能够主导审议的整个过程。[①] 二是受到立法内部权力结构的影响。从开会方式上看，如审议法律草案由常委会组成人员在会上发表一通意见后，由于没有采取修正案的方式和逐条表决的方式由委员们来决定怎么修改，而是由法制工作机构根据大家发表的意见来决定吸取哪些意见、不吸收哪些意见。这样实际使法律议案的具体修改变成由常委会工作机构的领导主导。代表或委员们的意见实际上只起着一种参考作用。[②] 三是受到辩论制度缺失的影响。我国的立法程序类似于西方国家议会的“三读程序”，但缺乏一个公开辩论的过程。由于在对于立法案提出修改意见的阶段，缺乏一个公开辩论、利益表达与权衡的长效机制，看起来似乎可以维持权力机关立法意志的统一性，却在首长决策上开了方便之门，阻碍了不同意见的沟通与交流，各利益群体的博弈由此也难以在立法程序中得以公开、公平、公正地表达与体现。[③]

笔者认为，立法程序行政化、首长决策制，需要从立法程序上着手予以规范和限制。一是尊重少数意见。要确保各种意见都能够到达领导的手上。二是对立法机关内部的权力进行科学配置，形成内部制约机制。三是改革开会方式和审议程序，如改进会议的发言顺序，实行逐条表决，引进辩论制度等等。

---

① 蔡定剑：《人民代表大会制度改革与宪政发展》，载 http：//www. 21ccom. net/articles/zgyj/xzmj/article_201001206196_2. html，访问时间 2013 年 4 月 12 日。

② 蔡定剑：《人民代表大会制度改革与宪政发展》，载 http：//www. 21ccom. net/articles/zgyj/xzmj/article_201001206196_2. html，访问时间 2013 年 4 月 12 日。

③ 蔡定剑：《人民代表大会制度改革与宪政发展》，载 http：//www. 21ccom. net/articles/zgyj/xzmj/article_201001206196_2. html，访问时间 2013 年 4 月 12 日。

（九）是否需要建立立法辩论制度的问题

立法辩论，主要体现在对法律案进行表决前，在议员（委员）大会上对法律案及其具体条文进行诘问、争论。公开辩论是法治国家立法机关的常设制度之一，是利益博弈的一种重要途径。在新中国建立之初，周恩来同志就曾提出在代表大会上建立辩论制度的设想。他说，资本主义国家的制度我们不能学，但是西方议会的某些形式和方法如辩论制度还是可以学的，这能够使我们从不同的方面来发现问题。换句话说，就是允许唱“对台戏”，我们共产党人相信真理越辩越清楚。① 立法法草案稿也曾规定在联组会议或全体会议上，对法律草案中的主要问题可以进行“讨论和辩论”。

主张建立公开辩论制度的理由是：第一，从必要性上看，公开辩论能够促进立法的民主性与科学性。缺少了立法辩论，无疑剥夺了一些代表或委员平等的立法决策权，失去了合意决策的本意，为个人拍脑袋决策及会外操纵提供了机会，使立法中的焦点、难点得不到合理的解决。② 不论民主立法的手段或方式怎样变化，辩论都是其中不可缺少的因素。公开辩论有利于建立公众参与国家事务的渠道，理顺民主立法的社会渠道；有利于建立不同社会利益的妥协机制；有利于形成政府权力的制约，加强对垄断行业影响立法的预防。第二，从现实功用上看，立法辩论可以有效地克服立法选题不准、草率立法、立法缺乏可操作性，有利于维护法制的统一。③ 第三，从可行性上看，建立立法辩论制度具有现实可能性，有着一定的法律文化、政治文化作为基础。④

针对一些地方的立法辩论，也有人提出了质疑。早在2009年，深

---

① 《周恩来选集》（下卷），人民出版社1984年版，第208页。转引自于兆波：《立法决策论》，北京大学出版社2005年版，第188～189页。

② 于兆波：《立法决策论》，北京大学出版社2005年版，第189页。

③ 吴斌：《建立地方立法辩论制度刍议》，载《人大研究》1997年第5期。

④ 张基奎：《立法辩论制度研究》，苏州大学2006届硕士毕业论文。

圳市人大就曾举行立法听证会，邀请律师团代言各方利益参加立法辩论。有评论指出："过分看重陈述的辩论性和场面的戏剧性，将使听证会失去其本来的意义，从而使人民沦为听众或者看客。要使所制定的法律法规成为人民意志的体现，就必须听取原汁原味的人民的意见。这些意见可能难以像律师辩论那样精彩，但是只有这样，才能避免民意的失真。"①

笔者认为，建立立法辩论制度是必要的，也符合立法程序正当化要求。目前，在立法过程中，也存在辩论的情况，不过这种辩论并不是针对某一个问题的深入辩论，只是提及某个问题，进行的不充分的"交换意见"。主要理由是：辩论是实现民主的一种方式。立法决策的过程就是一个博弈的过程，是各种互相冲突的看法与观点自由交锋，互相批判、争论与竞争的过程。正所谓"真理越辩越明"。进行公开辩论可以使立法决策不断地趋于成熟、理性，更能经得起实践的考验，易于在理性的基础上达成多数共识，为实践运行打下良好的基础。② 但是建立立法辩论制度，需要注意两个误区：一是防止形式化的倾向。立法辩论的选题应当明确，应当围绕立法争议的焦点和矛盾展开，寻求争议解决的智慧，而不能把立法辩论场变成一种秀场，把辩论变成表演。二是要克服文化上的差异。从文化传统上看，我们的文化传统中缺乏辩论的精神。由于反对意见往往容易与人际关系联系在一起，这就导致很多人不敢辩论。如何破解这一难题，是立法辩论制度需要真正研究的问题。避免上述误区，关键是建立民主、科学的辩论规则。

（十）如何对法案的各个争议问题进行专项表决的问题

对于法案的专项表决问题，学术界的观点比较一致。

---

① 廖盛芳：《听证还是听戏——深圳市"律师团代言各方利益参加立法辩论"做法的评论》，载 http：//article. pkulaw. cn/Article_Detail. asp？ArticleID = 45795，访问时间 2013 年 4 月 20 日。

② 参见于兆波：《立法决策论》，北京大学出版社 2005 年版，第 188 页。

有的观点认为，为提高立法审议质量，从立法技术的角度，应该采取对法律草案提修正案的审议方法和逐条辩论表决的办法，只有这样，对每一法律条文的审议才会认真精细，产生高质量的法律。现在如果代表对某一法律条文有意见难以表达出来，只能投赞成、反对或弃权票，就像在脏水里的孩子，要么都泼掉，要么都留着。由于很多代表出于对法制建设迫切需要法律的理解，对一些具有重大瑕疵条文的法律也只好投赞成票，质量不高的法律也就不断出笼了。对条文采取修正案的方式和逐条表决是轻而易举可以做的事，只需改变做事的习惯、方法。[①]

李林教授进一步提出，表决法案应当以逐条表决为常规，整个法案一次表决为例外。理由是有的代表可能对法案中的个别条款或者少数条款不同意，如果对整个法案进行一次性整体表决，就很难恰当地反映这部分代表对法案的意见。在技术上，每个条款是否通过，可以适用法案表决的计票规则，对于未获通过条款的处理，一可以及时修改后再马上付诸表决，二可以在不影响法案框架和主要内容、原则及目的的情况下，去掉该条款。如果“一”和“二”都行不通，则该法案视为未通过，除非全体成员再次就整个法案进行投票，并有五分之四赞成通过法案。[②]

笔者认同逐条表决的观点。但是所有的法案不一定都需要进行逐条表决，应当具体问题具体分析，形式应该允许多样化。例如，有的草案可以就其中的重大疑难问题进行专项表决。此外，要注意建立程序规则，避免因逐条表决出现法律内部冲突或不协调的情况。

---

① 蔡定剑：《人民代表大会制度改革与宪政发展》，载 http：//www. 21ccom. net/articles/zgyj/xzmj/article_201001206196_2. html，访问时间 2013 年 4 月 12 日。

② 李林：《立法理论与制度》，中国法制出版社 2005 年版，第 195 页～196 页。

第三章 正当程序原则及其在 WTO 争端解决中的适用[①]

正当程序原则是 WTO 争端解决机制的一项重要原则，旨在促进 WTO 争端解决机构（简称 DSB）公正、高效解决成员方之间的贸易争端，从而最终保障 WTO 协定在各成员方境内客观、公开、公正实施。正当程序原则在国内法和国际法中均有广泛的法律实践，在 WTO 争端解决中也经常被援引适用。一些争端方在争端解决程序中依据正当程序原则提出指控或者抗辩，专家组或者上诉机构也适用这一原则解决争端。尽管如此，由于 WTO 是成员方政府间的贸易协定，不同国家和地区立法、司法体系以及法律文化存在差异，正当程序原则在 WTO 争端解决中可能被争端方、专家组或者上诉机构作出不同的解读，从而导致正当程序原则在具体案件处理中适用标准的不一致。长此以往，必将最终对 WTO 争端解决的权威性产生不利影响，也会伤及发展中国家的合法权益。鉴此，有必要对 WTO 争端解决中正当程序原则的价值构成和具体标准进行解读，并结合当下 WTO 争端解决机制改革与发展，进一步深化对正当程序原则的适用，以期清廓正当程序原则在 WTO 争端解决中适用的一般规律。

① 本章由江必新、程琥合著。

一、正当程序原则的内涵

从法学角度看，程序“主要体现为按照一定的顺序、方式和手续来作出决定的相互关系。其普遍形态是：按照某种标准和条件整理争论点，公平地听取各方意见，在使当事人可以理解或认可的情况下作出决定。”[①] 因此，程序是实现法律上以权利和义务表现出来的利益的手段和形式。正当程序内涵丰富，目前关于正当程序的标准尚不统一。如有学者认为，判断正当程序有四个决定性因素，分别是“参与”、“可信”、“人与人之间的尊重”、“中立”。[②] 也有学者认为，正当程序包括裁判者的独立和中立、程序的合理性、程序公开性、程序的平等性、程序的民主性以及程序的便利性和及时性。[③] 设置正当程序原则的基本目的是保障公民权利不受国家权力的非法侵害。

正当程序原则发端于英国。在英国，正当程序体现为自然正义（Natural Justice），是英国皇家法院对下级法院和行政机关行使监督权时要求它们公正行使权力的原则。而自然正义概念又源于自然法的基本法律原则，包括两个基本的程序规则：一是任何人不能作为自己案件的法官；二是任何人在行使可能使他人受到不利影响的权力时，必须听取对方意见。前者派生出回避、裁判、司法审查等一系列制度；后者派生出公民在合理的时间之前得到通知的权利，了解行政机关据以作出行政决定的理由和根据的权利。[④] 后来，自然正义原则逐步演化为不仅支配行政机关和法院的活动，而且其他一切行使权力的人或团体，在行使权力时都不能违背这个原则。因此，自然正义原则是一个最低限度的公正原则。在美国，正当程序原则体现为正当法律程序（Due Process）。该

---

① 季卫东：《程序比较论》，载《比较法研究》1993 年第 1 期。

② ［日］谷口安平：《程序公正》，载宋冰编：《程序、正义与现代化》，中国政法大学出版社 1998 年版，第 377～378 页。

③ 王利明：《司法改革研究》，法律出版社 2001 年版，第 50～53 页。

④ 张正钊、韩大元：《比较行政法》，中国人民大学出版社 1998 年版，第 521 页。

原则源于美国宪法第 5 修正案和第 14 修正案的正当法律程序条款，不仅指公平合理的司法程序，也指公平合理的法律。美国宪法第 5 修正案规定的“正当法律程序”原则只是为了保证被告按照规定的司法程序，得到公平审判。主要表现为：有权向不偏听不偏信的裁判所和正式法院陈述案情；有权知道被指控的事实和理由，以及有权对控告进行辩解。美国宪法第 14 修正案保护个人权利不受州政府的非法干涉。后来逐渐演变成为 1946 年美国行政程序法的核心。根据美国法院的解释，正当法律程序包括两方面意义：其一，正当法律程序是实体法规则，称为实质的正当法律程序，要求国会制定的法律，必须符合公平与正义。其二，正当法律程序是一个程序法规则，称为程序的正当法律程序，要求行使剥夺私人的生命、自由或财产的权力时，必须听取当事人的意见。① 该原则不仅指公平合理的司法程序，也指公平合理的法律，换言之，用这个原则检查法律是否符合公平正义、正当合理。因此，美国正当法律程序原则主要用来防止行政和司法对于人民生命、自由和财产的非法侵犯。如果说在国内法中适用正当程序原则是为了限制和规范公权、保护私权，防止公权对私权不法侵害，那么在国际法上由于不存在凌驾于主权国家之上的公权机构，并且 WTO 是成员方政府之间的贸易协定，因此正当程序原则在 WTO 争端解决中的适用就有其必要性、特殊性和复杂性。

一是正当程序原则有利于规范 WTO 争端解决程序。WTO 争端解决机制是依照附件 2《关于争端解决规则与程序的谅解》（简称 DSU）建立起来的 WTO 最具特色的制度。该项准则主要适用于专家小组成员、上诉机构成员、仲裁员、专家及其他有关工作人员，其根本原则就是要求上述人员应独立、公正，避免直接或者间接性的利益冲突。同时，WTO 争端解决程序是相互衔接、顺次推进的，成员方发生争端首先应进行磋商，经过磋商不能达成和解，进入争端解决程序，在其后专家

① 王名扬：《美国行政法》，中国法制出版社 1995 年版，第 383 页。

组、上诉、裁决执行等任何阶段，也可以进行磋商，一旦双方由磋商达成和解，则诉讼立即停止。在 WTO 争端解决程序运行中，无论是争端方，还是专家组、上诉机构成员都应按照正当程序行事，防止权利滥用。在 WTO 争端解决中，任何一个程序在设计时和运行中的不公正，就可能损害成员方特别是发展中成员方的权益，影响争端解决机制的权威性和可信度。为了防止专家组、上诉机构成员以及争端当事方滥用权利，正当程序原则要求 WTO 争端的解决必须符合既定的程序。

二是正当程序原则有利于保护发展中成员方的权益。任何 WTO 争端解决归根结底都涉及实体法律。WTO 法律体系是西方发达国家主导下参照西方发达国家立法、司法理念建立起来，为其政治经济目的服务的。西方发达国家利用自己的政治经济实力不断向发展中成员施压，在制定的规则中保留了许多对自己有利的地方，使得貌似公平有效的规则留下了许多缺陷。WTO 法律体系从根本上是要维护西方主要发达国家的政治经济利益，要求发展中国家的贸易政策顺应西方发达国家主导的国际政治经济秩序，这对广大发展中国家是极不公平的。并且 WTO 作为“一揽子”协议，其必然会使后来加入的特定国家特别是广大发展中国家在特定领域内作出过度甚至是完全不符合其国内经济发展现状的承诺。因此，广大发展中成员方要利用 WTO 争端解决中的正当程序原则，积极维护自己的合法权益，防止某些西方国家利用 WTO 争端解决机制平台将不合法的利益合法化。

三是正当程序原则有利于弥补 WTO 争端解决机制的缺陷和空白。自 WTO 成立以来，WTO 争端解决机制作为 WTO 最重要的制度创新，促进了 WTO 协议的适用，保障了 WTO 的顺畅运行，增强了 WTO 成员方的凝聚力。WTO 争端解决机制在处理国际贸易争端、维护贸易秩序方面作出重要贡献的同时，在实践中也暴露出众多需要修改和完善的方面，如其固有的不明确、缺乏可操作性、有失公平与合理问题等。WTO 专家组、上诉机构在审理争端时经常会遇到一些 WTO 规则没有涵盖的事项，这些漏洞很多情况下是各成员方由于不能达成合意而有意留下的空白，对于这些 WTO 规则空白，专家组、上诉机构作为裁判机关不能拒绝裁判，必须作出报告，这样就需要专家组、上诉机构必须在 WTO 规则之外寻找适用依据，其中就包括大量判例。[①] 同时，WTO 的一些规定在制定之初就存在缺陷和不足，或者随着国际贸易发展已经不能适应实践需要，这就要求专家组或者上诉机构在处理争端时遵循正当程序原则进行合理解释。实践表明，WTO 专家组、上诉机构没有把他们限定在 WTO 适用协议范围内，他们也参照一般法律原则、国际习惯法、甚至非 WTO 条约。[②] 比如，在欧共体—荷尔蒙案中，上诉机构指出，DSU 及其附件 3 授予了专家小组一定程度的自由裁量权以根据正当程序原则应对可能出现的无明文规定的特殊情况。[③] 此外，《常设上诉机构上诉审理工作程序规则》第 16 条第 1 款规定，为确保公平和上诉的井然有序，凡发生本规定未涵盖的程序性问题，审判组可仅为处理该上诉而采取适当的程序，只要不违反 DSU、其他涵盖协定以及本规定。正当程序原则有利于弥补 WTO 规则的不周延性和立法漏洞。

二、正当程序原则在 WTO 争端解决中的价值定位

与诉讼程序一样，WTO 争端解决程序同样注重程序的正当性。正当程序不仅决定了成员方之间的贸易争端能够公正高效地解决，而且是专家组和上诉机构的裁决得到成员方的尊重与执行的保障。WTO 主要协定对依据正当程序审查成员方政府行为作出了专门规定。《1994 年关税与贸易总协定》第 10 条第 3 款 b 项规定，“每一缔约方应维持或尽快设立司法、仲裁或行政庭或行政程序，目的特别在于迅速审查和纠正

① 江必新、程琥：《判例在 WTO 争端解决中的适用》，载《法律适用》2010 年第 2、3 期。

② 陈立虎、周敏：《非 WTO 法在 WTO 争端解决中的适用》，载《当代法学》2006 年第 5 期。

③ 宋俊荣：《探寻 WTO 争端解决机制中的正当程序原则》，载《世界贸易组织动态与研究》2009 年第 3 期。

与海关事项有关的行政行为。此类法庭或程序应独立于受委托负责行政实施的机构。"《服务贸易总协定》第6条第2款a项规定，"如此类程序并不独立于作出有关行政决定的机构，则该成员应保证此类程序在实际中提供客观和公正的审查。"《与贸易有关的知识产权协定》第41条第2款规定，"有关知识产权的实施程序应公平和公正。这些程序不应不必要的复杂和费用高昂，也不应限定不合理的时限或造成无理的迟延。"如果说上述WTO主要贸易协定关于正当程序的规定属于实体正义的范畴，那么WTO争端解决中适用正当程序则符合程序正义的价值要求。在WTO争端解决实践中，正当程序通常是指专家组、上诉机构成员必须适当的组成，专家组、上诉机构对于争端的审查必须符合DSU规定的程序，必须给予争端当事方有关审判的时间、地点、事由的适当通知，保障各当事方享有充分、适当的机会陈述案情和申辩，裁决应具备充分证据和充足理由并涵盖当事方提出的所有实质性要点，裁决得到及时有效地执行。WTO争端解决中的正当程序原则必须满足一些基本的价值要求，应当具有以下品质：

（一）程序合法性

在WTO争端解决中，合法性是正当程序的前提，具体包括程序设计的法定性和程序运行的适法性。[①] 迅速有效地解决成员间的贸易争端对于WTO的运作至关重要，WTO争端解决机制是保护和加强多边贸易体制稳定性和可预见性的核心因素。WTO争端解决程序设计的法定性，指DSU所确定的争端解决程序主要由作为WTO协议附件3的《关于争端解决规则与程序之谅解协定》加以明确规定，该协定详细规定了争端解决的原则、程序和时限，并成立一个具有权威的争端解决机构（DSB）负责处理WTO项下任何协议的争端。争端解决程序所涵盖的磋商、成立专家组、专家组程序、通过专家组报告、上诉复议、执行裁决

① 汪进元：《论宪法的正当程序原则》，载《法学研究》2001年第2期。

等，都通过DSU加以明确化、具体化。WTO争端解决程序运行的适法性是指WTO争端解决程序一经设计出来并予以法律化，就具有拘束力，程序参与者必须严格按照规则确定的权限、步骤、方式方法和时限等进行。DSU的一些程序性规定就是用来约束争端解决机构，进而规范专家组和上诉机构对争端解决作出裁决的行为。“法官是法律的传声筒”，专家组和上诉机构应该依据WTO协定的规定和授权履行争端解决职责，不能在争端解决中增加或删减成员方的权利和义务。当然，在具体争端解决过程中，合法性并不排斥专家组和上诉机构成员在WTO协定授权范围内根据实际情况自主组织和指挥审理程序，决定程序各个阶段的进程，但这种程序裁量不得逾越WTO协定并应当是正当的。

（二）程序中立性

程序公正首先要求裁判者处于中立和超然地位。正当程序原则在发端之初就是为了保障裁判者公正地、毫无偏私地作出裁判，要求任何人都不能做自己案件的法官；解决争议的组织、机构必须保持中立，不能偏袒任何一方，或可能歧视其中一方；要平等对待各方当事人，对案件保持超然和客观的态度，同样的案件要同样处理。作为WTO争端裁判者的专家组和上诉机构成员，DSU主要从其任命和行为规则方面作出规定以确保其中立性和公正性。DSU第8条第2款、第3款、第6款和第9款对专家组成员的独立性作出了规定。DSU明确要求专家组成员摆脱任何现实的或者可能的偏私，争端当事方或者第三方的公民不应在与该争端有关的专家组中任职，除非获得争端当事方的同意。专家组成员应以其个人身份任职，而不是作为政府或者任何组织的代表。DSU第17条第3款对上诉机构成员的任命作出了规定，要求其不得与任何政府有牵连，也不得参与任何会产生直接或间接利益冲突之争端的审理。为了防止争端当事方私下接触专家组或上诉机构成员，DSU第18条第1款禁止争端当事方的任何一方在他方未在场的情况下与专家组或者上诉机构成员就审理的事项进行沟通。为了进一步规范专家组成员、上诉机构成员、仲裁员、专家及其他有关工作人员在争端解决中保持独立、公正，避免直接或间接性的利益冲突，维护争端解决程序的廉洁、公正和保密，1996年12月11日DSB通过了《关于争端解决规则与程序的谅解的行为准则》，对上述人员独立、公正地履职设立了一系列义务和监督机制。应当说，中立是确保WTO争端解决机制顺畅运行的关键，任何的偏私都可能造成对WTO协定的恶意解释和适用，从而侵害当事方的正当权益。

（三）程序平等性

在诉讼程序中，作为一项基本诉讼原则的当事人平等，既包括静态意义上当事人双方诉讼权利和诉讼义务在立法上的分配平等；又包括动态意义上法院或法官在诉讼过程中给予各方当事人以平等参与的机会，对各方的主张、意见和证据给予同等的尊重和关注。[①] 应当说，静态意义上的平等与动态意义上的平等密切关联，如果没有静态意义上的立法上的分配平等，一切以法律名义的不平等就会大行其道，动态意义上的诉讼过程中的诉讼权利平等也就毫无意义。同时，如果没有动态意义上的诉讼过程中赋予当事人平等的诉讼权利和对当事人平等对待、平等保护，立法上的权利分配平等再完美也很难在现实中得到实现。从理论上说，人生而自由平等，国家也是如此。但是，平等毕竟是相对的，如果一味地追求绝对的平等就容易导致实质性的不平等。WTO成员众多，成员千差万别，有发达成员，也有广泛的发展中成员和最不发达成员。WTO要求主权国家和单独关税区加入WTO时必须签订包括DSU在内的“一揽子”协议，要求成员方毫无保留地共同平等地遵守具有法律约束力的行为规范和行动准则。“一揽子”协议在规则意义上并没有对任何成员造成歧视，WTO协议的大多数条款对任何成员的要求是一致的。当然，这种规则意义上的形式平等并不能掩盖WTO成员方之间由

---

① 王林彬：《国际司法程序价值论》，法律出版社2009年版，第140页。

于强弱贫富而导致的实际上的不平等。为了更好地实现成员方平等参与 WTO 争端解决机制的能力和机会，就必须在规则制定上给予广大发展中成员和最不发达成员一定程度的特殊保护和平等条件下的差别对待。需要指出的是，虽然 DSU 规定关注发展中国家和最不发达国家的特殊利益是 WTO 争端解决机制运行的基本原则之一，而且 DSU 也规定了众多条款以体现这一原则，但是由于其在西方发达国家主导、缺少广大发展中国家参与下制定出来的特性，一些表面上看似平等适用于所有成员方的程序或者规则，在实践中却对相对弱小的发展中成员方产生不利、甚至歧视性的效果。①

（四）程序公开性

程序公开又称审判公开，是作为秘密审判的对立物存在的，要求诉讼程序的每一阶段和步骤都应向公众和社会公开，置于公众和社会的监督之下。审判公开的目的是为了保证审判的公正性和可预期性。审判程序公开是司法公正的本质要求。审判公开主要通过审前程序公开、庭审程序公开以及裁判结果公开满足当事人和公众的知情权。审前程序公开包括起诉状和答辩状互相知晓，庭前面向当事人的证据公开。庭审程序公开包括法院在开庭审理前公告当事人的姓名（或名称）、案由和开庭的时间、地点；在开庭审理期间，除法律规定的特别情况以外，允许公民旁听案件的审理，允许新闻媒体采访报道。裁判结果公开包括法院不仅要公开宣判判决结果，还要使当事人以及其他人能够知晓判决文书内容。与 WTO 争端解决程序公开密切关联的是体现在《货物贸易总协定》、《服务贸易总协定》、《与贸易有关的知识产权协定》以及《贸易政策审议机制》中的 WTO 透明度原则（Transparent Principle）。透明度原则最早规定于 1947 年的关贸总协定（GATT）第 10 条中，并且作为一个重要原则被 WTO 所继承。虽然 WTO 要求各成员方采取一切影响

---

① 毛燕琼：《论中国应对 WTO 争端解决机制改革的策略》，载《江淮论坛》2008 年第 6 期。

贸易活动的政策和措施时必须符合透明度原则，及时公布和通知 WTO，但是 WTO 争端解决程序却不受 WTO 透明度原则拘束，相反 DSU 对争端解决程序中的信息保密作出规定。WTO 争端解决程序要求在两次实质性会议中当事方及第三方的陈述与反驳必须在各当事方在场的情况下进行，并且各当事方提交的书面诉状，包括对专家组报告中描述部分所作的评论及对专家组所提问题的回答，均应提供给另一方当事人；对于上诉机构审理也有类似规定。这种运作方式在一定程度上反映了程序公开的内在要求，不过总体而言，DSU 对磋商程序、专家组程序、上诉复审程序都作出了严格的保密规定。WTO 透明度原则作为 WTO 协定的基本原则理应作为包括 WTO 争端解决机制和争端解决程序在内的一切领域的法律适用原则，而这些争端解决程序的保密规定显然背离了 WTO 透明度原则和程序公开的价值要求，迫切需要改革和完善。

（五）程序参与性

争端当事方以及与争端解决有利害关系的第三方能够平等参与 WTO 争端解决程序，充分发表意见和听取意见，这是确保争端客观、公正解决的重要环节。程序参与原则在英美法中又被称之为“获得法庭审判的机会”的原则或者“听审原则”（hearing）。[①] 参与性是争端当事方或者第三方为了维护自身的正当权益而参与到争端解决程序过程中，就涉及的事实和法律问题公开发表自己的主张，从而影响专家组或上诉机构作出有利于自己的裁决的程序权利。参与性要求 WTO 争端解决机制运行中要切实保障当事方或者第三方以下几个方面的权利：一是知情权。及时掌握争端解决程序信息是当事方或者第三方参与争端解决程序的基本前提，当事方或者第三方享有知情权以及程序的参与权是 WTO 争端解决中正当程序的基本要求。DSU 第 4 条第 4 款规定，任何磋商申请均应说明理由，包括所涉及的措施以及申诉的法律依据。DSU

① 王林彬：《国际司法程序价值论》，法律出版社 2009 年版，第 133 页。

第6条第2款规定，设立专家组申请书应指明争端所涉的具体措施，并简要概述足以说明问题并支持申诉的法律依据。在争端解决实践中，设立专家组申请书的撰写对于申诉方非常重要，因为DSU第7条将专家组职权范围严格限定在申请书所列明的事项之内，同时这有利于争端当事方和第三方及时获取有关争端所涉诉请的充分信息以便有机会对案件作出回应。在上诉审理阶段，被上诉方给予正当程序享有的知情权也有着充分保证。二是陈述权。争端当事方和第三方有权就争端所涉及的事实和依据向专家组或上诉机构陈述自己的观点和主张。专家组工作程序要求当事方同时参加两次实质性会议，当事方应提供书面的和口头的陈述意见。在专家组报告最后形成并发给各成员之前，各当事方有权提交各自的书面意见。专家组或上诉机构通过给予当事方或第三方陈述己方观点并对不利证据进行反驳的机会，以确保裁判时不至于偏听偏信。三是申辩权。申辩权是申述理由、加以辩解的权利。在专家组或上诉机构审理中，当事方或第三方有权依据其掌握的事实和证据反驳对方的观点。在智利有关某些农产品的价格幅度制度和保障措施案中，上诉方智利指控专家组就一项阿根廷未提出的诉请作出裁定，从而剥夺了其作出回应的正当权利。上诉机构援引正当程序原则肯定了智利的这一指控，指出如果专家组就争端当事方未提出的事项和诉请作出裁定，就违反了正当程序原则，因为它未能赋予当事方对该事项和诉请进行申辩的机会，无疑剥夺了智利的申辩权。[①] 四是选择权。争端当事方在争端解决中地位平等，对专家组程序、谈判与调解、仲裁程序有着选择权，争端任何一方可随时请求进行斡旋、调解或调停。

（六）程序效益性

WTO争端解决程序应以最合宜、最经济的方式进行。效益性反映

① 宋俊荣：《探寻WTO争端解决机制中的正当程序原则》，载《世界贸易组织动态与研究》2009年第3期。

了WTO争端解决机制在争端过程中方便、快捷、高效的基本特点。一是简便性要求。争端当事方能够十分便利地使用争端解决机制，DSU没有对其附设过多的限制。争端解决机制使用的是当事方都能充分理解的方法、逻辑和语言，从而使争端解决机制成为当事方相对容易接近和利用的解决方式。具体而言，争端解决机制涵盖了该领域中所有或绝大多数的争端，对当事方或者第三方利用该机制没有太多的资格限制。二是经济性要求。在WTO争端解决中适用诉讼经济原则是节约诉讼成本、缩短审理时间和更快解决当事方之间的贸易争端的有效方式。[①] 争端当事方或者DSB为解决争端而投入的成本低，当事方利用该机制无需支出过多的成本。由于解决争端的资源有限性和稀缺性，当事方投入过多的成本解决争端不符合实际要求。如果争端解决机制的运行需要投入过高成本，这就需要重新审视该机制是否科学。三是及时性要求。WTO三大贸易协定以及DSU都对迅速及时的程序提出了要求，而在强调及时性的同时，又要求设定审查时限时要合理。从时间上说，WTO争端解决程序具有时限性，争端解决程序中的每个阶段和环节都有一定的时间规定，对专家组、上诉机构或当事方的行为时间作了设置，争端解决程序的每一个环节都要按照规定的时间推进，从而使争端解决程序在时间上保持连贯和衔接。同时，争端解决过程应当具有及时性，审理活动不能急速地进行或过于缓慢地进行。过于快速容易使审理活动失之草率，过分迟延则会侵蚀判决的效用，迟来的正义就是非正义。在争端解决的每个环节和阶段都设定了时限要求。磋商是解决争端的首要阶段，任何成员应在10天内对磋商要求作出响应，在30天内进行磋商。如果有关成员在10天内对磋商要求置之不理或在60天后磋商未能达成协议，起诉方可以要求DSB成立专家组审理此案，专家组人员组成应在30天内完成。DSB作出决定有时间框架。DSU对专家组审查的期限、

---

① 吕晓杰：《对WTO争端解决机制中司法经济原则功能的再思考》，载《环球法律评论》2008年第6期。

上诉机构的期限等都作了规定。如第 12 条 8 款规定："自该专家组的组成及其职责取得一致意见到最终报告送交争端各当事方这段时间，原则上不应超过 6 个月；若遇紧急情况，包括涉及易腐商品，应为 3 个月。"上述程序不应超过 60 天，但最长不得超过 90 天。任一当事方均有上诉权，但上诉须限制在专家组报告所涉及的法律问题和专家组作出的解释范围内。除非有"一致意见"反对该报告，否则 DSB 应在报告提出后的 30 天内通过上诉机构报告，当事方应无条件接受。为有效解决争端，迅速执行 DSB 的建议或裁决十分关键。在专家组报告或上诉报告通过 30 天内举行的 DSB 会议上，有关方必须表明其执行裁决的意向。这些期限的要求就是为了保障及时有效地解决贸易争端。

三、正当程序原则与 WTO 争端解决机制改革

不可否认，被誉为"皇冠上的宝石"的 WTO 争端解决机制自运行以来每年受理和审结了大量贸易争端。据统计，从 1995 年 1 月 1 日至 2008 年 1 月 1 日的 13 年时间里，WTO 平均每年受理和审结的争端分别为 28 件和 8 件，分别是国际法院平均受理和判决争端的 15 倍和 3 倍，13 年的受理案件总数已接近于关贸总协定 47 年总数的 2 倍，WTO 争端解决机制已接替关贸总协定成为迄今为止最成功的解决政府间争端的多边体制。[①] WTO 争端解决机制的有效运行得到 WTO 成员方普遍认可的同时，其固有的不符合正当程序原则要求的缺陷和问题也在实践中不断显现，迫切需要按照正当程序原则的价值要求进行改革和发展。

（一）WTO 争端解决程序合法性改革

WTO 争端解决程序改革应该在 WTO 总体框架下稳步推进。"由于

① 左海聪：《WTO 争端解决机制实践综合分析》，载《南开学报》（哲学社会科学版）2008 年第 6 期。

争端解决机制在整个 WTO 法律体系中的核心地位和基础性作用，任何对 DSU 的实质性修改都将对成员方的切身利益产生深远的影响。”[①] 因此，WTO 争端解决程序合法性改革应该做好以下工作：一是在 WTO 协定下做好 WTO 争端解决机制的改革和创新。WTO 协定是成员方通过谈判形成的多边协议，WTO 争端解决程序改革中无论对于技术性、非实质性的修改，还是实质性的修改，都应该在 WTO 协定下经过协商达成一致意见后修改。二是对于一些改革措施的设定要符合 WTO 的目的和精神。所采行之措施必须有助于实现多边自由贸易体制的目的或至少有助于目的之达成，且为正确之手段。改革的根本目的是有助于解决成员方的国际经济纠纷、平衡成员方利益、促进 WTO 协议的适用、保障 WTO 的顺利运行以及维护多边自由贸易体制的稳定和发展，所采取的措施应当建立在正当考虑基础之上，努力做到公平、适度、合乎情理。三是保持适度克制。WTO 争端解决机制毕竟不同于主权国家管辖的司法程序，WTO 争端解决机制的顺利运行，离不开成员方的配合和支持。无论是专家组还是上诉机构的自由裁量权，均应限定在 DSU 授权范围内。

（二）WTO 争端解决程序中立性改革

目前最能反映 WTO 争端解决程序中立性改革要求的莫过于上诉机构组成方法和运作机制。上诉机构是依据 DSU 第 17 条第 1 款规定，由 DSB 所设立的常设机构，负责处理不服专家组裁决或建议的上诉案件。上诉机构成员由具有 WTO 成员广泛代表性的 7 人组成，任期 4 年，可以连任一次，每两年更换其中 3 人。上诉机构成员应在法律和国际贸易领域享有名望，不附属任何政府。美国、欧盟和日本在上诉机构各占一席，其余成员由各地区选举产生。每次由 3 个成员听取上诉案情，他们可以维持、修改或推翻专家组的法律裁决和结论。上述

① 毛燕琼：《论中国应对 WTO 争端解决机制改革的策略》，载《江淮论坛》2008 年第 6 期。

程序不应超过 60 天，且最长不得超过 90 天。除非有“一致意见”反对该报告，否则 DSB 应在报告提出后的 30 天内通过上诉机构报告，当事方应无条件接受。事实上，上诉机构裁决无疑具有终局裁决性质，而牵涉成员方重大利益的上诉机构裁决却掌控在这 7 人手中，这 7 人的选任就显得尤为重要。上诉机构成员在审理本国贸易争端时，并不回避。上诉机构审理案件不因国籍因素而实行回避的运行原则，使上诉机构成员组成方式很难让人信服上诉机构裁决的中立性和公正性。上诉机构成员选任机制和运行方式有必要进行改革和完善，既要明确上诉机构成员在专业才能、身份和广泛性方面的限制条件和详细标准，也要便于考核监督，改变上诉机构成员被个别西方发达国家长期占据席位的局面，真正把符合条件的广大发展中国家成员补充进去，从而让上诉机构在审理案件时能发出发展中国家的声音。同时，专家组、上诉机构成员实行严格的回避制度，对于涉及本国的贸易争端，该成员应该主动或者依申请回避，从而从根本上消除对上诉机构成员中立性的怀疑。

（三）WTO 争端解决程序平等性改革

在 WTO 争端解决机制运行中如何实现对发展中成员的平等保护，这不仅涉及 WTO 争端解决机制的制度设计，也关系到争端解决机制的实际运行。WTO 争端解决机制为实现对发展中成员平等保护，对发展中成员的特殊和差别待遇作了原则性规定。这些特殊规定主要反映在涉及最不发达国家的争端中，各成员方应特别考虑最不发达国家的特殊情况，在请求补偿、授权报复等方面应表现适当的克制；如果发展中成员提出起诉，可以得到总干事提供的斡旋，并缩短专家组程序，以及在磋商过程中就如何保护发展中成员的利益作出规定。这些纲领性、原则性规定表明了 WTO 争端解决机制平等保护广大发展中成员的积极姿态，这具有非常重要意义。从 WTO 争端解决机制的长期实践来看，作为弱势一方的发展中成员在此机制下能够寻求到比较公正的判决，这也是发展中成员在此争端解决中的收益。[①] 同时，也应该看到由于这些对于发展中成员的特殊和差别待遇规定原则性强、缺乏操作性，在实践中很难得到有效实施。这些事实上的不公正体现在以下方面：DSM 便于发达成员方假借 WTO 规则滥施贸易保护措施；DSM 救济措施有悖于公平原则；上诉机构组成方法和运作机制使美、日、欧对 DSB 具有事实上的主导权和影响力；DSB 对 WTO 规则的阐释有时有损发展中国家成员权益；报复能力的不对称使发展中国家难以利用 WTO 报复机制；争端解决的履行进程缓慢，甚至有意被拖延。[②] 为了实现对发展中成员方的特殊和差别待遇，有必要在 DSU 中设置一个能适用所有发展中国家的总则性规定，同时进一步细化 DSU 现有规定中有关发展中国家的特殊和差别待遇条款。鉴于广大发展中国家在利用 WTO 争端解决机制时出现的能力和水平不强问题，应加强发达国家对广大发展中国家参与 WTO 争端解决机制的技术援助和能力培训。

（四）WTO 争端解决程序公开性改革

专家组、上诉机构在审理案件时，整个过程都是保密的。事实上，在整个案件审理过程中，除了当事方之外，其他成员方不能了解程序的进展，这无疑把其他成员方隔绝在案件之外。DSU 关于保密性的规定主要体现在 DSU 对磋商、专家组程序和上诉复审程序等三大基本争端解决程序中。近年来，WTO 争端解决程序出现了公开化趋势，美国和欧盟在“激素牛肉案”中达成协议，将专家组程序公之于众，并且上诉机构的口头听证程序也置于公众视线之下。[③] 这应该是 WTO 争端解

---

① 孔庆峰、张萌：《论 WTO 争端解决机制对发展中成员方的意义》，载《东岳论丛》2006 年第 3 期。

② 吴建功：《WTO 争端解决机制中的不公正性：以发展中国家成员为视角》，载《法学杂志》2010 年第 1 期。

③ ［日］谷口安平：《从程序角度看 WTO 的争端解决》，胡加祥、尹楠楠译，载《比较法研究》2011 年第 1 期。

决机构在程序公开方面迈出的重要一步。不可否认，WTO 争端解决程序要求必须秘密进行，这并不是从 WTO 争端解决的司法属性考虑的，而更多地考虑其外交属性和类似仲裁等原因。必须指出的是，WTO 透明度原则不仅应该对 WTO 成员方适用，也应该适用于 WTO 争端解决程序。程序公开和透明是 WTO 争端解决机制改革与发展的必然趋势。通过程序公开和透明不仅能够规范专家组、上诉机构成员的裁决行为，也能够及时消除外界对专家、上诉机构成员因保密性而产生的怀疑。因此，有必要按照程序公开性的要求，逐步推动 WTO 争端解决机制的公开化改革。对于 WTO 争端解决程序中磋商、专家组、上诉复审这三个基本程序要逐步推动公开。对于磋商过程可以适用保密要求，一旦磋商形成之后，磋商结果应该公开。当然，在磋商过程中，当事方可能会围绕争端解决进行协调、让步、妥协，当事方在磋商过程中的陈述不应影响后续专家组、上诉机构审理。对于专家组程序，可以推动专家组审理过程公开，对于提交专家组的信息或者专家组为了查明案件的事实情况主动寻求的信息也应该公开。专家组成员合议案件时应当保密，从而确保专家组成员充分发表意见，这也是符合审判公开的基本要求。在上诉机构审理中，对法庭之友主动提供的意见和信息也应该向当事方公开。

（五）WTO 争端解决程序参与性改革

与案件处理结果有利害关系的成员方有权参与到争端解决程序中，这在诉讼程序中是受到保护的。除了当事人有权参与诉讼程序外，公众也应该有权参与诉讼程序。与之相比，在 WTO 争端解决程序参与性改革中，可以逐步探索以下方面的程序参与权：一是第三方的程序参与。DSU 第 10 条共有 4 个条款规范了争端解决机制的第三方制度。在 WTO 争端解决中，第三方是指具有不同于申诉方、被申诉方的特殊地位，对案件涉及的协议或措施具有实质贸易利益而参加到案件审理过程中的案件参与方。[①] 第三方参与争端解决程序，有利于促使更多成员参与争端解决程序，通过第三方充分发表意见，能够使专家组听到更广泛、更全面的意见，有利于及时查清案件事实，提高审判效率。目前在磋商阶段、专家组阶段以及上诉程序中第三方程序参与均存在一些问题。因此，围绕第三方制度改革，在 WTO 争端解决程序参与性改革中应该降低第三方参加磋商的门槛，进一步明确和扩大专家组阶段第三方权利范围，同时取消对没有在专家组阶段作为第三方参加的成员方不能作为第三方参加上诉程序阶段的限制。二是律师的程序参与。在诉讼程序中，律师可以作为当事人的代理人参加诉讼程序。而在 WTO 争端解决程序中，允许律师作为成员方代表团成员的身份参加争端解决。律师的参与可以为成员方在 WTO 争端解决程序中提供专业法律服务。三是法庭之友的程序参与。法庭之友的主要代表者是数量众多的非政府组织。在专家组阶段，专家组为了查清案件事实，可以向任何来源寻求信息，法庭之友可以向专家组提交信息。而在上诉程序阶段，应该严格限制上诉机构接受未经请求的法庭之友意见书，否则就会由于赋予非政府组织参加 WTO 争端解决机制的程序性权利，而可能影响到贸易争端的公正解决。

（六）WTO 争端解决程序效益性改革

当前 WTO 争端解决程序存在的突出问题中，有一部分直接涉及效益性改革。一是关于期限问题。期限在磋商程序、专家组程序、上诉机构程序中体现了不同的要求。在磋商阶段，由于磋商程序贯穿于整个争端解决程序之中，只要争端当事方具有磋商意愿，可以在磋商程序、专家组程序、上诉机构程序中进行磋商。因此，为了避免由于磋商期限过于冗长而给申诉方带来的巨大风险，有必要将磋商的期限由 60 天缩短为 30 天。在专家组阶段，要加快专家组的成立。二是关于上诉机构发

① 姚天冲、白潇卓：《刍议 WTO 争端解决机制中第三方制度》，载《WTO 经济导刊》2011 年第 9 期。

回重审权问题。由于 DSU 对上诉机构能否将专家组报告发回重审未作规定，上诉机构缺乏 DSU 授权自然没有此项权力。依据 DSU 的有关规定，上诉机构负责审查专家组报告所涉及的法律问题和专家组在报告中就有关法律问题所作的解释，但是实践中上诉机构经常就专家组未决事项作出重新审查。这种重新审查所涉及的问题是专家组报告没有涉及的，对于这些问题如果不发回专家组重审，就会因为上诉机构的终局裁决，而使这些新的审查意见丧失受到第二次审查的机会。因此，应该允许上诉机构对于上诉程序中的新问题有权发回专家组重审，从而使当事方有第二次救济的权利。三是关于裁决执行问题。由于没有成员方国内强制执行力保障，WTO 争端解决裁决的执行日益成为当前 WTO 争端解决机制运行中较为突出的问题。据统计，截至 2008 年 1 月 1 日，已有执行结果的案件中，裁决执行率约为 73%，这表明 WTO 争端解决机制的执行程序总体上是好的，即便是实力最强的美国、欧盟，一般情况下也都愿意自动执行专家组和上诉机构裁决。[①] 当然，在执行过程中如果败诉方坚持认为自己已经履行了裁决的全部义务，而胜诉方反对这种说法，对于这种分歧，WTO 创设了裁决执行异议的复审程序，由原专家组就被诉方义务是否已经履行作出新的裁决，这一过程可能要重复多次。具有讽刺意味的是，在裁决执行中越是所谓“民主”的国家，越难履行义务。[②] 因此，有必要对成员方在合理期限内的裁决执行情况进行有效监督，可以要求相关成员方在一定期限内向 DSB 提交一份书面履行通知，从而强化对执行程序的有效监督，避免裁决执行久拖不决，形成讼累。

---

① 左海聪:《WTO 争端解决机制实践综合分析》，载《南开学报》（哲学社会科学版）2008 年第 6 期。

② ［日］谷口安平:《从程序角度看 WTO 的争端解决》，胡加祥、尹楠楠译，载《比较法研究》2011 年第 1 期。

第四章　程序法制对行政相对人的权益保护

自由和人权发展的历史，在某种意义上来说，就是寻求程序保障的历史。通过程序法律制度尤其是通过行政程序和行政诉讼对个人实现法律保护，是现代法治国家的一个重要特征。建立和完善程序法律制度、确保行政管理相对人程序权利的实现，对于保障个人的基本人权、建设民主和法治国家，具有不可估量的作用。

一、程序法制对行政相对人的权益保护的意义

在现代法治国家，行政相对人的权益之所以能够受到一定程度的保护，在很大程度上应当归功于程序法制。实体法制固然重要，但没有程序法制，实体法制再好也等于零；而如果有一套较好的程序法制，实体法制即使不完善，公民的自由也可以得到较好的保障。行政相对人权益的保障在某种意义上来说，是程序法制的副产品。

行政主体首要的或基本的职责就是执行法律。而任何法律的执行和实施都是一个过程。行政过程不受客观、公正的程序所引导，就会为偏私、专横、任性的程序所支配。人们只有早修堤坝，才能避免泛滥的洪水带来的灾难。

优良的程序法制常常可以成为强制手段的替代品。因为程序法制的训导功能常常使人们“近善远罪而不自知”；程序法制的监督制约功能往往使执法者知所趋避。

优良的程序法制是实体法制实施的保障。如果一个国家出现了

“有法不依、执法不严”的情况，就应当认真审视该国家的程序法制是否健全。优良的法律应当具有自我能动实施的动力和手段，而这种动力和手段主要来源于程序法制。

程序法制对行政相对人权益保护的作用机制在于：通过对行政主体实施行政行为的步骤、顺序、方式、形式、时间以及相关的程序性制度的设定，使行政权的行使规范化，使行政相对人及相关的利益集团进入参与行政权的行使过程，使他们得以进行有效的防御和监督，从而使行政权的行使更具有民主性；通过确保行政公正的相关制度的嵌入，从而使行政权的行使更具有正当性；通过对行政相对人资讯权或了解权、听证权等程序性权利的赋予，增加行政过程的公开性和透明度；通过事前或事后的监督以及其他行政主体及国家机关的介入，增加行政主体及其工作人员的高度自律性；通过行政复议、行政诉讼等救济程序的设立，使受损害的行政相对人的权益得以及时恢复，从而使行政相对人的实体权益具有保障性。

二、中国程序法制建设的进程

在行政程序立法方面，立法法对制定行政法规、行政规章的程序作了原则规范；行政处罚法对行政主体实施行政处罚的程序作了较为详细的规定。在上述程序中，行政相对人的了解权、知情权、陈述权、申辩权、听证权、检举权、对严重违法处罚的拒绝权、请求救济权等程序性权利得到确认，而行政主体的公布处罚的规范依据、严格依法调查检查和取证、告知处罚的事实和依据以及被处罚人应享有的权利、听取陈述和申辩、组织听证、依法回避、及时送达、罚缴分离等义务也被从严规定。此外，行政许可程序、行政强制程序也随着相关单行法律的制定而加以确定。

行政救济方面，1999 年 4 月 29 日第九届全国人民代表大会常务委员会第九次会议通过的《中华人民共和国行政复议法》取代了国务院 1990 年 12 月 24 日发布、1994 年 10 月 9 日修订发布的《行政复议条例》。行政复议法与行政复议条例相比，有一个显著的特点，那就是强化了对行政管理相对人的请求救济权的保护，给了行政相对人许多方便：不仅将涉及政治权利的行政行为纳入行政复议的范围，而且允许在对具体行政行为申请复议的同时，对作为具体行政行为依据的规章以下的规定提出审查申请；行政复议法将申请复议的一般期间由15天改为60天，这个一般期间只有在法律规定超过60日的情况下才可以改变，这就意味着前此法律、法规或规章规定的期间少于60日的一律无效。不仅如此，由于正当理由而耽误法定申请期间的，耽误的期间应从法定期间中扣除；行政管理相对人对县级以上地方各级人民政府工作部门的行政行为不服的，除对海关、金融、国税、外汇管理等实行垂直领导的行政机关和国家安全机关（不包括公安机关）的具体行政行为不服只能向上一级主管部门申请行政复议以外，既可以向上一级主管部门申请复议，也可以向该部门的本级人民政府申请复议；申请人申请复议，可以书面申请，也可以口头申请。口头申请的，复议机关不仅应将法定事项如实记录，而且有义务将该记录的复印件发送被申请人；行政复议以书面审查为原则，但实际上取决于申请人的意志，申请人如果要求听取意见，复议机关即有义务听取各方意见、调查情况；复议程序一经启动，被申请人即应提交当初作出行政行为的证据、依据和其他有关材料，申请人、第三人可以查阅被申请人提出的书面答复、作出具体行政行为的证据、依据和其他有关材料，除涉及国家秘密、商业秘密或者个人隐私外，复议机关不得拒绝，在行政复议过程中，被申请人不得自行向申请人和其他组织或者个人收集证据；在行政复议决定作出之前，申请人要求撤回行政复议申请的，只要说明理由即可以撤回，避免了申请人硬着头皮打不愿打的官司的尴尬局面；复议机关无正当理由拒绝受理复议申请的，行政复议法设定了多种救济渠道，一是上级行政机关应当责令其受理，二是上级行政机关可以直接受理，三是申请人可以就不予受理决定向人民法院提起行政诉讼，四是追究复议机关有关人员的法律责任。

在司法救济程序方面，1989 年 4 月 4 日第七届全国人民代表大会第二次会议通过了《中华人民共和国行政诉讼法》，该法所设定的被告行政机关对作出的行政行为承担举证责任、严禁被告重复违法、禁止被告以调解为名迫使原告让步等制度，对于保护行政相对人的权利具有十分重要的意义。最高人民法院 1991 年发布了《关于贯彻执行〈中华人民共和国行政诉讼法〉若干问题的意见》（以下简称《若干意见》）。此后，最高人民法院又发布了《关于执行〈中华人民共和国行政诉讼法〉若干问题的解释》（以下简称《若干解释》），以取代原有的《若干意见》。该解释在保护行政相对人的诉权方面作出了详细的规定，主要体现在以下几个方面：

一是在《若干意见》的基础上，扩大了行政诉讼的受案范围。行政诉讼受案范围从法律行为扩大到了非法律行为，从单方行为扩展到了双方行为，从涉及狭义的人身权和财产权的行政行为扩展到涉及广义的行政行为。

二是取消了对原告资格的不当限制。《若干解释》对相邻权人、竞争权人、受害人、复议决定的利害关系人、合伙企业、联合企业的组成部分、农村土地承包人、被消灭或改变隶属关系的非国有企业、公司的权力机关等主体的原告资格作了明确的肯定规定。

三是在提起诉讼的前置条件方面作了一些新的规定。“前置条件”是指根据法律、法规的规定，对于某些事项，当事人在提起行政诉讼之前，必须先向行政机关申请复议，对复议决定不服或者在法定期间复议机关没有作出复议决定的，当事人才能到法院提起行政诉讼。为了防止有的复议机关借“前置条件”而逃避司法审查，防止有的法院在行政审判实践中，借“前置条件”推托救济责任，《若干解释》明确规定利害关系人对复议机关决定不予受理的或既不立案也不决定不予受理的行为，可以向人民法院提起行政诉讼。

四是对起诉期间依法作了从宽解释。根据行政诉讼法规定的精神，取消了《若干意见》的过严限制。对行政机关告知了行政行为的内容但没有告知诉讼期间和起诉的权利的，其起诉期间从知道或者应当知道诉权或者起诉期间之日起计算，但从知道或者应当知道具体行政行为内容之日起最长不得超过 2 年；对行政机关既没有告诉诉权和起诉期间，同时也没有告知行政行为的内容的，明确规定从知道或者应当知道行政行为内容时开始起算，但对于涉及不动产的行政行为从作出之日起超过 20 年、其他行政行为从作出之日起超过 5 年提起诉讼的，人民法院不予受理；如果当事人超过了诉讼期间，但是耽误期间的原因不能归责于起诉人自身的话，或者是起诉人意志以外的原因（包括被限制人身自由）造成的话，被耽误的时间不计算在起诉期间内。

五是对利害关系人控告行政机关不作为的起诉时机作了比较科学的规定。《若干解释》明确规定："公民、法人或者其他组织申请行政机关履行法定职责，行政机关在接到申请之日起 60 日内不履行的，公民、法人或者其他组织向人民法院提起诉讼，人民法院应当依法受理。法律、法规、规章和其他规范性文件对行政机关履行职责的期限另有规定的，从其规定。公民、法人或者其他组织在紧急情况下请求行政机关履行保护其人身权、财产权的法定职责，行政机关不履行的，起诉期间不受前款规定的限制。"

六是对一事不再理的问题作了从宽解释。首先，法律、法规未规定行政复议为提起行政诉讼必经程序，公民、法人或者其他组织既提起诉讼又申请行政复议的，由先受理的机关管辖；同时受理的，由公民、法人或者其他组织选择。公民、法人或者其他组织已经申请行政复议，在法定复议期间内又向人民法院提起诉讼的，人民法院不予受理。其次，法律、法规未规定行政复议为提起行政诉讼必经程序，公民、法人或者其他组织向复议机关申请行政复议后，又经复议机关同意撤回复议申请，在法定起诉期限内对原具体行政行为提起诉讼的，人民法院应当依法受理。再次，人民法院裁定准许原告撤诉后，原告以同一事实和理由重新起诉的，人民法院不予受理。准予撤诉的裁定确有错误，原告申请再审的，人民法院应当通过审判监督程序撤销原准予撤诉的裁定，重新对案件进行审理。再次，原告或者上诉人未按规定的期限预交案件受理费，又不提出缓交、减交、免交申请，或者提出申请未获批准的，按自动撤诉处理。在按撤诉处理后，原告或者上诉人在法定期限内再次起诉或者上诉，并依法解决诉讼费预交问题的，人民法院应予受理。最后人民法院判决撤销行政机关的具体行政行为后，公民、法人或者其他组织对行政机关重新作出的具体行政行为不服向人民法院起诉的，人民法院应当依法受理。

七是放宽了对起诉的事实根据和委托代理方面的要求。首先，根据《若干解释》的规定，行政机关作出具体行政行为时，没有制作或者没有送达法律文书，公民、法人或者其他组织不服向人民法院起诉的，只要能证明具体行政行为存在，人民法院应当依法受理。其次，《若干解释》有条件地承认了口头委托的效力。被限制人身自由的起诉人可以口头委托近亲属、律师作为代理人提起行政诉讼，并且规定如果有关机关拒绝人民法院核实，就视为委托关系成立。

八是使受理条件法定化，以防止在受理案件问题上的随意性。《若干解释》第 44 条详细列举了不予受理和驳回起诉的法定条件，并明确规定，法院在审查一个案件是否应该受理时，如果发现当事人某些条件还不具备，手续还不完备，或者是所告的被告不适格等等，必须先行告知当事人予以补正或者更正。只有在当事人拒绝补正或更正的情况下，人民法院才可以裁定不予受理或者驳回起诉。

九是加大了对当事人起诉权的保护力度。《若干解释》采取一系列的制度化措施，明确规定："人民法院应当组成合议庭对原告的起诉进行审查。符合起诉条件的，应当在 7 日内立案；不符合起诉条件的，应当在 7 日内裁定不予受理。7 日内不能决定是否受理的，应当先予受理；受理后经审查不符合起诉条件的，裁定驳回起诉。受诉人民法院在 7 日内既不立案，又不作出裁定的，起诉人可以向上一级人民法院申诉或者起诉。上一级人民法院认为符合受理条件的，应予受理；受理后可以移交或者指定下级人民法院审理，也可以自行审理。"首先，对当事人起诉必须由合议庭进行审查，不能由单个的审判人员决定是否受理行政案件。其次，在法定的期限内必须作出决定。受诉法院在7天以内要么立案受理，要么作出不予受理的裁定。由于特殊原因在7天以内如果决定不了的，应该先行立案受理。受理以后如果发现确属不应该受理的，裁定驳回起诉。最后，如果受诉法院在法定的期限内既不受理，也不作出不予受理的裁定，当事人可以向上一级人民法院申诉，或者直接向上一级人民法院提起诉讼。上一级人民法院认为应该受理的，可以先行直接受理，受理以后，可以移交有管辖权的法院审理，也可以移送给有管辖权的法院来进行审理，还可以指定其他法院审理。

三、中国保护个人程序性权利的主要措施

行政管理相对人的程序性权利需要通过宪法和法律加以宣示和确认，然而宣示和确认权利对于权利保障来说只是万里长征走完了第一步，更为艰难的任务是如何确保权利的实现。中国的立法机关、行政机关和司法机关在这方面给予了充分的关注：

一是规定行政机关违反法定程序的行政行为不能成立或可以被撤销。行政诉讼法第54条规定：对违反法定程序的行政行为，人民法院应当判决撤销。行政处罚法第41条规定：行政机关及其执法人员作出行政处罚决定之前，不依法向当事人告知给予行政处罚的事实、理由和依据，或者拒绝听取当事人的陈述、申辩，行政处罚决定不能成立。

二是规定在某些特殊情况下，行政机关违反法定程序产生对行政管理相对人有利的法律后果。如集会游行示威法规定：“主管机关接到集会、游行、示威申请后，应当在申请举行日期的二日前，将许可或不许可的决定书面通知其负责人。不许可的应当说明理由。逾期不通知的，视为许可。”

三是规定行政管理相对人在特定情况下对违反法定程序的行政行为的抵制权和反抗权。在征收、征调行为中，根据国务院的有关规定，如果行政机关及其工作人员严重违反法定程序实施征收、征调行为的，行

政管理相对人有权抵制。

四是赋予行政管理相对人对侵害其程序性权利的行政行为和司法判决请求救济的权利。我国的行政复议法规定，行政管理相对人可以行政行为违反法定程序为由，向具有管辖权的行政机关申请行政复议；复议机关可以违反法定程序为由决定撤销原具体行政行为。行政诉讼法规定，行政管理相对人对违反法定程序的行政行为有权提起行政诉讼；法院可以行政行为违反法定程序为由撤销被诉的行政行为，或者在撤销被诉的行政行为时判决行政机关重新做出行政行为。

五是在行政复议程序中以方便行政管理相对人为原则。例如，规定申请人在对具体行政行为申请复议的同时，可以对作为具体行政行为依据的规章以下的规定提出审查申请；行政复议法将申请复议的一般期间由 15 天改为 60 天，这个一般期间只有在法律规定超过 60 日的情况下才可以改变，这就意味着前此法律、法规或规章规定的期间少于 60 日的一律无效，不仅如此，由于正当理由而耽误法定申请期间的，耽误的期间应从法定期间中扣除；行政管理相对人对县级以上地方各级人民政府工作部门的行政行为不服的，除对海关、金融、国税、外汇管理等实行垂直领导的行政机关和国家安全机关（不包括公安机关）的具体行政行为不服只能向上一级主管部门申请行政复议以外，既可以向上一级主管部门申请复议，也可以向该部门的本级人民政府申请复议；申请人申请复议，可以书面申请，也可以口头申请，口头申请的，复议机关不仅应将法定事项如实记录，而且有义务将该记录的复印件发送被申请人；行政复议以书面审查为原则，但实际上取决于申请人的意志，申请人如果要求听取意见，复议机关即有义务听取各方意见、调查情况；申请人撤回申请的意志得到尊重，在行政复议决定作出之前，申请人要求撤回行政复议申请的，只要说明理由即可以撤回，避免了申请人硬着头皮打不愿打的官司的尴尬局面；复议机关无正当理由拒绝受理复议申请的，行政复议法设定了多种救济渠道：由上级行政机关责令其受理、上级行政机关直接受理、申请人可以就不予受理决定向人民法院提起行政诉讼、追究复议机关有关人员的法律责任。

六是把保护行政管理相对人的诉权作为行政诉讼的一个重要的环节。最高人民法院发布的《若干解释》加大了对当事人起诉权的保护力度。针对有的地方法院对当事人的合法起诉不予受理，或既不立案受理也不作出不予受理的裁定，从而使当事人告状无门的情况，《若干解释》采取了一些具体的制度化的措施。

七是在行政诉讼中引入正当程序的概念，以填补法律规范的空白。我国行政诉讼法明确规定，对违反法定程序的行政行为，人民法院有权予以撤销。但由于有些单行法律、法规和规章没有程序规定，有的行政机关在实施行政行为时往往忽略起码的公正或正当程序，在这种情况下，行政管理相对人的程序性权利更容易受到侵犯，而法院在这种情况下使用“违反法定程序”的理由又显得鞭长莫及。为了解决这个问题，法院在审判实践中发展了行政诉讼法第 54 条所规定的“滥用职权”的概念，即将违反基本的正当程序或起码的公正程序的行为视为“程序滥用”，并作为“滥用职权”的一种表现形式，从而填补了法律规范的空白。

八是将行政处罚法、行政许可法、行政强制法、行政诉讼法、行政复议法、国家赔偿法作为对公民普及法律常识和对公务员进行业务培训的重要内容。针对相当多的公民不知道自己的程序性权利、更不知或不敢、不愿捍卫自己的程序性权利的情况，政府将行政处罚法、行政许可法、行政强制法、行政诉讼法、行政复议法、国家赔偿法作为对公民普及法律的重要内容。针对有的工作人员忽视甚至侵犯行政管理相对人程序性权利的情况，政府将行政处罚法、行政许可法、行政强制法、行政诉讼法、行政复议法、国家赔偿法作为对公务员进行培训的基本内容。这对于在全社会形成尊重行政管理相对人的程序性权利的风气和习惯，减少侵犯行政管理相对人程序性权利的事件的发生，具有十分重要的意义。

四、中国程序法制发展需要进一步解决的若干问题

尽管我国的程序法制在不长的时间内，取得了举世瞩目的成就，但与法制国家和民主政治的要求相比，与行政相对人日益增长的权利保护要求相比，还有不小的差距。例如，行政程序法制还没有涉及所有行政管理领域，相当一些行政行为还没有得到行政程序法制的规制，有必要制定统一的行政程序法加以规范；有的行政程序规范还没有实现公正与效率的统一，保障行政相对人的权益的程序制度还不健全；轻视甚至侵犯行政相对人的程序性权利的现象还时有发生，而制裁程序性违法的手段和措施显得疲软；行政救济的范围相对来说还比较狭窄，行政复议和行政诉讼的受案范围有必要进一步扩大；等等。要解决上述问题，有必要采取多种手段强化程序法制建设：

第一，必须进一步强化程序法制的理念，高度重视对行政相对人权益的保护。行政程序法制具有诸多的功能与作用，其中，保护公民、法人和其他组织的合法权益不受行政机关的非法侵害，监督和保障行政机关依法行政，是其最基本的作用。在上述两个基本目的中，保护行政相对人的合法权益是最为基本的目的。在设定程序法制的时候，必须将维护公民合法权益放在第一位来考虑。这是因为：人民群众是改革、发展、稳定的真正动力，是国家的主人；维护人民群众的利益既是贯彻群众路线的要求，也是国体和民主政治的要求，也是行政的基本宗旨。

第二，必须尽快完善程序法律制度，实现公正与效益等价值的有机整合。行政权的行使不仅要公正，而且要以显而易见的、易于接受的、令人信服的方式或渠道实现。这就是说，行政权的行使不仅要以追求客观公正为目的，而且要以程序公正作为路径。在这个意义上说，公正的程序是实现实体公正的必要条件。但是，程序本身并不一定具有绝对的正当价值，并不一定能够确保公正的实现。程序既可以是通向公正的“桥梁”，也可以是引渡偏私的“贼船”。程序必须具备一定的标准，才有可能成为实现公正的保障。程序法制要符合公正程序的最低标准，必须

符合中立原则、对等原则、公开原则、平等对待原则、比例原则、表达自由、裁决基础原则、有效救济原则等等；必须将可能影响执法公正的不良因素限制到最低程度；必须合理配置行政权和行政相对人权利。当然，公正价值必须与效率等其他价值相协调，既要防止其他价值对公正价值的挤压，也要防止其他价值难于实现而反过来影响公正价值的实现。

第三，必须形成行政管理相对人的权利保护系统。对行政管理相对人的权利实行全面保护，是现代法治国家的必然要求。要做到这一点，需要解决以下几个问题：其一，必须重新反思行政管理相对人应当具有哪些程序性权利。行政管理相对人的权利不完全属于自然权利的范畴，因而有一个设定和确认问题。在笔者看来，行政管理相对人的权利应当由以下几个方面的权利所构成：一是获取相关信息权，包括了解权、被告知权、卷宗阅览权、咨询权、询问权、索取有关资料权、听证权、要求说明理由根据权等等；二是表达意见权，包括提出异议权、陈述申辩权、沉默权、反驳权、提供证据权等等；三是参与权，包括依法参与决策权和参与行政行为作出过程权，以及一定范围的选择权、同意权、认可权等；四是权利救济权，一方面包括用于自力救济的对重大而明显违法的行政行为的抵制权和反抗权，另一方面包括用于他力救济的申请复议权、提起行政诉讼权、申诉权以及相关的一些权利。其二，必须解决所有行政管理领域中的程序权利的保护问题。目前在我国，只有行政处罚、行政许可、行政强制、行政复议和行政诉讼领域建立了系统的程序法制；行政命令、行政征收、行政管理相对人在行政计划和规划、行政预算、行政法规和规章的制定等领域的程序性权利还没有受到足够的重视。解决这个问题，可以考虑从两个方面着手：一是在行政复议和行政诉讼中，强化对程序滥用的审查，从而使所有行政机关在有关程序法没有出台以前，执行最低限度的公正程序，以解决无法可依的问题；二是在继续实施逐个单项立法计划的同时，加快统一行政程序法的立法进程。其三，必须关注司法审判程序中的行政管理相对人权利的保护问题。行政管理相对人在诉讼程序中的权利保护问题，需要关注以下几个问题：一是要不断扩大行政诉讼的范围，限制行政机关终局裁决权的范围；二是要对行政主体一方课以更多的程序上的义务，以确保诉讼双方当事人的法律地位在事实上的平等；三是要花大力气创造行政管理相对人权利实现的条件。

第四，必须注重行政管理相对人程序性权利实现的机制建设。保护行政管理相对人的程序性权利，机制建设具有十分重要的意义。机制建设，即是说必须使程序性权利保护系统成为一种自组织系统，通过系统各组成部分的协力，行政管理相对人的程序性权利能够自我实现。要做到这一点，需要从以下几个方面着手：其一，要尽可能地将行政管理相对人的程序性权利转换成国家机关的程序性义务和职责。例如，要实现行政管理相对人的获取信息权，必须课以行政机关信息公开、事先预告、说明理由、提供咨询、告知权利和义务、告示标准和条件、公布法规规章和规范性文件、设立咨询点等义务；要实现行政管理相对人的表达意见的权利，必须对行政机关课以征求意见、举行听证会、召开公听会、提供陈述申辩机会等义务。其二，要赋予行政管理相对人捍卫其程序性权利的公法上的请求权。如果行政管理相对人对程序性权利没有公法上的请求权，程序性权利就没有保障。要做到这一点，一方面必须进一步扩大行政救济的范围；另一方面，必须填平法定权利与反射利益之间的鸿沟，进一步放宽行政救济中的申请人和原告的资格。其三，要为侵犯行政管理相对人的程序性权利的行为设立严格的法律后果。这种法律后果应当包括三个方面：一是影响行政行为的效力；二是赋予行政管理相对人以时效利益；三是追究相关工作人员和审判人员的纪律责任；四是由国家承担相应的责任。

第五，必须妥善解决个人程序性权利保护与提高行政效率之间的关系。行政效率是行政管理活动的重要价值，也是制约行政管理相对人程序性权利保护的重要因素。尽管保护行政管理相对人程序性权利与提高行政效率具有一致性，但也不可避免地会存在一些冲突。因此，要使保护行政管理相对人程序性权利的程序法制具有稳定性、持久性和正当性，必须妥善地处理好二者之间的关系。一是规范行政程序不可“一刀切”，要进行繁简分流，繁其所当繁，简其所当简。我国行政处罚法针对不同情况采取了简易程序、一般程序和特别程序（听证程序）三种不同的程序，是一个很好的尝试。二是在进行权利救济时更多地尊重行政管理相对人的意志，以减少不必要的程序，降低争讼成本。三是妥善处理行政行为的效力问题。对于违反法定程序、程序滥用或侵犯行政管理相对人程序性权利的行政行为，应当根据不同的情况设定不同的法律后果，不宜不分青红皂白地一律予以撤销或认定为无效。在制度设计上，对于轻微的程序瑕疵，要尽可能地采用无损行政效率或将对行政效率的损害降到最低限度的方式处理。

第六，必须高度重视程序权利保护的法治环境的改善。对行政管理相对人程序性权利的保护是一个系统工程，牵涉到社会的各个方面，需要同许多价值进行平衡，也需要社会各方面的认同。因此，需要改善执法环境。首先，必须改良法律文化传统、更新观念。在中国要特别注意克服重实体、轻程序的习惯和“民不告官”的传统观念，尤其是要注意对被认为实施了犯罪和违法行为的人的程序性权利的保护。其次，要深入开展对行政管理相对人的程序法制教育。一方面要使全体公民懂得程序法制的价值，珍惜并敢于捍卫自己的程序性权利；另一方面要积极履行行政法上的程序义务。再次，要强化对公务员程序法制的培训。使所有的公务员一方面尊重行政管理相对人的程序性权利，同时积极履行行政主体在行政程序中的程序性义务和职责。

第七，必须树立程序法制的权威，为程序法制设置更为有效的法律后果。要建立严格的违反法定程序或程序滥用的审查制度，以克服目前普遍存在的程序法制虚无主义的现象；要在条件成熟的时候，有限制地建立程序违法即不得重新作出行政行为的制度，以树立程序法制的权威，鼓励行政相对人对违反法定或正当程序的行政主体申请复议或提起行政诉讼；要严格追究违反法定程序或程序滥用者的法律责任，使程序法制切实受到尊重。

第五章　行政程序法律制度的构建

党的十八大把“法治政府基本建成”作为实现2020年全面建成小康社会目标的新要求，并强调“加快推进社会主义民主政治制度化、规范化、程序化”，“确保国家机关按照法定权限和程序行使权力”。党的十八届三中全会通过的《中共中央关于全面深化改革若干重大问题的决定》要求，“完善行政执法程序，规范执法自由裁量权，加强对行政执法的监督，全面落实行政执法责任制和执法经费由财政保障制度，做到严格规范公正文明执法”。行政程序法律制度，是建成法治政府的核心制度保障。行政程序法律制度是有关行政机关行使管理职权的过程、步骤、方式的法律规范的总和。行政程序法典的出现，标志着世界各国的行政立法进入了一个新的时期；它意味着行政法调整的范围从组织和职权的设定扩大到对行政行为的规范，从事后的控制扩大到事前和事中的控制；它意味着公民的了解权和参政权的扩大。

一、行政程序法的含义

各国学者对行政程序法的定义有不同的表述。最广义的说法是：行政程序法是关于行政行为成立过程、手续与方式的法律规范的总称。最狭义的说法是：行政程序法是有关行政争讼（诉愿与行政诉讼之合称）的法规。此外还有数种介乎二者之间的说法。出现上述不同的定义是不足为怪的。因为行政程序法虽然是有关行政程序的法律规范，但是它却不能规范所有的行政程序。至于哪些行政程序需要用法律加以规范，或者在什么时候加以规范，又完全取决于各国的实际情况。这便出现了各个国家行政程序法的调整范围宽窄不一的状况。再加上行政程序法的学理尚未成熟等因素，就难免出现各国学者对行政程序法的界定不能统一的状况。

但是如果从奥地利、联邦德国、日本、美国、西班牙、意大利等国家在第二次世界大战以来所制定的行政程序法的比较来看，我们可以得出这样一个结论：即现代各国的行政程序法所涉及的范围基本上限于行政机关行使行政管理职权的部分。按照这种结论，我们可以作出如下定义：行政程序法是有关规定行政机关行使行政管理职权的过程、步骤、方式、形式、时限的法律规范的总称。这一定义具有以下几层涵义：

第一，行政程序法所规范的主要对象是行政行为。根据权力分立或分工的理论，行政行为是相对于立法行为和司法行为而言的。规定立法机关的立法行为的规范有立法法或议事规则；规定司法机关的司法行为的规范有刑事诉讼法、民事诉讼法、行政诉讼法等。而行政程序法所针对的主要对象是行政机关的行政行为。所谓主要对象是行政行为，是说尽管行政程序都直接或间接地牵涉管理相对人的行为，行政程序法也或多或少地对管理相对人的行为作一些要求和规范，但主要是规范行政机关行为的。行政行为的步骤、方式、形式、时限是行政程序法所要解决的中心问题。

第二，行政程序法所规范的不是所有行政行为，而是与行使行政管理职权有关的行政行为。所谓与行使行政管理职权有关的行政行为，是指行政机关依据法律的授权，以国家行政机关的名义从事的影响公民权利和义务的并能产生一定法律后果的行为。例如，行政机关制定规章、发布决议、命令和公告、征兵纳税、制裁、颁发许可证、强制执行、行政救济行为等等。行政机关非行使职权的行为，即使有遵循的准则和法规，亦不属于行政程序法的调整范围。国家或地方的自治组织，因公共利益之必要，经营事业和管理财产等行为亦不属于行使管理职权的行为，故此类行为所遵循的程序规定亦不属于行政程序法的范围。

第三，行政程序法不包括规范行政行为所有方面的法律，而仅是规范行政行为的过程、步骤、方式、形式、时限等的法律。能否为某种行为，即有无权限为某种行为，是行政实体法所规定的内容（有些国家称之为授权法）；而如何去完成这种行为，采取何种过程、步骤、方式、形式、时限去实现这种行为，才是行政程序法所规定的内容。当然，这种区分只具有相对的意义，因为在实际生活中，实体法与程序法往往熔于一炉。即使是那些已经颁布有独立的行政程序法的国家，要完全区分也比较困难。但从法律规范的角度来看，又是可以区别开来的。实体法所解决的是行为的可能性及效力问题，而程序法解决的是行为的现实性即如何实现的问题；实体法解决的是行政职权的有无和存废问题，而程序法解决的是行政职权的具体运用问题。

第四，行政程序法是有关行政程序的法律规范的总称。根据行政程序法的规范形式，外国学者将行政程序法区分为形式意义上的行政程序法和实质意义上的行政程序法。形式意义上的行政程序法，是指题名为“行政程序法”或“行政手续法”的法典，如美国1964年的《联邦行政程序法》、联邦德国1976年的《行政手续法》等等。实质意义上的行政程序法，是指所有拘束和规定行政行为程序的规范条文。它的内容不只局限于行政程序法典，还包括混杂于其他单行法律、法规中有关行政程序的规定。本书所研究的行政程序法是实质意义上的行政程序法，它是指所有规定行政程序的法律、法规条文的总称。

二、行政程序法的产生和发展

行政程序法的产生与国家的产生有一定的联系，但是并非有了国家就有行政程序法。行政程序法的出现必须具备以下三个条件：其一，公共权力的存在。没有公共权力就谈不上行政，没有公共权力更谈不上行政权力如何运用。公共权力的存在是行政程序法产生的根本前提，其二，存在管理者与被管理者之间的矛盾。在公共权力的行使畅通无阻、或者管理者与被管理者之间毫无矛盾的社会里，是不可能产生行政程序法的。从本质上讲，行政程序法是解决管理者与被管理者矛盾的法律规范。其三，约束行政行为的力量占据支配地位。行政程序法是一种约束国家机关行政行为的法律规范，而在公共权力完全由任性和专横支配的时候，是不可能出现行政程序法的。

从世界范围来看，行政程序立法的发展大体上经历了以下三个阶段：

第一个阶段是“训示阶段”。其时间界域大约与奴隶制和封建时代相始终。这一阶段的行政程序法主要是通过国王的诏令、训示表现出来。其着眼点在于对人民实行有效的统治，选择的模式是控制模式。即采取以控制臣属及下级行政机构活动、预防其行政活动偏离最高统治者的意思为宗旨的行政程序法体系。

第二个阶段为“规范时期”。其时间界域大约从封建制度解体至第二次世界大战以前。此时的行政程序法散见于各单行行政法规中，表现为零散的规范。其着眼点主要在提高行政效率，并开始注意对公民权益的保护。此时的行政程序法所选择的模式既有“控制模式”，又有“效率模式”。所谓效率模式，是指以提高行政效率为宗旨设定行政程序法，并形成相应的行政程序法体系。其特点是：（1）行政官员的自由裁量幅度大、灵活性强；（2）过程和步骤的规定紧凑，简化易行；（3）明确规定行政官员的渎职和失职之责；（4）注意区分职权职责；注重程序的科学性与合理性。西欧一些国家的早期行政程序法采取的主要是效率模式。

第三个阶段是“法典化时期”。其时间界域为第二次世界大战前后至今。在这一时期中，各种单行的行政程序法（如强制执行法、行政处罚法、行政仲裁法等）大量出现，范围较广的行政程序法典也不断问世。这一阶段最为学者注意的是1936年德国威敦比克邦的行政法典（总则）草案。它起草于1925年1月，政府当局不顾一些人的反对，聘请行政学者、行政机关和行政法院的代表组成委员会，从事起草工作。经过6年时间的推敲，于1931年完成草案初稿，其后又经过整理、修改，终于1936年正式公布，成为世界上较早的行政程序法典。第二次世界大战以后，美国、英国、奥地利、捷克、联邦德国、日本等国家陆续制定了行政程序法。目前，行政程序立法已得到更多的国家重视，制定独立的行政程序法典已成为各国行政立法的一个重要趋势。

法典化时期的各国行政程序法，与以前的行政程序法不同。它的出发点在于保障公民的权利不受行政行为的侵犯，扩大民主参与机制，同时也注重行政效率的提高。因此现代意义上的行政程序法所采取的模式主要是“权利模式”，即以保障行政相对人的权益为宗旨设定行政程序法而形成的程序法体系。权利模式的特点是：（1）行政程序法的范围以影响公民权利和义务为限；（2）主要行政程序都应有相对人参与，其典型程序是听证或听讯；（3）具有较完备的行政救济程序。

三、行政程序法的作用

从各国行政程序法的比较中，我们可以发现行政程序法的下列基本作用：

第一，它可以避免无效行政，提高行政效率。行政行为方式的良好选择、环节的合理安排、过程的巧妙组合，无疑会有助于行政机关活动的合理化和科学化。行政程序法的设立，为行政机关选择了合理的程序，从而摒弃了复杂重叠的程序，既减少了不必要的“公文旅行”，也减少了不必要的限制。同时通过鼓励公民自动自发地参与和配合行政程序活动，可以减少行政行为的阻力和障碍，从而提高行政效率。

第二，它可以避免行政机关滥用职权，保障行政活动的公正性。行政机关及其工作人员滥用职权的情况往往与下列因素有关：自由裁量权过于宽大或根本没有限制；缺乏监督机制；对具体的行政行为没有设定相应的法律后果；缺乏必要的救济手段等等。良好的行政程序法，可以合理地限制自由裁量，利用管理相对人的利益关系来扩大监督机制，为滥用职权的人设置不利的法律后果；设置行政救济程序，可以纠正滥用职权的现象并追究有关人员的行政责任等等。

第三，可以避免独断专行，促进行政民主化。现代行政程序法一般都有听证程序的规定。行政规章的制定需要听取利害关系人的意见；行政制裁的作出必须事先听取相对人的意见或辩解。这些制度的建立扩大了公民对行政活动的参与机制，从而可以避免独断专行的出现，促进行政民主化。

第四，可以避免行政侵权行为的发生，保障公民的合法利益。国家行政机关与公民在行政关系中法律地位的不平等性，要求建立旨在保障公民合法利益的各种救济制度。现代行政程序法不仅在事后设有救济手段和程序，而且在事前和事中尽可能减少行政机关侵犯公民权益的机会。听证和听讯程序的设立，可以使行政机关审慎周密地行使职权，使行政侵权行为有极大可能在行政过程中得到避免或减少；而行政复议等程序则使公民在权益受到损害以后，有得到补救或恢复的可能。

四、行政程序法的目标模式

行政程序法的目标模式是各个国家制定行政程序法所要达到的目标，并与此目标相关的体系。行政程序法可以发挥的功能是多方面的。但立法者可以作若干选择。立法者对行政程序法功能的不同选择形成了不同的行政程序法的目标模式。

（一）基本模式

行政程序法基本的目标模式有以下三类：

1. 控制模式

以控制下级行政机构为宗旨而设置的行政程序法并形成相应的程序体系，我们称之为控制模式。控制模式主要借助于行政程序的预决、选择和约束功能，来预防行政机关偏离最高统治者的意志，并通过补救功能保证统治者的意志得到贯彻。中国封建时代的行政程序法基本上属于这一类型。为了加强中央集权和皇帝个人的专权，统治者曾利用令、格、式、律为各级官吏设置了一整套操作规程，尤其宋、明二朝的某些皇帝治下，其控制的程度达到了较高水平。

2. 效率模式

以提高行政效率为宗旨而设定行政程序，并形成相应的程序体系，我们称之为效率模式。效率模式的主要特征是：（1）行政官员的自由裁量度大、灵活性大；（2）过程步骤紧凑，简化易行；（3）明确规定行政官员的渎职和失职之责；（4）注意区分职权与职责；（5）注重程序的科学性与合理性。西德 1936 年行政程序法以及西欧一些国家的早期行政程序法近乎效率模式。

3. 权利模式

以保障相对人权益为宗旨而设定行政程序并形成相应的程序体系，我们称之为权利模式。权利模式的主要特征是：（1）行政程序的范围以影响公民权利和义务为限；（2）主要行政程序都应有相对人参与，其典型程序是听证或听讯；（3）行政救济程序比较完备。美国行政程序法基本上近乎这种模式。

（二）目标模式的选择

从各个国家和行政程序立法来看，纯粹选择一种模式的比较少见。大多数国家均是以一种模式为宗而兼采他种模式。

行政程序法目标模式的选择并不是任意的。最终决定一个国家目标模式的选择取决于一个国家的以下相关因素的状况。

首先，行政机关行使职权的状况。行政机关行使职权过程中效率与公正是否存在问题，是效率存在问题大，还是公正方面存在问题大，直接影响着目标模式的选择解决现实问题——影响社会发展和稳定的问题在任何时候都是立法的基本宗旨。西德在 1936 年前公众对行政效率比较关注，故西德 1936 年草案比较注重行政效率问题，而希特勒专政的事实，使西德人民痛感保障公民权利的重要，因而制定的新的行政程序法，一方面注意了对行政权的控制，另一方面也注意从保障权利方面着眼。

其次，国民的权利意识。在国民不愿或不敢或不知道提出权利问题的国度，是不可能以保障公民权利为宗旨而制定行政程序法的。当然国民的权利意识，又往往取决于行政机关行政的状况。

再次，政体结构。君主政体与共和政体，专制政体与民主政体，客观上都需要制定行政程序规范。但专制政体下的行政程序的主要目的在于保证君主对官僚机器的控制，所谓“明主政吏不治民”即可说明这个问题；而民主政体至少在形式上要求保障公民的基本权利，只有在民主政体下，才有可能以权利模式为宗旨来制定行政程序法。

最后，有关学说与学术观点的影响。从本质上来说，任何国家的立法都不能不着眼于现实，但是，观念形态的东西有时会使立法背离或超越现实。如果负责起草程序法的是学者、专家，而法律的颁布又不经过辩论程序，程序法就可能只反映学者专家的真知灼见或者狭隘偏见。

（三）现代国家的模式的选择

这里的现代国家主要指第二次世界大战以后的一些制定行政程序法典的国家。第二次世界大战以后，美国、日本、西德、英国、奥地利、西班牙、捷克等国先后制定和颁布了行政程序法或行政手续法。这些程序法的目标模式的选择大体上分为两种类型。

第一种类型：出发点在于保障公民权利免受行政行为的侵犯，扩大民主参与机制，英、美属于这种类型。

第二种类型：一方面保障公民权利；另一方面注重行政效率的提高，以“公正”、“迅速”为双重目标。西欧属于这种类型。

上述两种类型的共同点是：一是把保障公民权利，扩大民主参与机制作为重要目标；二是不把提高行政效率作为唯一目标。这种情况的出现主要是以下原因促成的。

首先，行政权力的膨胀。二次大战以来，各个发达国家的一个共同的趋势是行政权力的扩大。一方面委任立法的范围扩大；另一方面行政机关有司法化的倾向，也就是说，行政机关不仅拥有了行政权，而且拥有了按三权分立原则属于立法机关或司法机关的职权。因此，必须对行政职权加以限制。而限制的根本方法是扩大公民的参与机制，赋予公民以自救的手段。

其次，权利意识的强化。第二次世界大战以后法西斯专政的教训强化了西欧各国人民的民权意识，人们不满足于事后的救济，而要求在行政行为之前或事中预防行政机关对公民权益的侵害。

最后，民主政治的发展。近几十年以来，代议制民主已经越来越暴露其弱点。抽象的民主需要具体的民主来体现，宪法上的民主需要实际政治生活中的民主来填补，行使各种权力的公开化，增加公众的了解权，扩大公众对行政机关的直接监督已成为发展民主政治的必要条件。美国的行政程序法就是在这种背景下颁布的。

第六章　给付行政程序[①]

给付行政的兴起，使侵害行政与给付行政并存的行政法学新体系取代了以高权性侵害行政为中心的传统体系，从而宣告了行政法学“奥托·梅耶时代”的落幕。与此同时，给付行政的兴起必然伴随着行政权的膨胀以及行政国的扩张。而正如美国耶鲁大学法学院教授杰瑞·L. 马肖（Jerry Mashaw）所言：“随着一个只具备有限目的和微弱手段的政府转变为现代行政国家，对正当法律程序观念的精心解说，已经成为重新定位宪政主义的主要方式。”[②] 因此，即便是对带着柔和、温情、慈爱面纱的给付行政，仍不能忽略面纱背后强大“利维坦”的存在，仍应通过适当的法律程序进行引导，以兴利除弊。

一、关系视角下的给付行政程序

（一）“给付”与“行政”

给付与行政的联系自古有之，典型例子是赈灾。不同的是，彼时之给付是政府出于统治需要对臣民的恩赐或馈赠，而今日之给付已经成为政府必须保障实现的国民权利。对于该权利的性质，理论上有不同的解

---

① 本章由江必新、邵长茂合著。

② ［美］杰瑞·L. 马肖：《行政国的正当程序》，沈岿译，高等教育出版社 2005 年版，第 1 页。

读，举其要者：（1）“新财产权”说；[①]（2）“生存权”说；[②]（3）“福利权”说；[③]（4）“社会权”说；[④]（5）“积极权利”说；[⑤]（6）“社会经济权利”说；[⑥]（7）“受益权”说；[⑦]（8）“社会保障权”说。[⑧]

上述几种观点从不同角度阐释了给付行政背后的权利根基，都有一定的合理因素，但也并非没有问题：第一，解释深度。给付行政义务从哪里来，这是解释与该义务相对应的权利性质的根本所在，失此，则只能就权利论权利，或陷入权利本位论、义务先定论、权利义务相对论等观点中进行循环解释。而上述观点仍未解决给付行政义务的来源问题，也就无法在行政与给付之间建立起必然的联系。第二，解释广度。与给付行政义务相对应的权利，在形态上与常规的权利有所不同，主要表现

---

① “新财产权”理论首见于美国的 Reich 教授在《耶鲁法学杂志》上发表的一篇题为“The New Property”的文章。该文提出财产不仅包括传统的土地、动产、钱财，同时还包括社会福利、公共职位、经营许可等传统“政府供给”，“新财产权”应受到宪法个人财产权保障条款的保护，对其剥夺需符合“正当程序”和“公正补偿”原则。对此可参见高秦伟：《政府福利、新财产权与行政法的保护》，载《浙江学刊》2007 年第 6 期；陈宏光、吕成：《“新财产权”保护与服务型政府建设》，载《行政法学研究》2007 年第 4 期。

② 主要是日本的用法，意指一种靠国家的积极干预来实现人“像人那样生存”的权利，即人民有权获得健康、安全、符合人性尊严生活的权利，包括教育基本权、环境权、劳动权等。对此可参见［日］大须贺明：《生存权论》，林浩译，法律出版社 2001 年版，第 15 页。

③ 福利权是与“福利国家”相关联的权利。美国罗斯福总统推行新政，试图打造一个“开明的福利行政国家”，福利权的相关理论逐渐形成。但即便在美国，这个概念也还存在较大争议。对此可参见胡敏洁、宋华琳：《美国宪法上的福利权论争》，载《政治与法律》2004 年第 3 期。

④ 社会权对应的是自由权，主要是德、法、意等欧洲国家的观点。对此可参见谢荣堂：《社会行政法概述之一》，载《华冈法粹》2004 年第 32 卷；潘荣伟：《论公民社会权》，载《法学》2003 年第 4 期；郑贤君：《全球化对公民社会权保障趋势的影响》，载《北京师范大学学报》2002 年第 2 期。

⑤ 积极权利与消极权利相对应，它“就是个人要求国家加以积极所为的权利，这类权利主要是指各种社会福利权利或各种受益权利，如公民的工作权、受教育权、社会救济权、保健权、休假权、娱乐权，等等”。参见俞可平：《社群主义》，中国社会科学出版社 1998 年版，第 82 ~ 83 页。

⑥ 主要是国际人权公约的用语，一般指《经济、社会和文化权利国际公约》规定的权利，又被称为第二代人权，与《公民权利和政治权利国际公约》规定的第一代人权相对应。

⑦ “受益权”又称为公法受益权、集体受益权等。参见柳砚涛、刘宏渭：《行政受益权研究》，载《法学论坛》2006 年第 2 期；于安：《论社会行政法》，载《现代法学》2007 年第 5 期。

⑧ 主要是我国宪法学、社会保障法学的用法，社会福利权被置于社会保障范围内。对此可参见周伟主编：《宪法学》，四川大学出版社 2002 年版，第 120 页；种明钊主编：《社会保障法律制度研究》，法律出版社 2000 年版，第 10 ~ 16 页。

为给付行政的对象、范围、标准等并不是一成不变的，[①] 其对应的权利也须因势、因时而变。例如，当国家因某些不可避免的原因（如严重的自然灾害）陷入极度困难的状态，可供给付的内容为零，则给付行政义务也相应为零，此时，新财产说、受益权说、社会保障权说等观点就显得捉襟见肘了。相反，当可供给付的内容非常充沛以至于能满足人们的各种需求，则与给付行政义务相对应的权利就不是生存权、社会经济权利等观点可以概括的。[②] 第三，解释力度。上述观点，如新财产权、积极权利等，更侧重于一种特征性的描述，即这是一种财产性的、积极性的权利，是关于“是什么样的权利”的表述，而不是“是什么权利”的论证，没有揭示出问题的本质。综上，用这些观点解释“给付”与“行政”之间的联系，仍有一定的不足。

笔者认为，给付与行政之间联系的必然性，更适合用国民“共享权”进行说明，理由如下：

人是天生的政治性动物，[③] 另外荀子指出：“人生不能无群”[④]，政治性和群居性这两点决定了个体与政治共同体之间的关系必定是人类社会中最基础的一对关系。假设政治共同体中的成员无法享有该共同体的利益，那么将没有人加入到该共同体，这样的一个共同体也就不会存在。所以，政治共同体的形成和存续必须满足一个基本的前提，即生活于其中的每个成员都能够“共同享有”该共同体的资源。对此，恩格斯在其名著《共产主义原理》中指出，应当“结束牺牲一些人的利益来满足另一些人的需要的状况”，使“所有人共同享受大家创造出来的

---

① 给付行政的对象不限于穷人，也包括富人；不限于个人，也包括集体；不限于当代人，也包括子孙后代。另外，给付行政的范围和标准也不是固定的，随着社会经济发展水平的提高将逐步扩展。

② 流行于日本的“生存权”说，对解决了生存问题以后的“给付”是缺乏解释能力的；而“社会经济权利”采用的是一种代际人权的解释框架，既然有第一代人权、第二代人权，自然就有第三代人权，甚至第四代人权等等，对其后的权利不能很好地吸纳进来。

③ 亚里士多德语。

④ 《荀子·王制》。这一点概括了人的群居生活方式，而正是这种生活方式使得个体与群体之间的关系成为最基本的关系。

福利”。[①] 进而言之，成员个体与政治共同体之间应该是一种契约交换式的互惠关系：个体须致力于共同体的繁荣，而共同体则必须服务于成员的福祉。由此，成员个体对政治共同体所拥有的权利，就是一种要求共同享有该共同体利益的权利，或可简称为“共享权”。

近代以来，随着人类主权观念的确立和强化，个体与政治共同体之间的关系主要体现为作为公民的个人与代表了国家的代议制政府之间的权利义务关系。国家是政治共同体的一种高级形式，与部落、城邦等政治共同体一样，它也是基于共享的文化和观念组织起来的。可以说，如果没有共享的思想，甚至连最低级的政治共同体也无法组织起来，更不用说国家这种高级形式了。对于这种“共享性”，古今中外都有近乎一致的认同和追求，如《礼记·礼运》篇中孔子与子游关于大同和小康理想社会的对话，又如党的十七大报告中对“发展成果由人民共享”以及“学有所教、劳有所得、病有所医、老有所养、住有所居”的要求，再如马克思、恩格斯、列宁对共产主义社会中按需分配、人的全面而自由的发展等命题的论证等等。美国前总统林肯对个人与政府之间的关系有一个著名的诠释：government of the people，by the people，for the people。三个介词生动地体现了公民与政府之间的关系：of 表归属，说明政府“为民所有”；by 表方式，说明政府“由民而治”；for 表目的，说明政府“为民而设”。孙中山先生将其译为“民有、民治、民享之政府”，据此提出了民族、民权、民生的三民主义理论。[②] 这里的“for the

① 《马克思恩格斯选集》（第 1 卷），人民出版社 1995 年版，第 243 页。

② 1921 年 12 月 7 日，孙中山作《三民主义为造成新世界之工具》之演讲，他说：三民主义，就是民族主义、民权主义、民生主义。这三个主义，和美国大总统林肯所说的“民有”、“民治”、“民享”三层意思，完全是相通的。……至于民生主义，是由人类思想觉悟出来的。因为我们既有了土地和主权，自然要想一个完全方法来享受，才能够达到生活上圆满的幸福。怎么样享受生活上幸福的道理，便叫做民生主义。所以说“民有”、“民治”、“民享”就是本大总统生平所提倡的三民主义。在 1923 年 12 月 30 日，他又作《国民党奋斗之法宜兼注重宣传不宜专注重军事》之演讲：何谓三民主义？简单地说，便是“民有”“民治”“民享”。详细地说，便是民族主义、民权主义和民生主义。这三项主义的意思，是要把全国的主权都放在本族人民手内；一国的政令都是由人民所出；所得的国家利益由人民共享。这三项意思，便可用“民有”“民治”“民享”六个字包括起来。

people"、"民享"或"民生"，都有一个共同的要求，即国家所有的利益由全体人民共享。

可见，承认并保障成员个体的"共享权"是一切富有正当性的政治共同体存在的前提，也必然是国家得以继续存在的前提。国家对全体公民利益共享的保障，构成了给付行政义务的来源。[①] 从公民的角度看，其所拥有的给付行政义务请求权，本质上就是"共享权"。正是因为共享权的存在，政府的给付行政才成为一种义务，公民的给付义务请求权才具有正当性，给付与行政之间也才能建立起一种必然的联系。与前述观点相比，"共享权"理论的优势可以简要概括为：第一，解决了给付行政义务及其对应的权利的来源问题，更富有解释深度；第二，解决了给付水平的动态标准问题，[②] 更富有解释广度；第三，揭示了给付与行政之间的联系的必然性，更富有解释力度。

（二）"给付行政"与"程序"

在"自然状态"下，一场暴风雨或将使人们陷入饥饿当中。但在现代社会，人们更担心来自社会本身的风险，如金融风暴导致的失业。

---

① 这个观点，按照社会契约论的观点也可以解释得通：在社会契约论看来，政府的产生是"自然状态"下人们让渡一部分权利的结果。在自然状态下人们享有的从"造物主"那里获得的"自然权利"，在缔结社会契约时被分成"让渡的"和"保留的"两部分。（这是较为通行的观点，但对此社会契约论内部仍有不同的认识。例如在霍布斯看来，缔结社会契约的过程就是"把大家所有的权力和力量付托"出去。［英］霍布斯：《利维坦》，黎思复、黎延弼译，商务印书馆 1996 年版，第 131 页。）保留的部分是"不可剥夺的权利"，也就是我们现在说的"消极权利"、"第一代人权"或者"自由权"。而让渡的部分，在让渡之后发生了转化，前述"新财产权"、"福利权"、"社会权"、"积极权利"或者"社会经济权利"等，就是对转化之后的描述。转化的过程可以概括为：人们以"让渡的部分"作为成本，委托给政府经营，以期获得更多的收益。之所以这样讲是因为对于政府存在与否这两个方案，我们选择成立政府，目的在于获得比没有政府时更多的收益。而"政府存在"的唯一合理性就在于它能使"让渡的部分"产生高于成本的收益。对这些收益，国民拥有共同享有的权利，而政府负有给付的义务（当然，从给付资源的来源看，有政府创造的财富，如政府投资获得的收益，更多的则源于纳税人），将其连接起来的就是"给付行政"。

② 如我国宪法第 14 条第 4 款规定："国家建立健全同经济发展水平相适应的社会保障制度。"在经济发展水平较低的时候，共享权体现为生存权；而随着经济发展水平的提高，共享权进而体现为"发展权"。

对此，给付行政将发挥风险控制功能。此外，随着社会经济发展水平的提高以及公共治理能力的增强，可供给付的资源越来越多，也涉及一个逐渐提高国民福利的问题。风险控制与增进福利，这两种情况涵盖了“共享权”的主要功能，而这种功能决定了“共享权”具有与传统权利不同的、可称为“两面性”的特征：作为过程的共享权，以及作为结果的共享权。作为共享的过程，需要程序作为载体；而作为共享的结果，需要程序作为保障。程序既能促进共享权的实现，也能阻碍共享权的实现，程序与给付行政之间无疑存在一种紧密的联系。对此，德国的黑贝勒教授提出了“保留于程序法的给付”的看法，[①] 埃勒斯教授将其概括为“社会法领域中市民对程序的较高依赖性”，日本学者大桥洋一认为给付行政与程序之间具有“特殊的亲和性”[②]，美国“Goldberg v. Kelly”[③] 一案的辩护律师斯帕尔在该案辩护中提出“实体性福利权利是伴随着程序性保护的”。从保留、依赖性、特殊的亲和性、伴随几个关键词中，我们能感受到给付行政与程序之间的密切关系。但是，在实践中人们对给付行政的程序似乎仍存在一种歧视，认为它可有可无，或者说至少没有侵害行政程序那样重要。如在德国及我国台湾地区的司法实务中，对给付行政，“只要在行政组织法规定的权限范围内，且有国会通过的预算为依据，纵使缺乏行为上的根据，仍可为给付性的行为。……在给付主体的组织形态上，以及在给付或利用关系的法律方式上，

---

① 他指出：“通过组织法和程序法，给付国家可以在实现社会基本权利的意义上富有效果地提供真正的、自由的机会……今天，组织法与程序法中存在着对法、议会立法而言最为重要的形成任务。”

② 他指出：“程序这一很朴实但对当事人又极为重要的部分，换言之，也是体现行政活动本质性文化要素和哲学上的、面向形成行政机关与公民之间关系的基本规则”。参见［日］大桥洋一：《行政法学的结构性变革》，吕艳滨译，中国人民大学出版社 2008 年版，第 164、169～170 页。

③ 397 U. S. 254（1970）。该案改变了美国传统中福利权利是“特权”而非“权利”的观念，将“福利”视为一种“新财产权”的学说由此而产生。参见［美］保罗·布莱斯特等编著：《宪法决策的过程：案例与材料》，陆符嘉等译，中国政法大学出版社 2002 年版，第 1377～1382 页；胡敏洁：《福利权研究》，法律出版社 2008 年版，第 101 页。

行政亦享有较大的选择自由。”①

这种歧视一方面来自将给付视为对国民的馈赠、恩赐的惯性认识，另一方面来自“侵害行政程序理应比给付行政更为严格”的成见。当然，这种歧视是没有事实根据的。举一个例子，工伤康复项目将同时影响申请工伤康复服务的职工和提供康复医疗服务的医疗机构。根据我国法律的有关规定，严禁工伤康复医疗机构冒用参保人员身份住院治疗。如果违规，医疗机构将受到处罚，而决定处罚的程序是否要比行政机关认为某人不具有工伤康复资格的决定更为严格呢？显然不是。因为如果决定错误，不能进行工伤康复的职工将面临生命健康方面的危险，而医疗机构只是遭受一些经济损失而已。② 可见，法律程序的严格程度并不取决于行政活动的内容是侵害还是给付，而取决于行政活动对权利或利益的影响程度。换言之，法律程序的严格程度与其对权利或利益的影响程度成正比。因此，不能仅因为给付行政的“授益性”就放松羁束的程度，而应按照其影响的权利或利益决定规范密度和严格程度。

（三）“给付”与“行政程序”

给付行政是一种行政活动，但不是所有的给付行政都要通过行政程序来运转。从总体上看，给付行政的实施主要有公法方式、私法方式以及公私法混合方式三种。公法方式是根据公法规定，以公权力行政的方式完成给付任务，包括采行授益行政行为、行政契约、行政事实行为等形式。私法方式是根据私法规定，以私法的形态完成行政任务，例如采用私法契约的形式。公私法混合方式是综合使用公法与私法手段来完成

---

① 翁岳生编：《行政法》，中国法制出版社2009年版，第31～32页。

② 对此，《比较行政法——体系、制度与过程》一书中谈到了美国食品券项目，也是一个例证。参见张千帆、赵娟、黄建军：《比较行政法——体系制度与过程》，法律出版社2008年版，第325页。

行政任务，对此展开的研究在德国有所谓的“两阶段论”①，在日本有所谓的“形式上的行政行为论”②。按照通行的观点，行政程序主要是行政行为的程序，而非所有行政活动的程序，因此，只有在以行政行为的方式实施给付行政的情况下，给付与行政程序之间才有对应关系。

那么，在什么情况下可采行行政行为以外的方式达成给付行政任务呢？在我国台湾地区，“一般认为，行政机关对行政方式的选择，并非完全自由，而须于法律无明文禁止规定，且在公法上无适当方式可供采行时，始得以私经济行政行为，遂行行政任务。”③ 在德国，“只有在有关给付分配的公法规范（还有）缺位，而现行私法规范又有相应的规定时，行政机关享有选择的权利。”④ 在法国，“调整行政公务的法律是公法，和私法不同，这是原则。这个原则并不妨碍行政主体在行政公务中自愿地采取私法上的手段。例如行政主体认为有益时，可以订立私法上的合同，可以按照私法规则录用工作人员。但行政公务适用私法是例外，全部行政公务都假定受公法支配，只有在明显的相反表示时才适用私法。”⑤ 从以上国家、地区的情况看，私法方式的选择一般应符合以下条件：（1）公法规范缺位导致无适当的公法方式可供采行；（2）私法规范有相应的规定；（3）对采用私法方式法律无明文禁止规定；（4）行政主体经合理判断认为有益者。可见，直接以私法方式执行公法任务，只存在于特定的范围内，在大多数的情况下，给付行政仍须借助行政程序来完成。而且即便采行私法方式，也只是适用了私法的形式，关

---

① “两阶段论”概括的是给付行政决定的作出是公法性质的而其具体实施是私法性质的情形。对此，哈特穆特·毛雷尔举了这样一个例子：某政党的地方支部向市长提出申请，要求市长准许其使用市礼堂举行选举活动。如果认为市礼堂是供乡镇的各种团体使用的公共设施，是否批准该政党使用的决定就属于公法性质。但是，该决定的具体执行（“如何使用”）却有可能根据私法进行调整，如通过签订租用合同。参见［德］哈特穆特·毛雷尔：《行政法学总论》，高家伟译，法律出版社2000年版，第47～48页。

② “形式上的行政行为论”指的是通过私法方式完成公法任务的过程中发生的一些具有权力性质的“许可”、“决定”等行为，属于“形式上的行政行为”。

③ 翁岳生编：《行政法》，中国法制出版社2009年版，第29页。

④ ［德］哈特穆特·毛雷尔：《行政法学总论》，高家伟译，法律出版社2000年版，第38页。

⑤ 王名扬：《法国行政法》，中国政法大学出版社1988年版，第490页。

于行政程序的一些基本原则，如正当程序、信赖保护、比例原则等，仍有遵循之必要。

二、给付行政程序的法律特色

与传统以高权行政为中心构建起来的行政程序相比，给付行政程序因承担了国民共享权的保障任务而体现出诸多法律特色，包括去高权性、积极行动、信息支持、关注正当程序、高度强调信赖保护等。由于在我国一般性以及给付行政领域专门性的程序规则并不成熟，难以进行比较，因此对给付行政程序的法律特色，本书主要通过德国和美国的相关情况进行阐释。①

（一）“去高权性”之趋向

所谓的“去高权性”，指的是与传统“高权型”行政程序相比，给付行政程序更倾向于采用一种“平权型”的实施方式。如果说侵害行政是以负担的方式侵害公民权利，给付行政则是以有利的方式为公民提供权利或者其他利益，由此决定了给付行政一般不必通过命令、强制等传统的高权性程序予以推进，这就为“平权型”法律关系的生成、私法的适用提供了可能。如前文所述，依规范依据和手段的法律属性，给付行政可分为公法给付与私法给付。与传统侵害行政相比，公法给付融入了合意、协商等双方性因素，“高权性”已不明显。而私法给付更多地适用私法上的程序性规定，“高权性”进一步削弱。在德国，根据施密特·阿斯曼教授的介绍，采用私法形式执行给付行政任务主要适用民

① 对此需要说明三点：第一，在德国，根据《联邦行政程序法》第 2 条第 2 款第 4 项的规定，依社会法法典所进行之程序，不适用该法。由于给付行政一般存在于社会法领域，因此往往要遵循社会法法典。如此一来，通过比较两部法律的相应部分的规定，即可得出给付行政程序的特色。第二，本部分所引用的法律条文可参见应松年主编：《外国行政程序法汇编》，中国法制出版社 2004 年版；台湾“法务部”编印：《德日美法最新修正行政程序法汇编》。第三，比较的角度，以及某些内容参见［日］大桥洋一：《行政法学的结构性变革》，吕艳滨译，中国人民大学出版社 2008 年版，第 173 ~ 185 页。

法典的相关规定。在生存关照、资助行政等领域中，这种倾向尤为明显，而且，公营企业作为给付主体的时候，往往会较多地适用民法。经常被适用的规定包括：提供信息、通知、协助义务（第444、642条），期限（第643条）、强制执行时对买方的限制（第456条），诚实信用原则（第242条）。除此之外，对于大量的程序还适用格式合同的规定。①

给付行政领域的“去高权性”趋向受到了人们的欢迎。在我国，有学者进一步认为：“给付行政，就其本来属性而言，相关活动是私人也能够从事的，可以将其定位为非权力性的行政。在该领域中，只要没有特别的法律规定，原则上应当通过非权力性的合同或者指导等形式形成法关系，而不是通过行政行为等权力性行为手段来强行推进。”② 还有学者指出：“现代行政法理念主张尽可能以私法行为来取代公法行为，同时也鼓励以行政合同来取代行政决定，即将公权力行政视为达成国家目的的最后手段。”③ 笔者虽然也认同“去高权性”趋向，但并不认为“去高权性”能与“非权力性”画等号，这是因为：第一，给付行政是政府的职责，而不论政府以何种形式履行职责都是一种权力性行为。至于说给付“就其本来属性而言，相关活动是私人也能够从事的”，但只要是政府取代了私人进行给付，给付的性质也就随之发生了变化。第二，即便是以私法形式执行行政任务，仍应遵循行政法的一般原则。正如德国行政法学者哈特穆特·毛雷尔指出的：“行政机关在选择适用私法规范时不得抛弃公法的约束，特别是基本权利约束，当然也包括其他公法约束（如管辖权规定，行政活动的一般原则）等。可供

① ［日］大桥洋一：《行政法学的结构性变革》，吕艳滨译，中国人民大学出版社2008年版，第171～172页。

② 杨建顺：《论给付行政的法原理及实现手段》，载《比较行政法——给付行政的法原理及实证性研究》，中国人民大学出版社2008年版，第21页。

③ 柳砚涛：《行政给付研究》，山东人民出版社2006年版，第63页。

行政机关适用的只是私法的形式，而不是私人自治的自由和可能性。”①第三，给付行政与侵害行政不是截然分离的，在给付行政程序中不可避免地会运用行政权，而有时这恰恰是推进给付行政所必不可缺少的，如主管机关对给付资源的控制、受益人资格的识别、给付行政中裁量权的使用、对私法契约的监管等等。②

（二）“积极角色”之肯定

在给付行政领域，给付主体不仅是给付行政的提供者，同时也扮演了给付行政相对人“助手”、“参谋”的角色。因此，与一般行政程序相比，给付行政对应的程序更具积极性、主动性和创造性，也更能体现服务的人性化。试举两例加以说明：

1. 给付主体不是被动地接受咨询，而是积极地给予建议。在行政活动中，行政机关有义务接受咨询，但一般处于被动的地位。而在给付行政程序中，给付主体要对相关事项积极地给予建议。例如在德国，根据《社会法典》第 1 编第 14 条③的规定，给付行政机关负有建议的义务，相应地，当事人享有建议请求权。它意味着给付行政机关并不只是在当事人提出问题的时候才作出回应性的、消极的建议，而是就相关问题主动地、富有建设性地给予建议。

2. 给付主体负有积极地对给付申请行为提供支持的义务。在一般行政程序中，行政机关对不属于权限范围内的申请并不负有额外义务。但在给付行政领域，这一原则出现了例外。根据德国《社会法典》第 1

---

① ［德］哈特穆特·毛雷尔：《行政法学总论》，高家伟译，法律出版社 2000 年版，第 38 页。

② 对给付行政中的权力性，于立深副教授专门撰文予以强调。参见于立深：《给付行政中的警察权力》，载杨建顺主编：《比较行政法——给付行政的法原理及实证性研究》，中国人民大学出版社 2008 年版，第 155 页。

③ 该条规定：“任何人对于本法典所规定的权利以及义务有权请求获得建议。负责提供建议的是作为（私人）行使权利或者履行义务对方当事人的给付行政机关。”

编第16条[①]的规定，无权限的机关在接到给付申请后“应当立即将申请送交主管的给付主体”。并且，即便当事人向无权限的行政主体提出了申请，也“视作已经提交了正式申请”。可见，无管辖权的行政机关也负有对给付申请行为提供支持的义务。

（三）“信息支持”之提供

与一般行政程序相比，在给付行政程序中，给付主体有义务提供全面、精确、可以被理解的信息，以支持给付行政相对人有效地享有应得之“给付”。

1. 提供全面的信息。在德国，《联邦行政程序法》第25条[②]要求行政机关“在必要限度内”对相对人提供其在“行政程序中成立的权利”所涉及的信息。而根据《社会法典》第15条[③]的规定，行政机关应提供“全面的信息”、“对信息申请人有意义且信息提供机构能够回答的所有事实问题和法律问题”。[④]

2. 提供精确的信息。在给付行政领域，行政机关对其提供的信息，具有保证精确度的义务。为此，一方面要求信息必须采用书面形式以确

---

① 该条规定：“社会给付的申请应当向主管的给付主体提出。申请也可以由其他给付主体或者地方公共团体代为受理，居留于国外的当事人所提交的申请也可以由德意志联邦共和国正式代表代为受理。当事人向无权限的给付主体、无社会给付权限的地方公共团体或者德意志联邦共和国在国外的正式代表提出申请的，相关主体应当立即将申请送交主管的给付主体。申请社会给付的，当事人向第一款规定的机关提出申请的，视作已经提交了正式申请。给付主体有义务立即告知当事人提出明确、恰当的申请，并令其补正不完全的申请。”

② 该条规定：“（市民）因为误解、或者不了解情况而放弃发表意见或者提出申请，或者不正确地发表意见或者提出申请的，行政机关应当促使其发表意见、提出申请或者对其意见、申请予以补正。对于在行政程序中赋予当事人的权利或者要求其履行的义务，行政机关应当在必要的限度内向当事人提供相关信息。”

③ 该条规定：“根据州法承担相关权限的机关以及法律上规定的疾病保险的主体，对于本法所规定的所有社会事务负有向当事人提供信息的义务。信息提供的义务包括，向当事人告知主管社会给付的给付主体的名称，以及可能对信息申请人有意义且信息提供机构能够回答的所有事实问题和法律问题。信息提供机构应当在机构之间或者同其他给付主体进行协调，以确保通过特定机构向当事人提供全面的信息。”

④ 对比这两部法律能够说明问题的原因，请参见本书第88页注①，下同。

定其被准确传达；[①] 另一方面，申请人不因行政机关错误提供信息而丧失应得的利益。例如，在美国“Reynolds v. Giuliani”一案中[②]，由于行政机关提供了误导性信息，使 Reynolds 并不知晓她有申请紧急救助金或者即时食品补贴的权利。南纽约区法院认为申请者无法去申请“一项他们根本无从知晓的利益”，因此命令纽约市在 24 小时内向 Reynolds 提供即时食品补贴或者紧急救助金。在德国，这个问题是通过确立“回复请求权”解决的。所谓“回复请求权”，指的是在给付行政领域，给付行政相对人不因给付主体错误地提供信息而导致对其不利的后果。例如，由于给付主体的误导使相对人错过申请期限，视为在法定期限内提出了申请。

3. 提供可以被理解的信息。在美国“Roberson v. Giuliani”一案中，Gladys Dobelle 女士两次向纽约市的福利机构申请发放扶助金，但都被以“没有提供真实和完备的信息”的理由拒绝。由于缺乏进一步的细节描述，法院认为这是“一种令申请人不可理解的方式”。而只有对其作出的不利行为进行详尽解释，并足够细节化，才能保证申请人有机会知道行政机构将采取何种行动以及相关理由，以便使申请人可以据此作出适当的回应。

（四）“正当程序”之关注

正如前文所言，共享既是一个结果，也是一个过程。在给付程序领域，各国普遍对共享的程序，也就是给付行政程序的正当性给予高度关注。

---

① 这一点在美国纽约“Davis v. Perales”一案中予以重申。See Davis v. Perales，542N. Y. S. 2d 772，776（N. Y. App. Div. 1989）.

② 该案简要情况是：Reynolds 女士为了摆脱饥饿的煎熬向位于曼哈顿的汉密尔顿工作中心申请即时食品补贴，工作人员称食品补贴已经被取消，并让她求助于食品储存中心。参见 Randal S. Jeffrey：《福利改革之后正当程序保护的重要性：纽约市的故事》，载《奥尔巴尼法律评论》2002 年第 66 卷。中译本可参见杨建顺主编：《比较行政法——给付行政的法原理及实证性研究》，中国人民大学出版社 2008 年版，第 277 页。

在德国，根据《德国联邦行政程序法》第28条第1款的规定，在作出侵害当事人权利的行政行为之前，应当举行听证。而对授益性行为的申请加以拒绝的行为，一般并不视为侵害行为，因此不需要进行听证。同时，根据该法第46条[①]的规定，只有在违反程序会对结果产生影响的时候，才得以“违反程序”为由撤销该行为。但在给付行政领域，根据德国《社会法典》第10编第42条的规定，听证不再限定于侵害行为领域，还适用于针对授益性行为的申请加以拒绝的行为。另外，对违反听证规定的行为，法院可据此径行撤销，而不必考虑是否是裁量行为。

在美国，福利权是通过以听证为核心的正当法律程序获得保障的。在1970年的“Goldberg v. Kelly”一案中，纽约州未采取听证程序即终止了Kelly的福利津贴发放。联邦最高法院审查后认为，听证必须“在有意义的时间以有意义的手段进行”，基于福利的性质，如果在未确定公民是否具有福利受领的资格以前就予以终止，意味着可能剥夺一个合格的受领者等待阶段的福利。而受益人在程序上享受正当法律程序的保护，取决于他的利益可能受到损害的程度，也取决于受益人避免损害的利益是否超过政府迅速裁决的利益。[②]“Goldberg v. Kelly”一案开启了美国正当程序革命的大门，并对其后福利领域的正当程序保障产生了深远的影响。在此后的一系列判决中，法院重申或发展了该案形成的基本观点，最终形成了通过正当法律程序保障福利权实现的福利行政体系。

（五）“信赖保护”之强调

各国行政程序法普遍确立了“信赖保护”原则。但在给付行政领域，信赖保护进一步得到强调，主要表现在给付行政领域中的授益行政

---

① 该条规定：“对不属于第44条的行政行为（即无效行政行为），不得仅因其成立违反程序、形式或地域管辖的规定而主张将之撤销，除非另一决定也会导致同样的结果。”

② 参见胡敏洁：《福利权研究》，法律出版社2008年版，第101～104页。

行为[①]，其撤销、废止受到更严格的限制。

1. 关于撤销。结合德国《社会法典》第10编第45条第2款[②]以及第4款的规定，在通常情况下，撤销违法的授益行政行为仅面向未来丧失其效力。而根据《德国联邦行政程序法》第48条第2款[③]的规定，撤销违法的授益行政行为溯及既往地丧失其效力。也就是说，在一般情况下，授益行政行为撤销后，受益人需要返还已经获得的利益；而给付行政采行的授益行政行为撤销后，受益人不必返还已经获得的利益。

2. 关于废止。德国《社会法典》第10编第47条第1款[④]规定，给付行政采行的授益行政行为，在两种情况下可以废止。而依照《德国

---

① 我国有学者认为，德国行政法中授益行政行为与负担行政行为的概念，源自传统划分的给付行政与干预行政（朱林：《德国行政行为撤销的理论及其立法评价》，载《法律科学》1993年第3期）。进而有人认为"授益行政行为与负担行政行为和给付行政与干预行政各自所代表的含义几乎近似"（胡建淼主编：《行政行为基本范畴研究》，浙江大学出版社2005年版，第209页）。实际上，授益行政行为与给付行政并非一一对应的关系，二者在范畴上存在交叉。正如上文所述，给付行政除了以行政行为的方式实施外，还能以私法方式实施。另外，并非所有的授益行政行为都属于给付行政，例如行政许可。因此，本书采取"给付行政领域的授益行政行为"这样的限定方式。

② 该款规定："对于违法的授益行政行为，受益人信赖行政行为存续且其信赖相比撤销该行政行为所保护的公共利益更值得保护的，则不得撤销该行政行为。受益人已经消费了获得的给付、已经处分了获得的财产且该处分不可恢复、或者遭受到超越期待可能性的利益的，通常，该信赖值得保护。但是，受益人具备下列条件的，不得援用信赖：（1）以非法手段通过欺诈、胁迫或者贿赂等形式使行政机关作出行政行为的；（2）受益人因故意或者重大过失，在重要问题上作出不完全或不正确的陈述导致行政机关作出行政行为的；（3）受益人知道行政行为违法或者因重大过失不知道其违法的。"

③ 该款规定："对于违法的授益行政行为，受益人信赖行政行为存续且其信赖相比撤销该行政行为所保护的公共利益更值得保护的，则不得撤销该行政行为。受益人已经消费了获得的给付、已经处分了获得的财产且该处分不可恢复、或者遭受到超越期待可能性的利益的，通常，该信赖值得保护。但是，受益人具备下列条件的，不得援用信赖：（1）以非法手段通过欺诈、胁迫或者贿赂等形式使行政机关作出行政行为的；（2）受益人因故意或者重大过失，在重要问题上作出不完全或不正确的陈述导致行政机关作出行政行为的；（3）受益人知道行政行为违法或者因重大过失不知道其违法的。"这个规定与社会法典是相同的，主要区别是其随后规定"上述第3句之情形，该行政行为之撤销原则上溯及既往。"

④ 该款规定："合法的授益行政行为，即便已经获得确定力，在下列情况下，仍可对其面向未来的效力全部或部分地予以废止：（1）法规容许或行政行为保留该废止；（2）行政行为附负担，受益人没有或未在为他定出的期限内履行该负担。"

联邦行政程序法》第 49 条第 2 款[①]的规定，一般的授益行政行为在上述两种情况以外，还可在其他三种情况下废止。另外，《德国联邦行政程序法》第 49 条第 2 款规定的第五种事由"为避免或消除对公共利益的严重不利"类似于兜底性规定，能容纳相当广泛的情形。可见，对给付行政采行的授益行政行为的废止较一般的授益行政行为要严格得多。

三、给付行政程序与行政法变革

毫无疑问，整个行政法以及行政法学正步入给付行政开创的新时代。给付行政程序及其承载的新理念、新任务、新模式、新方法引发了行政法的主题变更、结构性变革以及角色再造，使其渐变为以平等为时代主题的、作为沟通过程的、在公共治理活动中发挥更加积极作用的行政法。

（一）以平等为时代主题的行政法

英国著名法学家亨利·梅因在《古代法》一书中说："所有进步社会的运动，到此为止，是一个'身份到契约'的运动。"[②] 在当时，乃至其后的一百多年里，这句话的正确性是毋庸置疑的。但在给付行政开创的新时代，这个命题已经不再贴切。一百多年前，人们对亚当·斯密的主张赞不绝口："每一个人在他不违反正义的法律时，都应当听其完全自由，让他采用自己的方法，追求自己的利益，以其劳动及资本和任

---

① 该款规定："合法的授益行政行为，即便已经获得确定力，在下列情况下，仍可对其面向未来的效力全部或部分地予以废止：（1）法规容许或行政行为保留该废止；（2）行政行为附负担，受益人没有或未在为他定出的期限内履行该负担。（3）行政机关如基于事后发生的事实，即有不作出该行政行为的正当性，且不废止该行政行为就会危害公益；（4）行政机关如基于法规的修改，即具有不作出该行政行为的正当性，但限于受益人尚未使用所提供的优惠，或基于该行政行为而尚未受领给付的情况，且不废止即会危害公益；（5）为避免或消除对公共利益的严重不利。"

② ［英］亨利·梅因：《古代法》，沈景一译，商务印书馆 1996 年版，第 69～97 页。

何其他人或者其他阶级相竞争。”[①] 而一百多年后，人们更加认同威廉·布莱克的说法：“一部适用于狮子和公牛的法律就是压迫”[②]。一百多年前，人们崇尚自由，要求政府干预缩减到最少，并用权利来防御权力。而一百多年后，人们推崇大有作为的政府，希望政府为国民创造最大化的福祉，权利也从“防御权力的权利”转变为“通过权力的权利”。一百多年前人们“远离”政府与一百多年后人们“亲近”政府——一个典型的否定之否定周期——描述了政府与公民关系的重大转型：前者是人们在政府的控制与压迫下追求自由，后者则是人们在与政府的合作中享受服务。给付行政时代的社会进步，不再是“从身份到契约”的延续，而是一个“从自由到平等”的过程。[③] 正如伯纳德·施瓦茨所言：“如果说当代公法有一个反复出现的主题，那么，这一主题就是平等。”

当然，平等取代自由成为当代行政法的主题，并不意味着自由价值的减损。德沃金对此指出：“假设我们都接受如下政治道德的基本原理：政府必须以关怀和尊重的态度对待它所治理的人民。所谓关怀是指将人民当作会受痛苦和挫折的人；所谓尊重是将人民看作是能够根据自己的生活观念行动的人。政府不仅要关怀和尊重人民，而且要平等地关怀和尊重。这意味着政府绝不能以某些公民因值得备加关怀而有资格获得更多东西为基础来分配各种商品和机会；绝不能以某团体中某些公民的美好生活概念比他人高贵或优越而限制自由。这些基本原理可称为平等的自由观。”[④]

---

① ［英］亚当·斯密：《国民财富的性质和原因的研究》（下卷），郭大力、王亚南译，商务印书馆1974年版，第252页。

② ［美］伯纳德·施瓦茨：《美国法律史》，王军等译，中国政法大学出版社1989年版，第161页。

③ “从自由到平等”的前提是人们通过“从身份到契约的运动”获得了自由。当然，在很多国家和地区人们未必已经达到了自由的状态，但它并不妨碍平等与自由一道成为时代的主旋律。

④ Dworkin, *Taking Rights Seriously*, pp. 272～273. 转引自张乃根：《西方法哲学史纲》，中国政法大学出版社2006年版，第494～495页。

由是观之，行政法的平等主题，是在自由观基础上对国民共享权的强调，其平等性不仅体现在共享的过程中，也体现在共享的结果上。过程意义上平等，一方面要使社会成员和利害关系人平等地参与到给付行政过程中，另一方面要使国民能与政府一样平等地参与到给付行政的过程中。前者体现了给付行政程序的民主性，后者体现了给付行政程序的服务性。民主性是分配正义的保证，服务性是人性尊严的保证。[①] 而结果意义上的平等要求的是一种不仅仅与“相同性”画等号的平等，它还是体现了“公平”理念的平等。[②] 换言之，给付行政程序体现出的是比“形式上的平等更多的实质性内容”[③]，该程序的运行结果须起到化解风险和增进福利的作用，因此，给付行政程序应当更重视差异原则，在一定程度上以按需分配的方式保障国民的福利。而之所以用“在一定程度上”加以限制，是因为除极少数国家和地区以外，人类整体上尚未发展到按需分配的程度。在既有的条件下，从结果意义上逐步消除最差的情况，这也是一种平等——因为只有免除了后顾之忧的人们，才能“富有意义地”参与政治共同体生活，民主才不至于流于形式。

（二）作为沟通过程的行政法[④]

权力是一种“在社会行动中甚至不顾他人反对也能贯彻自己意志”[⑤]

---

① 人性尊严要求给付行政能以各种温柔、细心、构成完善体系而又能顾及隐私需要的机制来实现。

② 对平等的“相同性”与“公平”之间的关系，美国的萨托利指出：“平等是个两面玲珑、而且是唯一的一个能够同时与相同性和公正联系在一起的概念。作为相同性的平等和作为公正的平等，在很大程度上来自并构成了语义上的重合。”（［美］乔·萨托利：《民主新论》，冯克利、阎克文译，东方出版社 1993 年版，第 340 ~ 341 页。）

③ ［美］伯纳德·施瓦茨：《美国法律史》，王军等译，中国政法大学出版社 1989 年版，第 252 页。

④ “作为沟通过程的行政法”，这一思想来源于德国的施密特·阿斯曼教授。参见E. Schmidt-Assmann, Zur Reform des Verwaltungersrenchts – Reformsbedarf und Refuormansa (e) tze, in: ders. (Hrsg.), Reformen des Allgemeinen Verwaltungsrechts Grundfragen, Bd. 1, 1993, S. 32.

⑤ ［德］马克斯·韦伯：《经济与社会》（上卷），林荣远译，商务印书馆 1997 年版，第 81 页。

的力量。给付行政作为权力性活动，仍可以传统高权行政方式实施。[①]但是，这种方式被经验证明是没有效率的，而且弊端横生（如导致寻租）。这也是前述给付行政程序“去高权性”的动因所在。而“去高权性”的努力必将导致行政法的结构性变革。这种结构性变革可以概括为：行政权在形式上的权利化以及相对人地位的提升使“平权型”行政法律关系得以产生，并由此造就了作为沟通过程的行政法。具体来讲：

第一，“平权型”行政法律关系的产生。共享权的确立使接受给付从特权变成权利，国民因此成为权利主体。而对政府来说，实施给付行政是必须承担的义务，因此它是给付行政法律关系中的义务主体。另外，政府在给付行政过程中大量使用了契约、民营化、指导、调解、奖励等柔性手段，积极推行私法化的实施方式，以服务者的姿态完成行政任务，行政权的强制性得以淡化并出现了形式上的权利化趋向。与此同时，公民一方不仅参与到给付行政的过程中与给付主体共同完成决定、实施过程，而且也能对给付主体发挥监督与制约的作用。与传统行政法律关系相比，相对人在给付行政法律关系中的地位明显提高，而政府一方姿态则明显放低。在一高（指权利）一低（指权力）之间，传统的“高权型”行政法律关系就有可能向“平权型”转变[②]。而从“权利—权力”关系转变为“权利—义务”关系，并呈现出权利本位的特质，这是行政法自身发生的重大结构性变革。

第二，给付行政成为一个沟通过程。“平权型”行政法律关系的出现，使各方主体能够以给付行政程序为平台充分进行沟通。通过沟通，给付主体了解了相对人的需求，相对人也能加深对给付主体各种做法的理解，有利于促成合意。而建立在沟通（甚至合意）基础上的给付行政，实施起来将更加顺畅。有鉴于此，在给付行政程序中，咨询、建

① 我国计划经济时代的福利制度就是一个例证。

② 须强调的是，所谓的“平权型”行政法律关系，并非剔除了行政法律关系中的权力性，而是给付行政主体尽可能不以强制手段施行给付行政，只是确有必要时，才在给付行政法律关系中发挥作用。

议、协调、协助等具有沟通功能的程序将大量使用，以解决信息不对称问题，促使合意的达成。可见，行政法的结构性变革使作为沟通过程的行政法成为可能。

第三，致力于各方主体的合作与共赢。“作为沟通过程”并非行政法变革的目的，其目的在于通过沟通促成参与各方的合作与共赢，而这是以往的行政程序所不具备的功能。依照传统行政法的思维，在行政程序中应更关注控制行政权、在形式上扩大公民参与、保障行政主体依法行政等问题。然而，作为沟通过程的行政法使程序成为给付主体与给付相对人寻求合作、实现共赢的一种机制，通过反复沟通形成符合各方利益最大化的运行方案。

（三）在公共治理中扮演重要角色的行政法

给付行政时代的来临使国民共享权之保障成为行政法的基本任务。从共享权的角度来看，政府证明自身价值的方式是把“蛋糕”做大使民不患寡，并把“蛋糕”分割好使民不患不均。与传统的警察行政不同，这是一种积极行政、服务行政的模式。相应地，给付行政时代的行政法不能只是一种控权法，它必须在公共治理活动中发挥更为重要的作用。

1. 资源配置的重要手段。给付行政程序不仅是以法制形式表现出来的技术性、流程式的规定，[①] 它在本质上是国家治理活动中的一种资

① 对流程性的规定与现代法治意义上的程序不加区分，是我国目前存在的一个严重问题。单从“流程”上讲，在古代社会里就有比较丰富、成熟的制度。如在宋朝，实施救助前的程序包括诉灾、检放和抄札三部分。诉灾是向官府报告灾情，检放是检查灾情状况并确定减免租税份额，抄札是登记受灾人口数量以备进行救助。（郭文佳：《论宋代灾害救助程序》，载《求索》2004年第9期。）这种流程性、技术性的规定与“程序”之间不能简单地画等号，如当前我国在给付行政领域也形成了大量的流程性规定，但并不代表已经建立起了现代法治意义上的给付行政程序。举个例子，根据《城市居民最低生活保障条例》，最低生活保障制度的流程主要包括：受理、基层初审、调查核实、作出决定、公示、给付、动态管理。从形式上看，程序是比较完备的，与国际上通行的做法也基本相似，但蕴涵于其中的观念却与现代法治理念相去甚远，如公示制度对隐私权的侵犯、不利决定作出前没有正当程序保障等等。也可以这样讲，“流程”只是“法制化”或“法化”的结果，而现代行政法学上的“程序”则是法治意义上的。

源配置手段。例如对给付申请人的信息支持能促使相对人最大限度地获得应得的给付资源，对信赖保护的高度强调使善意的给付受领人不必返还既得利益，而对积极行政的推崇则要求政府竭力承担国民照顾之义务。通过科学地设定手段、方式、顺序、时限等要素，给付行政程序不仅为政府的资源调控提供了载体，而且为引领、规范和保障政府资源配置行为提供了一套整体性的推进机制。

2. 客观诉讼的拓展。在给付行政时代，国民对社会保障行政、供给行政、资助行政等给付行政活动具有高度的依赖性。然而根据传统的行政法理论，公民个体在给付行政中的权益往往被看作是一种“反射性利益”，对其有所不满时并不能诉诸法律，如此则置共享权于无所保障之境地。而随着客观法的进一步拓展，这个难题出现了转机。在客观法的视野中，即便是反射性利益——甚至是更间接的利益——都可以个体的名义提起诉讼，从而使公民个体能够参与到与共享权有关的公共治理活动中。

3. 回应型法的强化。从各国实践的情况看，保障共享权实现的目的使给付行政义务的现实履行被高度强调，以至于不惜放弃行政法的一些传统要求（如命令与服从）。而通过时代主题变更、结构性变革体现出的这种在法律的完整性与开放性、规则与自由裁量权相结合的持续过程中缓解完整性与开放性紧张关系的努力，将使行政法在社会问题和社会需要的压力下对自身不断修正、变革，从而使行政法逐渐从“一种压制性权力的工具的法律（压制型法）”、“一种能够控制压制并维护自身完整性的特别制度的法律（自治型法）”迈向“一种回应各种社会需要和愿望的便利工具的法律（回应型法）”。① 此种与给付行政实践相呼应的做法，有利于形成法律活动与社会现实良性互动的态势，无论对给付行政的发展，抑或行政法自身的完善，都不无裨益。

---

① ［美］P. 诺内特、P. 赛尔兹尼克：《转变中的法律与社会：迈向回应型法》，张志铭译，中国政法大学出版社 1994 年版，第 16 页。

第七章　公众参与程序

20 世纪以来，随着人类文明的进步和民主内涵及实践方式的扩展演变，行政民主化和法治化成为现代国家普遍崇尚的公权运行模式。公众参与就是适应这种潮流而产生的一种制度，是现代新型民主在行政领域中的具体体现，也是现代行政法治必不可少的内容和重要环节。在中国行政法治建设发展的历程中，同样也反映了这种新型行政模式的世界化发展趋势。本章期望通过对我国公众参与实践和行政法治发展的评析，与世界各国的同行们一起研讨公众参与的法理，吸收人类政治文明的共同成果，为发展和完善中国行政法治提供有益参考。

一、公众参与的法治意义

公众参与也称公民参与，是指公民自愿地通过各种合法方式参与政府行政过程，并以直接或间接的方式影响政府行政的行为。它是现代民主政治制度下，公民参与管理国家和社会事务的一种普遍性的方式，是现代民主的重要表征之一。公众参与最早发端于政治学领域。政治学中的公众参与指的是政治制度中的普通成员通过它来影响或试图影响某种结果。从行政法领域看，公众参与具有自主性、程序性、有效性、交互性和广泛性的特征，是一种权利、程序和制度的集合体。其基本内涵是，行政主体在实施行政行为时，行政相对人有权参与行政权运行过程，对行政行为充分发表意见，从而对行政主体形成行政决定发挥一定的影响作用，通过参与保持行政权力与公民权利的平衡协调，以共同维护和促进社会的稳定与发展。

公众参与的产生不是偶然的，从古希腊城邦市民参与公共事务的管理到现代公众参与制度的勃兴，与主权在民理论、国家和社会二元化理论、行政民主化理论、善治理论及正当程序理论的发达息息相关。当代各国宪法和行政法学者普遍认为参与是民主政治的基石。“如果公民有作为公民而积极行动的实际权利，也就是说，当公民享有一系列允许他们要求民主参与并把民主参与视作一种权利的时候，民主才是名副其实的民主。”① 各国行政法莫不在这方面有所突破，致力于扩大公众对公共事务管理的直接参与，体现了各国对如下参与法治意义的认同：

第一，公众参与是实现人权保障的重要基础。现代人权保障制度是以法律肯定公民的积极地位为前提而建立起来的。“从承认个人自由，到承认收益权，再到许可参政权为基本权利或人权，这是人类对人权认识的历史发展过程。”② 可以说，参政权是现代人权的灵魂，参与行政的权利则是参政权的自然延伸。“如果一个公共行政制度只注重结果而不关心人权，那么它就有可能导致独裁与压迫。”③ 在行政主体作出各项实体权利决定时，公民必须享有充分的陈述意见、辩论等参与机会，才能真正确立公民的主体地位，彰显人性的尊严，才可能真正捍卫自己的人身权、自由权、财产权等基本人权。

第二，公众参与有利于加强对公权力的监督。传统的对行政权的制约模式强调由立法权、司法权等权力对行政权的制约，但随着 20 世纪后行政权的急剧扩张，国家的权力中心由议会开始转移到了政府，政府的权力控制着每个公民“从摇篮到坟墓”的全过程，迫切需要加强对行政权的监督。而公众参与，强调的是社会公众对政府行为的直接参与，使相对人不仅了解到行政结果，而且了解到行政过程。这种直接参

① ［英］戴维·赫尔德：《民主的模式》，燕继荣译，中央编译出版社 1998 年版，第 27 页。

② 王世杰、钱端升：《比较宪法》，中国政法大学出版社 1997 年版，第 7 页。

③ ［美］埃德加·博登海默：《法理学——法哲学及其方法》，邓正来等译，华夏出版社 1987 年版，第 356 页。

政方式，突破了传统的国家机关之间的内部监督和事后监督的行政控权模式，为控制行政权的滥用提供了新的视角，把可能导致腐败的不利因素减少到最低程度，成为法治国家监督政府依法行政的重要手段。

第三，公众参与有助于良好法治秩序的形成。从秩序的角度看，公共秩序可以分为强制的秩序和自愿的秩序。强制的秩序往往依靠强制力来规范每一个人，权力运行成本高且难以持久。通过公众参与，可以使传统的自上而下的政府强制管理转变成为上下互动、服务和管制相结合的新型管理模式，一方面有助于行政主体了解到来自各方的意见，弄清情况，作出正确的决定；另一方面有助于相对人了解行政决策产生的理由和依据，增强对政府的信赖。而公众对政府的信任无疑会提高政府公共部门的权威，减少行政管理活动中的阻力，降低公共政策的执行成本，使行政活动双方都自觉接受法律规则的约束，增强行为的可预见性，促进社会形成良好的法治秩序。

第四，公众参与有利于维护社会稳定，实现最大的社会公正。利益分配的不公正是社会不稳定的基础性原因。特别是发展中国家在社会转型时期，由于新的利益协调机制尚未健全，不同群体的利益分化较为严重，维护社会稳定的压力很大。公众参与的广泛性和程序性，可以经常地、规则化地为各个不同利益阶层提供利益表达的场所和渠道，使政府正确及时地洞悉公众的利益要求，制定更为公平和科学的公共政策，缓和不同利益集团之间的矛盾，最大限度地保障实现社会公正，增强广大公众对现行社会制度的认同感，消除不稳定因素。

第五，公众参与有助于增强公民的法律主体意识。“个人是自身利益的最好和唯一裁判者。”① 现代民主社会的基本原理确定了人民作为主权者的地位，但在国家占主导地位的一元化时代，“全能政府”削弱了公民的主体意识。公众参与意味着每个公民对社会责任的分担与成果的共享。通过广泛的参与，公众可以在心理上建立自主管理的意识，在

---

① ［法］托克维尔：《论美国的民主》（上卷），董果良译，商务印书馆1988年版，第72页。

行为上获取自我管理的办法，变政府的一元管理为广大公众的共同管理，使每个人不仅关心自己的利益，而且关注社会公共利益，通过积极参与政策的形成和行政权的运作，来谋求个人和社会的福祉。

第六，公众参与有利于实现国家公权向市民社会的回归。马克思主义认为，国家最终是要消亡的。随着民主化进程的推进，国家将逐步退出原属于社会的领域，将大多数原本可以由社会管理的事务交还给社会团体和公民自我管理，这一国家还权的过程必然要求作为社会的主人——公众的参与。那种由国家包办、统筹社会的一切的状况将慢慢淡化，并随着国家的消亡而消亡，最后由“社会把国家政权重新收回”。[①]

二、公众参与在中国行政法治建设中的实践与作用

我国的公众参与制度伴随着国家行政法治建设，经历了一个曲折发展的过程。新中国成立后，公众参与以当时的政策、法律为依据，逐步在社会生活的某些方面开始实行，对社会主义法制的初创起到了一定的积极作用。在“文革”中，国家民主法制建设遭到极大破坏，公众参与也被完全扭曲，演变成一种无序的群众运动。党的十一届三中全会以来，我国政治、经济和民主法制建设有了前所未有的大发展，以1982年宪法的颁布实施为契机，在公众参与方面确立了一系列的制度，进行了许多积极有益的实践和探索，公众参与的渠道得到开辟和拓宽，参与的内容有了实质性的推进。公众参与在步入健康有序的轨道的同时，也为行政法治的发展注入了新的活力。可以说，正是公众参与的不断深入，促进了行政法的合法性原则、合理性原则、程序正当原则等基本原则在行政立法、执法、司法等各个方面的贯彻落实，促进了行政观念、行政方式、行政职能、政府与民众关系等的转变。

第一，公众参与原则在行政领域的确立促进了政府和公民法治观念的转变。我国宪法第2条第3款规定“人民依照法律规定，通过各种途

---

① 参见《马克思恩格斯选集》（第4卷），人民出版社1972年版，第84~88页。

径和形式管理国家事务，管理经济和文化事业，管理社会事务”，以基本法的形式明确了公民参与的权利。宪法第27条同时规定：“一切国家机关和国家工作人员必须依靠人民的支持，经常保持同人民的密切联系，倾听人民的意见和建议，接受人民的监督，努力为人民服务。”这些规定奠定了公众参与行政的宪法基础，成为部门法设定具体参与制度的宪法依据。以后行政处罚法、价格法、立法法、环境影响评价法、行政许可法等法律相继确立了公众参与行政立法、行政决策、行政执法、行政监督，参与管理有关社会公共事务的制度。这些法律明确了行政主体在作出影响行政相对人权利义务决定时，必须听取当事人的意见；在制定各种影响公民权利义务的规范时应建立公平的听证程序；在作出影响公共利益的行政决策时，必须听取各阶层、各个不同利益群体代表的意见等参与原则。[①] 这些原则的确立，一方面使各类行政主体逐步改变了从前那种依法行政就是依法管理相对人和其他公众、依法治理社会的机械法治主义观念，树立起依法行政的本质是执政为民，行政权力受公众参与权利的约束，政府行政必须以服务公众为本位、以民权为本位的现代法治理念。公民通过参与也逐步摒弃了从前那种行政活动和公共事务管理与己无关、纯粹是政府责任的观念，以更加积极的主人翁姿态参加到各级政府的经济、文化、社会事务管理中。

第二，公众参与的范围和层级的不断扩大促使行政权的行使方式发生深刻变化。公众参与作为一种现代社会的新型民主，在我国不是仅仅停留在法律规范层面，而是在实践中得到广泛推行。除在具体行政行为中，相对人和利害关系人通过陈述、申辩等方式积极参与行政决定外，在行政规范性文件的制定和行政计划、行政合同、行政指导等新型行政活动中，公众的参与也越来越普遍。如在价格政策制定领域，各级

① 分别参见《中华人民共和国行政处罚法》第6条、31条、42条；《中华人民共和国价格法》第22条、第23条、第25条；《中华人民共和国立法法》第34条、第35条；《中华人民共和国环境影响评价法》第5条、第11条、第21条；《中华人民共和国行政许可法》第7条、第30条、第36条、第46条。

政府在制定关系群众切身利益的公用事业价格、公益性服务价格、自然垄断经营的商品价格等政府指导价、政府定价时，普遍实行了由政府价格主管部门主持，征求消费者、经营者和有关方面的意见的听证会制度。在行政立法领域，包括立法听证、向全民征求意见和专家直接参与起草等方式在内的民主化程度越来越高。各地在编制城市规划、进行环境保护时，更加注重听取和收集公众意见。在公众广泛参与行政的背景下，行政机关及其他组织在行使国家行政权，从事公共事务管理的过程中，不再是简单地由单方作出决定，或是单纯地“公布”、“公开”决定，相对方也不仅是简单地“出席”、“到场”或“参加”。各级行政机关越来越广泛吸收公众参与到行政决策、行政计划、行政立法、行政决定、行政执行的具体过程中，充分尊重公民的自主性、自立性和创造性，承认他们在行政管理中一定程度的主体性，明确公众参与行政的权利和行政机关的责任、义务，通过协商、对话，既实现了行政管理的有效性，又实现了对相对人和社会公众利益的全面、合理保护。

第三，制度性的公众参与方式积极推动政府与公众间构建新型合作行政关系。目前，我国公众参与行政的途径和方式日趋多样化。根据法律规定，公众既可通过正式的听证会等法定形式参与，也可以通过论证会、座谈会、政府公开征求意见等形式参与；既可以通过新闻媒体、政府网站、政府窗口等渠道参与，又可通过协会、民间团体等非政府组织参与，还可通过行政复议、行政诉讼等形式参与。在具体方式上，既包括向行政机关当场口头陈述、申辩、建议，也包括通过直接递交、邮寄、传真、电子邮件等方式提供书面意见、建议及论证报告等。从启动方式看，既有行政主体依职权启动模式，又有公众依申请启动模式。这些多元化途径和方式促进了听证制度、陈述申辩制度、公示制度、民意调查制度、集体协商制度等具体制度在参与过程中的逐渐建立完善，并且随着制度化参与的经常化和规范化，一方面，行政权的单方性特点受到一定程度的弱化或限制，公众在行政程序中地位提高；另一方面，开始逐步形成公众与政府的合作和相互信赖关系。政府在经济调节、市场监管、社会管理和公共服务中，不仅仅强调规制、处罚、强制等手段的运用，而且更加重视互动、协调、对话、共建等管理方式的更新，往往由行政机关、企业、社区、团体、专家和媒体等多元主体共同推进政策的制定和实施，从而逐步构建民众和政府间“合作型行政”的新型关系。在相互合作与信赖中，政府的指导作用、引导作用、调整作用和科学决策作用都因行政决策的民主性、科学性及管理服务的全面性和优质性而逐步显现出来。

第四，公众参与的权利保障要求丰富和强化了行政主体依法行政的内涵和责任。其一，通过公众参与，行政主体在依法行政时更加强调行政行为的公开透明。现代民主制下的公众参与是和政府信息公开紧密联系在一起的，只有行政公开才能确保参与的持续、持久和富有成效。为满足我国公众参与的权利需求，全国各级行政机关皆以政务公开为政策目标，[①] 并将政务公开作为衡量政绩的一个重要标准。随着公开的浪潮渗透到各个行政领域，政务公开从事务性、程序性的公开，逐渐向办事过程、决策程序和办事结果的公开发展，从单纯地事后公开，逐渐向事前、事中公开发展。其二，通过公众参与，使行政主体行使行政权时，除了尊重和维护相对人的实体权利外，更加重视和关心包括相对人在内的广大民众的参与权。我国的公众参与是以法律规定公众享有的参与权为基础的，这些权利包括获得通知权、陈述权、申辩权、接受说明理由权、要求听证权以及申诉权、控告权、检举权、求偿权等。权利的法定化使行政主体在行使行政权的过程中，首先必须在程序上充分尊重公众的参与权利，有义务对其参与权加以确认和保护，并赋予相对人对有关信息的请求权、对有关过程的参加权以及对侵犯其相关权利的司法救济权。其三，通过公众参与，促进行政主体更加积极履行职责，秉承服务行政的宗旨，在为相对人创造有利于选择参与的条件的同时，明确了依

---

① 参见《国务院全面推进依法行政实施纲要》、《国务院办公厅关于贯彻落实〈全面推进依法行政实施纲要〉的实施意见》。

法行政的要求不是纯粹消极性的不侵犯公民权利，而是要按照法律规定积极作为，采取有效措施满足公众的利益需求，促进行政管理和服务目标的实现。

总之，改革开放以来公众参与和行政法治建设的实践充分表明，我国公众参与是与行政法治同步发展的。公众参与是在法治环境下的参与；行政法治亦是在公众参与前提下实施的法治。基于历史教训和中国的特殊国情，我国的公众参与法治化的道路，遵循了从易到难，参与主体从窄到宽，参与范围从具体行政行为到抽象行政行为、从一般事务到宏观决策；既保持了经济的发展，又维护了政治的稳定，同时也为行政法治的进一步发展奠定了坚实的基础。

三、公众参与对行政法治的冲击

公众参与为社会公众与行政主体正面交涉提供了平台，为保护个人和组织的合法权益创造了条件；公众参与使与行政行为有利害关系的人，都能够参与到行政过程中来，都能够对行政行为的作出产生一定的影响，从而使公众的意志有更多可能受到行政主体的尊重；公众参与集程序控制和以权利制约权力于一体，使行政行为全过程都展现在社会公众的视野之中，从而有利于加强对行政主体的监督，防止行政权的异化；公众参与有利于在行政主体和公众之间形成共识，从而使行政行为（行政决策）因公众参与而增强合法性和可接受性，促进行政效率的提高。

但是公众参与也可能产生诸多的负面影响和新的问题：

首先，社会公众的参与可能使行政行为的有效性无法充分实现。行政行为的有效性包含两层意义：参与行政过程的公众的意志的实现程度和行政目的的实现程度。公众意志与行政目的二者可能统一，但也可能相互冲突。当二者相一致时，公众参与将促成行政行为有效性的实现。当二者相冲突时，就可能出现两种情况：其一，行政主体只注重行政目的的实现，而忽视社会公众的意志，以至于使公众参与流于形式；其二，行政主体极力满足社会公众的意志，而“在努力满足众多参与决策的私益性利益团体（private interest groups）要求的时候，更广泛的公共利益却可能被忽视”，行政目的可能落空。上述任何一种情形的出现，都将使行政行为的有效性大打折扣。

其次，公众参与可能侵害某些社会成员的合法权益。在公众与行政主体的知识结构和拥有的信息量存在巨大差异的情况下，双方事实上无法在平等的基础上进行对话，社会公众的利益有可能会被“以法律的名义”剥夺；在公众参与中，强大的组织可能支配行政过程，而非集团化、非组织化的个人的利益可能受到歧视。

再次，公众参与可能使行政责任虚化。在公众参与过程中，公众向行政主体提供一定的信息和建议，并不拥有作出或不作出某一行政行为的决定权，也无权决定行政行为的内容。因此，当行政行为违法或不当时，作为参与者的公众并不承担法律责任（在行政决定中提供虚假信息的除外），承担法律责任的应该是行政主体。然而，当有社会公众参与其中时，行政主体便可以以公众的选择作为卸责的借口。

最后，公众参与可能增加行政成本。为使公众参与不流于形式，行政主体需要进行必要的通知或告知程序，需要向公众提供自己已经掌握的相关信息，还可能需要提供必要的交流场所，尤其是要举行大量的听证，如此，行政主体需要付出更多的人力、物力和财力，行政成本必将有所增加。

四、行政法和行政法学应当积极应对公众参与所提出的问题

在中国，从现行宪法到《中华人民共和国行政处罚法》、《中华人民共和国立法法》、《中华人民共和国行政许可法》、《行政法规制定程序条例》和《规章制定程序条例》等单行法律法规，都对行政领域中的公众参与作出了积极的反应和规定，但距完备的公众参与法制还有相当距离。

公众参与的实践主要向行政法提出了如下要求：

1. 公众参与需要通过行政法来保障其有效性。首先，行政法应保障参与主体的合理意见得到吸收和采纳，正当利益得到保护。行政法不仅需要确立辨别“合理意见”与“不合理意见”的可操作性标准，而且需要设立确保合理意见得到吸收和采纳的法律原则和法律制度，如案卷排他原则和说明理由制度等，同时需要为保护参与者的正当利益设置合理的程序和完善的法律救济制度。其次，行政法应保障公共利益不受侵害。即，行政法应赋予参与者以监督权，以便及时发现并制止行政主体实施侵害公共利益的行为；同时，当行政主体实施了侵害公共利益的行为时，行政法应该提供必要的法律责任追究机制和惩戒措施。

2. 行政法应保证公众参与所具有的积极价值的充分实现。公众参与具有提高效率、促进公平、扩大民主和保障权利等多项积极价值，而这些积极价值的实现仰赖于行政法对行政参与机制的科学设置。行政参与机制由参与主体、参与事项、参与程度、参与方式、参与程序、参与次数、参与效力等要素构成，其中任何一个要素的设置都可能影响公众参与价值的实现。如，参与主体方面，如果限制过严，就可能使某些利益受到影响的个人或组织无法进入行政程序，无法维护自己的合法权益；如果放宽限制，就可能增加行政主体的工作量，降低行政效率，而且可能使行政主体被某些强势组织所俘虏，沦为强势组织实现自身利益的工具。又如，参与次数方面，随着参与次数的增加，行政成本也在增加，但某些事项确实无法通过一次参与就能够妥善解决。

3. 公众参与需要行政法对其可能带来的负面影响进行有效抑制和控制，并通过有效措施，防止公权力异化。行政法必须通过对行政法律规范中的行为模式和法律后果进行巧妙配置，通过发掘法律权利的激励功能和法律义务的抑制功能，来把公众参与的负面影响降低到极点。

4. 公众参与需要行政法为其所需要的条件提供保障。公众参与机制的良性运作，需要具备一定的外在条件，行政法应积极创造并维持这些外在条件。首先，行政法应对政府课以信息公开义务，以保证社会公众与行政主体处于信息对称状态，保证行政过程的透明度。其次，行政法应促进非官方性的社会团体的形成，从而使公众参与更加组织化，使公众的声音更有力量，使公民形成能与行政权平等对话的能力。再次，行政法应在公民社会的培育方面有所作为。行政法至少应为社会公众提供充分的参与机会，并通过参与机制的设置，使社会公众能够持久地保持参与热情。

公众参与不仅影响着中国行政法的具体制度建构，而且影响着中国行政法的发展方向。

1. 公众参与扩大了行政民主化的范围，使行政行为蕴含的意志内容更为丰富。在公众参与的情况下，行政行为的最终作出虽然仍然是由行政主体所决定的，但其内容中所包含的意志已不限于行政主体自身的意志——还包含作为参与者的公众的意志。同时，在不同类型的行政行为中，公众参与的程度有所不同，公众意志与行政主体意志的比重也有所不同。

2. 公众参与加剧了公权力的社会化，使行政主体呈现多元化态势。公众参与形态，除在具体的行政过程中参与以外，还有另一种形态，即由社会公众组成的社会中介组织直接取代行政机关来行使具体的公共行政职能。社会中介组织成为实质上的公共服务的提供者。

3. 公众参与使行政活动方式更趋多样化。在公众参与之下，行政主体行使其职权的方式越来越多，除了具有强制性的行政命令以外，行政指导和行政合同等柔性行政管理方式的适用范围将越来越广泛。不同的行政方式所形成的行政行为应当具有不同的法律效力。

4. 公众参与将使公法和私法的界限更加模糊。随着公众参与在行政领域的扩展，不仅部分公共职能由属于民事主体的社会中介组织来承担，而且行政主体本身也在运用私法手段来谋求行政目的的实现。行政法将面临如下挑战：行政法究竟是公法还是私法？行政法是否有必要保持自己的属性？行政法应如何保持自己的属性？

总之，公众参与给中国行政法提出了高难度的课题。行政法学者应准确把握公共行政的发展趋势，及时研究公众参与的基本理论，为实现行政法的转型提供智力支持。

五、公众参与在中国的发展展望与完善建议

当前，信息化和全球化迅速发展，各个国家经济、政治、文化之间的交往和交流频繁，大大加快了信息流通的广度和深度，使公众参与的模式、形式，参与的程序、参与的深度和广度发生较大变化，促进了公众参与和行政法治更加完美地结合。有学者甚至预言："人类不同共同体的成员及其组织将参与国际事务和地球事务管理的运作。"[①] 在新时代全球性的公共管理改革的发展趋势下，中国党和政府高度重视加强公众参与[②]，提出了推进物质文明、精神文明、政治文明和和谐社会建设协调发展的目标，并把依法行政作为依法治国的核心内容，展示出我国公众参与和行政法治发展的良好前景。

一是从整体制度看，国家、社会、公民的服务与合作关系将进一步得以确立。一些行政组织逐渐变成教育、医疗、经济服务等社会服务的供应者，对服务的使用者和消费者承担义务；某些行政主体的特权地位将逐渐失去，受到法治化和标准化的约束。行政行为的作出和决策的实现将更多地诉诸行政指导、合同和协议；公民对行政的控制权进一步扩大，公民对行政的知情权、对行政程序的干预权、在既定时限内取得行政决定的权利、对行政决策的了解权、对行政文件的获取权等受到相应的法律保障。

二是从具体制度看，包括信息公开、公益诉讼、人民陪审等制度在内的公众参与制度将逐步确立和完善，使公众参与行政方面具有更加完

① 姜明安：《公众参与与行政法治》，载《中国法学》2004 年第 2 期。

② 如党的十六大对保障公众参与提出了十分明确的要求："推行电子政务，建立公正透明、廉洁高效的行政管理体制；完善深入了解民情、充分反映、广泛集中民智、切实珍惜民力的决策机制"；《国务院全面推进依法行政实施纲要》明确了深化行政管理体制改革，健全包括公众参与在内的法治政府的目标。

备的手段；社团组织的作用将不断提高，社团的公共利益意识有望在政策形成、决定实施和行政监督中进一步发挥自觉作用；法律条文中公众参与的规定将增加，覆盖的领域越来越广；在全球化和信息化迅猛发展的条件下，公众参与的途径和形式将进一步完善和更加多样化，从而将大大增加参与的广度和深度。如现在行政法规、规章制定和行政决策运用较多的座谈会、论证会、听证会等参与形式，今后借助于互联网、移动通讯工具等信息化手段，其参与的范围将大为扩大。有线电话、电视、互联网的广泛使用为公众获取信息、参与国家事务和社会事务提供了方便快捷的途径。

受经济、政治、文化发展等因素的制约，目前我国现阶段的公众参与实践仍存在许多不足。同时，公众参与是一把“双刃剑”，它既可以有利于社会公正，又可能降低行政效率。为了实现公众参与的秩序化和法治化目标，还应从以下几方面进一步完善法律对公众参与的规范和保障。

首先，要进一步明确公众参与的法律性质和法律地位，界定公众作为公共利益的代表权利，明确公众参与原则作为普遍原则必须为一般的行政活动和公共事务管理所遵循，凡是法律、法规、规章调整的事务具有公众参与必要性和可能性的，都应确定和保证公众的参与。

其次，应当将公众参与的制度体系化，将公众知情权、参与决策权、监督权、舆论权、结社权、司法救济权等进一步由部门法立法细化，使其形成一个完整的参与权，在程序上互相呼应和支撑。如就听证制度而言，对听证的适用范围、听证代表的选择方法和程序，听证的启动、听证的主持、听证过程、听证记录等涉及行政相对人参与的具体内容，都必须在法律上明确。同时，还应规定相应的法律责任机制，对有责任协助实施参与、有责任认许公众参与法律效果但拒绝者施以惩戒；建立完善司法审查制度，对违反参与规定的行政行为，可依法宣告行为无效、撤销，以及责令进行补正等，确保公众参与的保障制衡作用。

再次，要完善社团立法，培育成熟的参与主体。根据我国实际，有意识地扶持和扩大代表各阶层利益的社会团体的影响，充分发挥这些组织的作用。同时，要加快提高社会的教育水平，对公民进行必要的政治知识、规则和技能的培训，使公民权利的实现真正与自身的利益紧密联系起来，保证更多的参与人特别是一些弱势群体能真正获得自我价值的全面发展与社会价值的实现机会，展示公众参与的必要性和不可替代性。

最后，加快政府改革创新，重塑政府权力。按照建设有限、法治、开放、民主的责任政府目标，政府的公共决策和行为要以“公共性”为基础，以公共利益的最大化为出发点；政府的部分职能逐步由社会组织来承担，政府职能定位应转为“政府与公民、社会相结合”的多元价值取向；健全信息公开机制，确保行政的透明度和公民的知情权；建立和健全行政责任制，政府政策的制定和实施都要遵循法治的原则，政府行为“缺位”和“越位”都要承担相应责任。

民主化、信息化、全球化和政府改革的潮流触发了公众参与的兴起和行政法治的迅速发展。中国20多年公众参与和行政法治的实践充分证明，国家公共权力的行使和公民权利的落实并不是此消彼长的两个权域，而是可以互惠互动的，通过有效的参与机制，完全可以“实现双赢局面，形成和谐、合作的新行政关系格局”。[①] 我国的公众参与制度和行政法治建设尽管任重道远，但在国民经济高速发展和社会民主力量的推动下，必将获得更为广阔的发展空间。

① 罗豪才：《健全公民参与机制，推动政治文明建设》，载《人民日报》2003年9月9日，第6版。

第八章　行政程序正当性之司法审查

现代行政法治的重要标志之一就是完善的行政程序制度。行政程序制度作为行政法的重要组成部分，在法治建设中的重大作用被中外学者反复强调。[①]“行政程序”是行政权力运行的步骤、顺序、方式、时限等要素的集合，是一个不含任何价值取向的中性概念，但当其成为立法者需借助法律加以规制的内容，成为行政机关自我约束和规范的要素，成为司法机关审查的对象时，则必然融入各类主体的价值判断和标准设定。多年来，行政程序的“正当性”是学术界、实务界时常讨论的共同话题，是中外研究者相互交流借鉴的重要理论载体。那么，由法院对行政程序进行正当性审查是否可行？如何看待程序正当性司法审查的依据和路径？如何认识程序正当性司法审查的原则和标准？如何把握司法审查的限度和强度？本章拟围绕上述问题展开分析。

---

① 如美国学者施瓦茨认为“行政法更多的是关于程序和补救的法，而不是实体法”（［美］伯纳德·施瓦茨：《行政法》，徐炳译，群众出版社 1986 年版，第 3 页）；美国最高法院大法官福兰克弗特认为“自由的历史基本上是奉行程序保障的历史”（转引自季卫东：《法律程序的意义——对中国法制建设另一种思考》，中国法制出版社 2004 年版，第 11 页）；本书认为，一部制定得良好的行政程序法，胜过十部甚至几十部实体法，在社会关系急剧变动的社会转型期尤其如此。良好的行政程序至少具有九大功能：行为引导、品质改善、正义实现、民主参与、权力制约、意志统一、利益平衡、权利救济和责任追究（详见申欣旺：《行政程序立法时机已经成熟——专访最高人民法院副院长江必新》，载《中国新闻周刊》2010 年 5 月 13 日）。

一、程序正当性司法审查的必要性与可得性

本章探讨之行政程序正当性，是相对于合法性而言的。作为司法审查的对象，行政程序是行政行为在时空维度中所展现出的样态。无论行政行为以何种方式表现出来，这种规则、要素连同行政行为本身都可以成为司法审查的对象，故行政程序是司法审查的内容之一；就司法审查标准而言，除了程序的合法性之外，程序的正当性是本章研讨重点，其作用在于以此为标准评价和考察某一行政程序是否合乎理性、是否能被司法认可等，故正当性是司法审查的判断标准之一。但在用语上，要避免对一些习惯性表述产生理解上的歧义，如同“行政行为合法性审查”并不意味着审查对象就是“行政行为合法性”，本章所使用的“程序正当性审查”并不意味着“程序正当性”本身就是司法审查对象，而是以此为标准对行政程序作出审查（或解释为对行政程序进行正当性审查）。在有关行政行为司法审查领域，传统的英美法系和大陆法系行政法理论往往强调在正当性与合法性之间有着不可逾越的鸿沟，法院对行政行为包括行政程序只能进行合法性审查，而不能进行正当性或合理性判断。行政行为（包括行政程序）是否正当或合理通常被认为只适宜于由行政主体自身或行政系统内部作出判断，对提出异议的行政相对人提供救济的方式也只限于行政复议、行政裁决、行政调解等行政手段。司法审查不能判断行政行为的正当性或合理性，对实体处理和行政程序的监督都是如此。本章提出的命题是，程序的正当性有别于合法性，有着发挥自身作用的独特价值；法院对程序进行正当性审查，不仅是必要的，也是可行的。

（一）程序正当性与合法性的关系

行政程序的正当性常常被置于“正当程序”（Due Process）或“正当法律程序”（Due Process of Law）的语境中加以讨论。其意义在于确立某种价值基础，使得行政程序具有支撑其自身存在的“精神内核”，

具有充分的正义含量和高度的合理性，体现出对人们主体性的尊重与关怀以及人们对行政过程乃至结果的认可与信任，否则，行政程序有可能沦为推行行政强权的工具。至于本章讨论的行政程序的合法性，其意义在于判断某种行政程序是否违背了成文法的明确规定。程序不正当往往表现为程序自由裁量权的滥用，而程序违法往往表现为程序越权、程序错位、程序缺失、主体不适格等等。

行政程序的正当性是一个难以准确界定的蕴含着主观色彩和道德评价的概念。从语义上分析，“正当”一词通常在两种意义上使用：一是相对于合法性而言的正当——所谓合法的不一定正当，正当的不一定合法，即是在这种意义上使用的；二是指人的行为、要求、愿望等的合法性与合理性，[①] 即正当性包括合法性与合理性。而本章所言程序的“正当性”，是在第一种意义上使用的。在严格意义上它缺乏固定的内涵，具有高度灵活性，是一项与时间、地点、场合等因素密切相关且不断进化的概念。“过去的原则将在未来的经验下重新受到评判”。[②] 但这并不意味着，有关这一概念或范畴的各种主张无法达成共识，无法形成被人们普遍认可的有效标准。否认这一点即否认世界具有客观性、同一性，容易滑向相对主义和虚无主义的泥潭。本书认为，程序正当性与合法性的关系主要通过三个方面加以体现：

首先，正当性与合法性在价值上需要互补。这种互补性体现在：(1) 合法性应当以正当性为基础。程序正当性不仅关注程序是否合理适当，更关注程序是否能够体现公平正义，公平正义观念也正是程序合法性的根本价值基础。(2) 合法性应当充分体现正当性。“合法性”有“形式合法”、“实质合法”之分，程序合法性不仅是形式合法，更要体现实质合法，尽可能彰显程序中蕴含的正义价值。从一定意义上讲，正

---

① 中国社会科学院语言研究所词典编辑室：《现代汉语词典》，商务印书馆 2005 年版，第 1738 页。

② 张千帆：《西方宪政体系》（上册．美国宪法），中国政法大学出版社 2000 年版，第 221、226 页。

当性概念高于法定性，它试图从自然法或应然法的角度，不断形成某种社会所公认的核心价值体系，以此评价行政程序是否正当、合法、有效。因此，当行政程序法上的有关规定存在疑问时，正当程序是正确解释法定程序的最好向导。[①]（3）正当性是检验、衡量法定程序的重要标志。正当程序是一种“高级法”（the highest law）。在有的国家，当法定程序严重偏离正当性时，有权机关可以用正当性即社会所公认的程序价值去否认其适用效力。（4）正当性是弥补合法性不足的重要依据。当遇到法定程序本身有缺陷或规定不明确等情况时，可借助正当性这一分析工具对行政程序中的自由裁量行为作出解释。（5）正当性是发展法定程序的重要“准星”。当法定程序偏离正当性的时候，立法者应当根据正当性的标准和要求对法定程序进行修改和完善。

其次，正当性需要借助合法性来获得人们一体遵循的效力。对于何为正当性，每个人、每个群体不同时期都可能有不同的认识和看法。在法治国家中，正当性要具有制度价值和实践指导意义，通常要通过法律规范来表达，使评价和判断标准具有确定性。重视形成这种确定性的原因在于：一定的正当性只有在多数人认可的情况下才能成为“公意”，才具有实现的可能性；正当性只有表现为法律才会使行政主体和相对人的行为具有可预见性；只有将正当性上升为法律，才具有执行效力，也才能更好地体现对社会的引导作用；[②] 任何个人不能凭借自己所主张的正当性而否定法律的效力，法律的效力只能通过合法的程序（如违宪审查）才能否定。

再者，不同国家、地区的法律有关正当性与合法性的规定形式多样。多数成文法国家的法律都规定了程序“合法性”原则，同时，有的还直接规定“正当法律程序”或以其他方式为“正当性”设定空间。在中国大陆，“违反法定程序”本身是行政行为合法性的法定判断标准

---

① 刘东亮：《什么是正当法律程序》，载《中国法学》2010 年第 4 期。

② 德国学者哈贝马斯认为，正当性能够合法化。参见［德］尤尔根·哈贝马斯：《交往行为理论：行政合理性与社会合理化》，曹卫东译，上海人民出版社 2004 年版，第 13 页。

之一，法律同时也将“滥用职权”、“显失公正”作为法院判决的理由；[①] 在澳门特别行政区，《行政程序法典》除规定合法性原则外，还规定了谋求公共利益及保护公民权益原则、平等与适度原则、公正与公正无私原则、参与原则等，后者自然也涉及对正当性的判断。[②]

（二）对行政程序进行正当性司法审查具有必要性和可得性

程序正当性能否成为司法审查的判断标准？在西方国家，这一命题经过了曲折的变化过程。西方国家在早期奉行“规则统治”的严格法治主义理念，主张对自由裁量权加以排斥，如哈耶克认为“法治原则意味着行政当局不应当拥有任何自由裁量权”；[③] 相应地强调司法机关只对程序实行合法性审查，不介入正当性审查，对正当性问题主张通过行政机关自身来解决。而随着行政自由裁量权的扩张和滥用，许多成文法无法解决的问题越来越多地摆在法院面前，对程序实行正当性审查尽管在一定程度上被一些国家的法院所接受，但大都持一种非常谨慎的态度，均不敢公开宣称法院对正当性可以进行审查，一般认为只有不正当达到“极端”的程度（此时已变成违法问题），法院才可以审查。目前在中国大陆，仍然有相当一些人倾向于法院只能对行政程序实行合法性审查，而不能实行正当性审查，主要理由有三个方面：一是司法机关的正当性审查意味着以司法权变相取代行政权；二是法官在专门领域的纠偏能力不长于行政人员，实行正当性审查将导致司法裁量权的滥用，并

① 《行政诉讼法》第54条第（二）项规定“具体行政行为有下列情形之一的，判决撤销或者部分撤销，并可以判决被告重新作出具体行政行为”，其中情形之一为“滥用职权的”；该条第（四）项规定了“行政处罚显失公正的，可以判决变更”。本书认为，“滥用职权”、“显失公正”均缺乏明确的判断标准，存在较大的主观性，与本书所指的“合法性”并不一致，可归结为行政行为缺乏“正当性”的表现情形。中国目前事实上已形成以合法性审查为主、以正当性审查为辅的司法审查格局。每年都有一些行政行为因“滥用职权”、“显失公正”事由被撤销或变更。

② 杨海坤：《〈澳门行政程序法典〉对我国大陆立法的借鉴意义》，载《法学》1996年第11期。此外，该法典一些条文还直接对“正当性”作出规定，如第138条第1款规定：“除非公共行政当局之机关预先作出行政行为，使得引致私人之权或受法律保护之利益受限制之事实行为或事实行动具有正当性，否则不得作出任何该等事实行为或事实行动，但紧急避险之情况除外”。

③ 转引自王锡锌：《自由裁量基准：技术的创新还是误用》，载《法学研究》2008年第5期。

降低司法的可预期程度；三是司法过程相对于行政过程而言周期长、成本高、效率低，实行正当性审查将耗费国家成本，增大当事人负担，抑制行政机关主观能动性，导致行政机关的“消极行政”。[①] 本章认为，在今天正当性已经构成行政程序不可或缺的价值基础，除行政机关可判断程序正当性外，法院也可对此作出判断，这种审查具有必要性和可得性。主要理由是：

1. 确保程序正当是行政主体之法律义务。行政行为不仅表象上要有合法性，更要在结果上具有合目的性、合正义性，正当性是两者之间的连接点，是衡量行政法治发展水平的极为重要的标准。在现代社会，行政权的不断扩张对依法行政构成严重威胁，法院如果只固守传统的合法性要求就可能降低行政法治水平，就可能对滥用自由裁量权的问题鞭长莫及，因此在二战以后，强调实质理性和正义、重视良法为治，成为不少国家的主流法治意识形态，[②] 而对行政程序的要求，也突破了合法性窠臼，将正当性亦提升至法律义务高度，对行政程序进行正当性审查据此而有法理根基。

2. 自由裁量权不仅应当而且可以规范。程序正当性问题主要出现在自由裁量领域。传统的行政法理论过分突出行政自由裁量权的专业性、特殊性或技术性，并以此为由排除司法审查。现代行政法主张，自由裁量权不是任性的、不可捉摸的权力，它是可限制、可评价、可衡量的。美国大法官威廉·道格拉斯认为：“如果我们不对行政行为所要求的专业知识进行严格和精心的限制，其自由裁量权没有任何实际限制的现代政府的力量将变成一头怪物。绝对的裁量就像腐败一样，标志着自由终结的开始”，[③] “正是程序决定了法治和恣意的人治

---

① 参见卜晓虹：《行政合理性原则在行政诉讼中之实然状况与应然构造》，载《法律适用》2006 年第 1 期；崔卓兰、刘福元：《论行政裁量权的内部控制》，载《中国法学》2009 年第 4 期。

② 江必新：《行政法治的基本类型》，北京大学出版社 2005 年版，第 184 页。

③ ［美］E. 博登海默：《法理学——法律哲学与法律方法》，邓正来译，中国政法大学出版社 2004 年版，第 260 页。

之间的基本区别”。[①] 不少西方国家基于权力分立原则和法院所肩负的特殊使命，由最初司法对行政自由裁量权的放任发展到后来运用法律原则和精神对程序正当性加以规制，这个变化过程具有启示意义。

3. 在现代法治国家，自由裁量权的行使必须遵循一定的原则和规则。有原则和规则可遵行，就可以在一定程度上避免随心所欲和滥用权力。行政法治的发展史一定程度上就是不断确立原则、规则，不断控制自由裁量权的历史。而在司法中逐渐形成的平等规则、善意原则、不得反言原则、比例原则等等，对确定自由裁量权的行使标准、明晰其界限发挥了重要作用，而这些原则和规则的确定为司法机关审查行政自由裁量行为提供了可能。

4. 对程序自由裁量权进行控制易于对实体自由裁量权的控制。如果由司法机关审查行政机关实体裁量中的特定专业问题，在以正当性作为判断标准时，不仅可能面临技术性、专业性、政策性等难题，而且常常会面临“外行评价内行”的质疑。与行政机关的实体自由裁量权相比，程序自由裁量权所体现的规范内容相对单一，技术难度不会像实体裁量那么复杂，对正当性的判断标准宜于统一；而实体自由裁量权则是根据各个行政机关的不同特点，零散存在于不同规定之中，往往具有很强的技术性、政策性。因此从客观上讲，对程序自由裁量权加以规范和监督的难度远远小于对实体自由裁量权的规范和监督难度。

5. 从逻辑上讲，只有运用正当性标准审查程序裁量权，才有可能发现程序裁量权的行使是否滥用。尽管西方国家的严格法治主义理论早期不承认对自由裁量权进行审查，但认可司法机关用滥用职权的理由对行政行为进行审查，其理由是行政职权的滥用违背了法律授权的目的和意愿，干扰和破坏了法治秩序，已构成行政违法，对此法院可以进行审查，即一方面认为自由裁量权不能审查，另一方面又认为要

① 转引自季卫东：《法律程序的意义——对中国法制建设的另一种思考》，载《中国社会科学》1993 年第 1 期。

把握住防止权力滥用的必要的底线。但从逻辑上讲，滥用自由裁量权由量变会导致质变，由不当会演变成违法。必须首先认可法院有权进行正当性审查，才能有效发现和防范权力滥用。如继续主张法院无权对正当性作出判断、同时又主张要防止权力滥用，这种观点难以自圆其说。因为只有让法院的审查触角进入自由裁量领域，法院才能发现某一自由裁量权是否被滥用。行政诉讼法也明确规定人民法院可以用“滥用职权”、“显失公正”的理由撤销或变更行政行为，如果法院不去评价和判断行政程序的正当性，这些问题就无从发现，更无从解决。

6. 在程序法缺失的情况下，仅就合法性进行审查，无异于“对空放炮”。中国目前处于转型时期，尚未制定统一的行政程序法，事实上相当一些行政行为没有程序规范的约束，有些只体现在行政机关内部规定等低位阶的规范层面，即使存在一些程序规范，其正当化水平也不理想，因此，“违反法定程序”的审查理由对于无程序法控制之行为来说，实际上是“对空放炮”。如此，中国行政主体之行政程序裁量权较之于其他国家就要宽泛得多，行政机关滥用程序现象并不鲜见，由此出现不少损害公民合法权益现象，而司法审查因囿于“合法性”审查而难于发挥监督作用。对行政程序裁量权进行必要的司法审查，一方面可以弥补我国程序法制不健全的缺陷，可防止行政主体程序滥用，另一方面还可以通过司法审查及判决加速我国程序法治的完善。

基于上述之理由，本书认为，“正当性”不仅有必要而且有可能成为司法审查的重要标准。① 通过此种路径，不仅可以提升行政行为的正当化水平，而且可以不断完善中国的行政程序法治体系，并与时俱进地

---

① 据有的学者统计，《最高人民法院公报》1985 年至 2008 年年底公布的 80 多个行政典型案中至少有 11 个与“违反法定程序”之审查标准有关，其中田永诉北京科技大学拒绝颁发毕业证等 4 案涉及法院运用“正当程序”理论，有的直接在判决中使用了“根据正当程序的要求”、“基于正当程序原理”等用语，因此得出“在没有‘法定程序’情形时，可引入正当程序之理论辅助判断”的结论。参见章剑生：《对违反法定程序的司法审查——以最高人民法院公布的典型案件（1985－2008）为例》，载《法学研究》2009 年第 2 期。

提升行政程序正当化标准。这是推进中国行政法治发展所面临的一项重要而紧迫的任务。

二、程序正当性司法审查的依据与路径

既然程序正当性审查具有必要性、可得性，那么，要使之能够落实到现实司法实践层面，其基本依据有哪些？审查路径又应当如何展开？这些都是需要认真研究和探讨的课题。

（一）从实定法看正当性审查的法律依据

在我国，对行政程序的正当性审查虽总体上属于待开垦的领域，但并非完全是主观臆想，其法律依据主要体现于行政诉讼法第 54 条有关“滥用职权”和“显失公正”的规定当中，由此可以推导出“正当性”能够成为对行政程序的重要评价判断标准。

首先，从文义理解上看，“滥用职权”是指行政机关作出的具体行政为虽然在其权限范围以内，但行政机关不正当地行使职权，不符合法律授予这种职权的目的。滥用职权通常与行政自由裁量权相联系，出现在法律无具体、详尽的规定和限制，或虽有规定但允许执行者裁量选择的场合。[①] 滥用职权主要指行政自由裁量权的滥用，它不仅包括实体裁量权滥用，也包括程序裁量权滥用，即“程序滥用”；[②]“显失公正”指行政行为虽然表面上没有违反法律、法规的强行性规定，但是与法律的目的和精神、原则相违背，并在结果上表现出明显的不公正。[③] 本书认为，显失公正也包含对行政行为程序正当性的评价，其本质是滥用职权的一种表现。判断行政行为是否构成滥用职权，要从主观方面和客观方

① 姜明安主编：《行政法与行政诉讼法》，北京大学出版社、高等教育出版社 2005 年版，第 592 页。

② 本书认为，滥用职权有实体和程序上的滥用职权，用“滥用职权”概念对行政机关的程序裁量行为作出司法判断，正是正当程序用来规制程序滥用的一种手段。

③ 姜明安主编：《行政法与行政诉讼法》，北京大学出版社、高等教育出版社 2005 年版，第 593 页。

面进行综合分析。主观方面包括违反法律规定的目的、不正确的动机、不相关的考虑等，客观方面包括违反平等、公平、比例原则的结果明显不合理、显失公正等情况。事实上，一切明显不正当的行为皆可名之为滥用职权。要防止滥用职权的发生和纠正滥用职权行为，以正当性或合理性作为判断标准实属必要。滥用职权之规定在“合法性”审查的框架下为行政裁量行为的合理性审查留下了一道暗门，它赋予机械、刻板的法律规范以灵魂，使法官在面对纷繁复杂的行政争议时，可以运用个人良知与制度理性，决断行政的实质正义。可见，尽管行政诉讼法第5条规定了人民法院“对具体行政行为是否合法进行审查”，但同时也给正当性审查预留了一定空间。“程序滥用”是“滥用职权”的重要表现形式之一，法院可以对行政程序实行正当性审查，进而引用法条中“滥用职权”的规定作出相应判决。

其次，从体系结构上看，“滥用职权”与其他可撤销的行政行为的适用情形和审查标准并不一致，不能笼统以“合法性审查”一并囊括。从行政诉讼法第54条第（二）项列举的内容看，行政行为可撤销或部分撤销的五种情形是“主要证据不足”、“适用法律、法规错误”、“违反法定程序”、“超越职权”以及“滥用职权”。前四种情形在行为表现上完全可以“合法性”标准作出判断，因为它们必然构成对其他法律规定或者本法的相关规定中有关授权性、禁止性、程序性等规定的违反，而对于第五种情形“滥用职权”则很难适用某一特定的法条考量“合法性”标准并进而作出判断，在体系上实际上难以归入“合法性审查”之列。一种观点认为，滥用职权本身是法定事项，违反该规定就是违法，相关审查就是合法性审查；另一种观点认为，滥用职权是在自由裁量权范围内由于不正当行使权力而造成的行政违法行为。[①] 本书认为，审查标准是审查过程中应把握的尺度，严格意义上的“合法性审查”绝非抛开审查标准与审查过程、仅以法条本身直接定义“合法性

① 参见许乐：《论行政滥用职权的司法审查》，载《法制与社会》2010年第10期。

审查”，否则言之无据，无法对“滥用职权”作出科学判断；而有关“由于不正当行使权力而造成的行政违法行为”的表述又使得判断标准与结论在逻辑上缺乏统一性（但在操作层面将“滥用职权”视为行政违法行为的一种表现亦无不可）。如前所述，“正当性”本身具有独立价值，应当自成为与“合法性”并行的审查标准，无论对实体行为或程序行为而言，皆是如此。

再次，宪法基础性规范包含了行政程序正当性。正如有学者所指出的，有两个方面的宪法规范可以为行政程序正当性提供支持。[①] 一是主体参与规范。宪法第 2 条第 2 款规定：“公民依照法律规定，通过各种途径和形式，管理国家事务，管理经济和文化事业，管理社会事务”。这可以成为在中国部门法中确立行政听证制度的宪法基础。二是法治国家规范。宪法修正案第 13 条规定：“中华人民共和国实行依法治国，建设社会主义法治国家”。这可以成为演绎行政程序正当性在宪法规范上的逻辑起点。在法治国家中，单靠实体规则已经无法约束国家权力的行使，而法律正当程序则成为一种促进国家权力正当行使的法治力量。

（二）从价值分析看正当性审查的法理基础

笔者认为，程序“正当性”价值的作用空间是：第一，在法律对处理某一事项的程序未作规定时发挥作用。任何法律体系都不可避免地存在各种漏洞，要填补这些漏洞，需要正当性价值作指引。第二，在法律规定模糊时发挥作用。当法律概念或程序性规定含义不确定时，有关机关可以围绕正当性价值作出解释。第三，在法律规定本身留有自由裁量空间时发挥作用。法律通常给行政机关留有一定的自由裁量余地，裁量权如何正当行使，需要作出解释。第四，在规范性文件之间相互冲突时发挥作用。当遇到各种规范性文件相互冲突和不一致的情况时，需要

---

① 参见章剑生：《论行政程序正当性的宪法规范基础——以规范实证分析为视角》，载《法学论坛》2005 年第 4 期。

有关机关依据正当性价值予以说明、选择适用或作出其他处理。第五，在程序运行实践中涉及多项权利冲突或利益衡量时发挥作用。在化解权利冲突或进行利益衡量时，往往需要对程序本身是否具备正当性作出考量与判断。由于上述“正当性”价值之作用空间的存在，使得行政程序自由裁量权的行使必不可少，也使得法院对行政程序实行正当性审查具有合理性。

程序正当性审查的直接目的，在于防止程序自由裁量权的滥用。程序自由裁量权是自由裁量权的重要表现形式。之所以称之为“自由裁量”，就在于当法律没有或不可能对所有行政程序都作出详细规定或仅作出原则性规定甚至没有规定时，给予行政机关在作出行政行为时的选择余地。从西方法治发展历程看，早期的“无法律便无行政”的绝对化理念，随着福利国家理念的兴起和政府职能的扩大已难以适应时代需要。自由裁量权在行政法中的地位日趋重要，如伯纳德·施瓦茨所言：“自由裁量权是行政法的核心。行政法如果不是控制自由裁量权的法，那它是什么呢?”[①] 自由裁量权已逐渐成为行政权的核心组成部分，成为人们关注、警惕和要求控制的重点。司法审查无疑是防止自由裁量权滥用的重要控制手段之一。西方国家经过了几百年的经验积累，司法审查机制日趋完善成熟，对自由裁量权的控制经历了从重实体到实体与程序并重的逐步强化过程。而中国在这方面从基础理论研究到实践操作都相对滞后，这与经济社会发展和推进依法行政的要求不相适应，需要突出规制行政程序自由裁量权的主题，正确界定滥用职权、程序正当性等概念和范畴，在立法上、司法上作出实质改进。

程序正当性审查的法理基础还体现在顺应民主与法治的发展趋势。现代法治国家的典型特征在于强调宪法基本价值，强调以尊重和保障人权为出发点和最高目标。通过确立国家权力分配方式和相关原则，体现公权力之间的相互制约和监督，同时要求各种权力的行使符合民主化和

① ［美］伯纳德·施瓦茨：《行政法》，徐炳译，群众出版社 1986 年版，第 566 页。

法治化的要求，以防其构成对公民权利的威胁。而程序自由裁量权的滥用，将导致一部分行政行为难以通过“合法性”审查而加以有效规制，有碍于民主与法治的发展要求。就当下中国大陆发展的特点看，滥用程序裁量权已不鲜见，而且危害甚大，在司法审查中引入“正当性”标准，有利于全方位促进国家民主和法治建设的进程。

程序正当性审查有利于以新的视角、在新的领域体现法律正义，包括程序正义和实体正义。关于程序正义与实体正义的关系，笔者认为，实体正义是第一性的，程序正义是第二性的。一方面，实体正义是判断程序正义的一个重要标准或者是基本的标准；另一方面，程序正义也不必然导致实体正义，而是具有一定的盖然性、或然性，有些正义的程序其结果未必是公正的。通常，实体与程序的关系是多元的，不完全对等，也非完全背离。但是，随着法治的进步，行政程序越来越有其独立的存在价值。程序的直接价值体现在控制程序主体行为，保护与程序相关的利害关系人的利益，约束和防止权力滥用，实现公权力主体与国民的共治。它对于保障人权、控制权力、增进民主、防范风险、维护社会和谐稳定都具有十分重要的意义。

（三）确保程序正当性的监督渠道

总体而言，行政程序正当性的监督渠道可分为内部监督与外部监督。内部监督主要指由上级行政机关、专门行政机构以及行政机关自身对行政程序实行审查的模式，如内部的层级报批、行政核准、行政备案、行政监察、行政复议制度等。内部监督的优势表现为专业知识的占有、行政经验、对政策问题更好地把握和理解等，具有内发性、专业性、同步性。① 行

① “内发性”指控制裁量权的愿望是从行政机关及行政人员自身生发出来，并通过行政系统内部的一系列机制来具体实现的；“专业性”指行政机关通常能够清楚地了解行政事务中的专业性问题，而专业问题中的自由裁量事项也能得到更为科学合理的解决；“同步性”指行政控制是与行政行为同步发生的，事前性的立法和事后性的司法就不可能完全取代行政机关来对行政自由裁量权进行控制。参见崔卓兰、刘福元：《论行政裁量权的内部控制》，载《中国法学》2009年第4期。

政内部监督在广度和强度方面，都可以对行政裁量的合理性进行系统性的控制。而且，通过行政内部控制不断积累的个案经验，可以成为指导行政裁量运行的原则或基准。[①] 当然，行政内部监督控制的局限，在于监督机构可能缺乏中立性。因此，许多国家行政系统内部设立专业化的、相对独立的审查机构和人员，是一条必要且可行的路径。在英国，行政裁判所实行对行政程序的审查，这一做法富有特色。在中国大陆，行政监察、行政复议、审计监督等制度也具有鲜明的本国特色。

外部监督主要指由行政机关以外的其他机关对行政程序实行审查的模式。[②] 世界上绝大多数国家都有议会审查制度、司法审查制度等。就议会审查而言，许多国家法律规定了政府重大决策须获得议会议员半数以上投票同意才可实施。美国国会参众两院有权就特定事项成立专门的调查委员会，瑞典等北欧国家的议会还设立了独立的监督专员，中国各级人大及其常委会有对相应的行政规范性文件的备案审查权等。外部监督的另一种重要形式即是司法审查，即由法院审查行政程序的正当性，如英美国家普通法院可审查政府行政行为，大陆法系国家有专门的行政诉讼制度，中国的各级法院针对具体行政行为具有法定的行政审判权。在司法审查模式划分上，英国大法官康尼沃斯爵士（Carnwath）概括为以下四种：一是大陆法系审查模式（法国等），设置独立的行政法院，有专门诉讼程序；二是普通法系审查模式（英国等），未设置独立的行政法院，无专门诉讼程序，但常设专门法庭；三是混合审查模式（南非、塞普路斯等），兼具前两种模式特点；四是独立审查模式（挪威等），未设独立行政法院，有专门诉讼程序，由普通法院

① 参见王锡锌：《自由裁量基准：技术的创新还是误用》，载《法学研究》2008 年第 5 期。

② 此处的外部监督是狭义的外部监督。从广义上讲，对行政程序正当性的外部监督渠道还包括新闻媒体的舆论监督、社会团体监督、公民监督等，但这些监督都不是权力性监督，本章未作讨论。

审查行政行为。[①] 中国大陆目前采取的是第四种模式。

通常，无论何种监督模式，对程序合法性监督的标准相对统一，但对于程序正当性监督的标准则多种多样。内部监督较之于外部监督，在判断某种程序是否“正当”问题上，审查范围更广，审查强度更大。但是，从实现权力制约、权利救济和个案公正角度出发，并不能因此否定司法审查的重要作用，今后有必要高度重视司法审查在程序正当性监督中的特有功能。

三、程序正当性司法审查的原则与标准

随着社会分工的日益细化和行政法治的不断发展，人们对行政程序正当性的期待不断提升，程序正当性的内涵和基本要求也在不断丰富，相应的审查原则和标准也需要与时俱进。由于中国在程序正当性方面缺乏司法审查实践，因此，紧密结合本国国情，积极借鉴吸收国外相关经验，不断完善相应的审查原则和审查标准，对于完善程序正当性司法审查具有极为重要的意义。

（一）程序正当性审查的原则

对行政程序实行正当性司法审查，需要明确相关的审查原则，也即判断程序是否正当应当坚持一定的准则。本书认为，目前可从历史的视角，结合现实司法需求和未来法治发展趋势对审查程序正当性的原则加以综合分析。

从程序正当性内涵的演变历史看，正当程序观念最早来源于英国普通法的自然正义原则。这一原则意味着某种“天然的是非观”，经过法院的判例解释形成两项基本内容，即“任何人不能作为自己案件的裁

① See Committee Meeting 1: Jurisdictional Competency, Report by Lord Justice Carnwath, UK, at 10th Congress of the International Association of Supreme Administrative Jurisdictions, March 7th, 2010, Sydney, Australia.

决者”和“人们的辩护必须公平地听取”。[①] 上述规则经由司法程序移植到行政程序中，至今在英国法院和行政裁判所得以普遍遵循，其核心内容是强调无偏袒的“听证”，尤其当对一个人作出不利决定时，要充分听取其意见。在法律文本上，英王爱德华三世时代的法令和著名的《权利请愿书》都提及过“正当法律程序”。[②] 基于自然正义原则而形成的“正当法律程序”理念在北美大陆得到继受和传承，并进一步发扬光大。《美国宪法修正案》第5条、第14条规定了“未经正当法律程序，不得剥夺任何人的生命、自由或财产”，上述条款作为人权保障的基石，成为现代西方立宪主义的核心。[③] 1946年的美国《联邦行政程序法》对听证等行政程序加以系统规范，使之具体化并突出可操作性，加深了人们对“正当性”的理解。美国法的发展对世界各国产生了深远影响，越来越多的国家将“正当法律程序”入宪。迄今已有70多个国家和地区制定了行政程序基本法。正当法律程序也日益成为一项体现在国际条约中的国际法准则。[④]

可以说，正当程序的内涵数百年来一直在不断丰富和发展，大致体现在以下几个方面：一是权利保护范围逐步扩大，最早是人身权，后来扩展到财产权、生命健康权及其他权益；二是正当性的标准越来越严，正当化水平越来越高；三是适用的范围越来越广，如美国由最初联邦各行政机构逐步扩大到各州乃至司法机关、立法机关；四是正当程序的要素和要求不断增加，由最早的听取意见，逐步发展到高标准的听证程序等。笔者认为，现代行政法治理念下，基于程序正当性的基本要求，法

---

① See H. W. R. Wade, Administrative Law, Oxford University Press, 1988, p. 466.

② 如1354年爱德华三世第28号法令第三章规定：“未经法律的正当程序进行答辩，对任何财产和身份的拥有者一律不得剥夺其土地或住所……”等；1628年的《权利请愿书》规定：“任何人非经正当法律程序之审判……不得将其驱逐出境”等，转引自刘东亮：《什么是正当法律程序》，载《中国法学》2010年第4期。

③ 季卫东：《法律程序的意义》，载《中国社会科学》1993年第1期。

④ 如WTO有关协定中蕴含了正当法律程序的精神。WTO秘书处在解释TRIPS协定时指出，所有的执法程序都必须符合正当程序的要求。参见世界贸易组织秘书处：《乌拉圭回合协议导读》，索必成、胡盈之译，法律出版社2000年版，第302页。

院应当坚持的审查原则主要有：

1. 程序公正原则。体现为行政程序的设置和运行要符合程序法治追求的基本正义观，这种正义观的主要内容有：一是“自己不能作自己案件的裁决者”。它要求决定者不得与处理结果有任何利害关系，如果具有可能引起当事人正当怀疑的事由必须自动回避；二是信息公开。包括政府信息依法向不特定公众公开（主动公开及应申请公开）以及行政程序中向特定当事人的公开（如向当事人说明理由、允许其阅览卷宗等），并尽可能接受社会监督，尊重当事人程序性权利（如阅卷权、调查权、要求听证权等），决定应说明理由等。三是平等对待。要求行政机关作出事关利益冲突的多方当事人的行政裁决或采取其他行政措施时（如行政招投标、公开招录、行政救济等），要保持中立，对相对人平等对待，不得单方面接触任何一方当事人，不能参与当事人之辩论，不得以任何理由歧视或偏向任何一方当事人，保障当事人拥有平等的机会提出主张，体现出“服从多数、尊重少数”的现代价值理念。①

2. 比例适当原则。② 主要指行政机关在行政过程中所采取的带有强制性的措施，都必须符合法律授予该强制权的目的并与该目的相应相称；如果存在多种可以实现行政目的的手段，应当采用对当事人权益最小侵害的手段；强制措施的采取应当尊重当事人的基本人权；行政机关所采取的强制性措施的成本应当小于所带来的收益。

3. 有效参与原则。体现为受行政程序的结果影响的人应当充分而有意义地参与到行政过程中来。其有效性主要通过以下几个方面反映：一是必须为自主、自愿、有目的地参加。二是通过设定某种专门程序保障公民能够参与，如听证程序的设置要科学合理。三是确保程序参与各方信息的对称性。四是在参与过程中要保障参与者能够充分表达意见和

---

① 参见江必新：《WTO 与司法审查》，人民法院出版社 2002 年版，第 48 页。

② 此原则一般为实体原则，但在行政主体为实施行政行为而采取某些强制措施（在不被单独起诉的情况下被视为程序问题）时，仍有适用空间和余地，故在本章中也作为程序审查原则提出。

建议。五是通过参与所形成的正确意见、建议要能够切实影响行政决策，成为行政决策的重要参考依据。从一定意义上讲，相对人对行政程序的参与是行政程序是否正当的首要判断标准。该原则的核心要求是：行政机关在行政程序中要给予相对人有效参与机会，尊重其程序处分权和表达自由，允许其就相关问题进行充分陈述和辩论，不得以任何方式强迫其作出于己不利的陈述。

4. 程序效益原则。体现为行政机关一方面应当及时、高效作出行政行为，另一方面，要重视节约行政成本，减轻相对人的负担。这一要求源自程序的复杂程度与行政效益并不完全一致，程序合法性与其合目的性、科学性之间需要有机结合，主要涉及提高行政效率和降低行政成本及当事人成本两方面的问题。在制度层面，有期间制度、时效制度（如默示批准和默示驳回制度）等。

5. 程序的可接受性原则。体现为行政程序要为大多数人所认可和接受，其正当性才能够得以贯彻落实。实践证明，行政程序的设定和运行除了应当考虑程序规定本身的科学合理、易于操作、易于接受外，行政机关及其工作人员的工作作风、工作态度，也在很大程度上决定了程序的可接受性。行政机关要在程序实施过程中坚持以人为本，切实体现对当事人的尊重，才能增强行政程序的可接受性。该原则的核心性要求是：行政机关要提供优质服务和有效救济，防止行政专断。如在行政立法或其他规范性文件创制程序中，要通过完善制度为行政相对人实现合法权益、寻求救济提供有效途径；在行政管理、行政执法程序中，要通过严格规范行政行为、提供合理服务，增强行政相对人对行政机关的信任、理解、支持和配合，从而实现“管理型行政”向“服务型行政”的良性过渡。需特别强调的是，在程序设计上，任何行政强制手段的采用，应当允许行政相对人向另一具有独立性的行政机关提出异议，应当为行政相对人提供当其程序或实体权利受到不法侵害时提起诉讼的机会，否则可能构成程序滥用。

6. 程序确定性原则。体现为行政程序应当具有必要的稳定性和可预期性。具体指：一是在表现形式上要不断提高行政程序的可预期程度，避免反复无常、因人而异，减少因规则缺失、规则模糊、“内部规则”和“潜规则”盛行而破坏程序严肃性的现象。二是要确保正当的行政程序得以实现。审查和评价行政程序是否正当的物化载体通常是行政案卷，行政案卷的形成要严格遵循已确定的规则和正当程序要求，所载相关程序和事实须以准确反映行政行为全过程的申请、调查、听证、决策等各种记录为基础。行政裁决须以合法有效的规范或公认的公平准则为依据，裁决过程及其所依据的特定事实、程序须符合逻辑和理性。

7. 行政便宜性原则。又称权变原则，是指“公务员在欲达成行政目的时，可以审时度势，决定采取行为的时机与方法，此为行政机关可享有的裁量之许可权”。[①] 法院对于行政机关以行政便宜原则为免责事由的程序方面的不作为，需综合考量的因素有：危险的迫近、预见可能性、规避可能性和相关人的期待等。当行政主体的程序不作为严重不符合设定行政程序的目的、精神，或法律赋予行政主体的裁量权已经收缩至零时，法院可确认行政主体的程序不作为违法。

笔者认为，上述原则或许尚不足以确保公正的实现，但缺少其中一项，就可能成为不公正的渊薮。

（二）程序正当性审查的标准

1. “最低限度的程序公正标准”的确立

既然正当性成为行政程序的价值基础，而其本身又是一个富有弹性的概念，这种“弹性”只有在确立了一种稳固的、包含价值导向的基础作为原则性要求时，才能具有合理性，才能限制恣意。缺乏某种原则的“弹性”并不是灵活性，而不过是恣意或反复无常的代名词。[②] 消极

① 翁岳生编：《行政法》，中国法制出版社 2000 年版，第 1605 页。

② See Matin H. Redish and Lawrence C. Marshall, “Adjudicatory Independence and and Values of Procedural Due Process”, 95 *Yale L. j.* (1986), p. 455.

性正义理论从一个独特的视角为人们理解正义、进而实现正义提供了一种可行的分析方法。[①] 该理论认为，在程序法领域，程序法律制度尽管不能保证程序正义理想得到彻底实现，但应当尽量减少或者克服明显非正义的情况，应该满足一些起码的价值标准。这些标准可称为“最低限度的程序公正标准”，是实现程序正义的底线。其特性是：坚持这些价值标准不一定能确保程序公正绝对实现，但不坚持这些价值标准的程序肯定是不公正的，是非正义的。“最低限度的程序公正标准”作为一种观念，在一些国际法律文件中已得到承认和接受。[②] 中国大陆有的学者明确提出，中国行政程序法的直接立法目的就是“构建统一的、最低限度公正行政程序制度”。[③]

笔者认为，凡是与公正结果及理想效果有关的，或有助于公正结果和理想效果实现的程序，都可能是一个正当程序，其内涵和外延远远宽于最低限度的公正程序。最低限度的公正程序是随着司法审查不断纵深的需要应运而生的，其目的在于把那些最要害、最值得保护的、最值得法定化的、最不能容忍程序主体破坏和践踏的正义价值相对固定下来，实现对行政过程的有效调整。最低限度的程序公正标准经历了曲折反复的发展过程，但总的趋势是正义含量不断增多，权利保障范围不断扩大，保障的强度不断增强。可以说，它是行政程序不断文明化、人性化的根本反映，是正当性对行政程序的不断渗透。在监督审查行政程序时，确立最低限度的程序公正标准不仅可以增强行政机关及司法机关作出正确判断的可操作性，使行政程序具有相对明确的价值指引，而且有助于使监督或审查结果在更大程度上为当事人和社会公众所接受。正如有的西方学者所言，司法审查并不追求理想的或完美的行政决定，其功

① 参见陈瑞华：《刑事审判原理论》，北京大学出版社 1997 年版，第 58 ~ 59 页。

② 如联合国《公民权利和政治权利国际公约》确立了刑事被告人在刑事审判中享有的最低限度程序保障，如“获知被控罪名及案由”、“获有充分的时间与便利准备辩护并与辩护人联络”、“获得迅速审判”等。《欧洲人权宣言》及《美洲人权宣言》也分别规定了受刑事控告者在审判中所享有的“最低限度权利”。

③ 参见应松年：《中国行政程序法立法展望》，载《中国法学》2010 年第 2 期。

能仅仅在于确保行政决定最低限度的公正合理性。[①]

2. “最低限度的程序公正标准”的核心要素与判断基准

“最低限度的程序公正标准”在具体操作环节上具有较强指导性，一些学者对此作了较为深入的研究。有的学者主张，某些程序要素对于一个法律过程来说是最基本的、不可缺少、不可放弃的，否则不论该程序的其他方面如何，人们都可以感受到程序是不公正和不可接受的。在此基础上形成了“最低限度的程序公正标准”。[②] 关于这些核心性的程序要素有着不同观点。

有的中国学者结合英国法的自然公正原则，以哈贝马斯的“交往行为理论”为视角，总结出程序正当的三个核心要素：(1) 排除偏见（程序无偏私地对待当事人）；(2) 听取意见（在行政权力可能对当事人之权利义务产生不利影响时必须提供某种形式的表达意见和为自己利益辩护的机会）；(3) 说明理由（通过说明理由使沟通过程中的行为主体能够通过反思进行自我控制）。[③] 美国法官弗雷德利（Friendly）总结出司法审查中把握行政程序正当性的10个要素：(1) 由一个没有偏私的机构主持；(2) 相对方获知可能影响其利益的决定及相关理由；(3) 相对方有机会为自己辩护；(4) 相对方有出示证据、包括传唤目击者的权利；(5) 相对方有知晓另一方反证内容的权利；(6) 相对方有与目击者交叉询问的权利；(7) 行政决定完全在所提供的证据基础上作出；(8) 相对方有获得法律帮助权；(9) 相关机构需向相对方提供一份证据记录；(10) 相关机构需向相对方提供一份写明作出决定事实及理由的书面文本。[④]

---

① [美] 恩斯特·盖尔霍恩、罗纳德·M. 莱文：《行政法》（影印本），法律出版社2001年版，第72页。

② 王锡锌：《正当法律程序与“最低限度的公正”》，载《法学评论》2002年第2期。

③ 刘东亮：《什么是正当程序》，载《中国法学》2010年第4期。

④ See Henry J. Friendly, “Some Kind of Hearing”, 123 *University of Pennsylvania L. Rev.* 1267 (1975), From Stephen G. Breyer, Richard B. Stewart, Cass R. Sunstein, Matthew L. Spitzer, *Administrative Law and Regulatory Policy* (Fifth Edition), New York, Aspen Law&Business, 2002. p. 830.

笔者认为，上述概括方式各有特色，总的来说，有的学者的概括虽简洁但不全面；有的概括虽详细但多适用于正式听证程序。最低限度程序公正标准就其内容而言，除了具体个案所反映的技术性标准，在更大程度上直接体现为一些共性的要素和判断的基准、规则。这些相关要素与基准、规则的形成依据，除一些行政法律规范、基本原则（如行政法一般理论原则和前文讨论的原则）等能够提供丰富的素材和资源外，通过司法实践经验的积累，也会使之不断变得充实和鲜活，更具有指导性和可操作性，切实发挥调节行政过程的客观作用。

法院审查程序正当性的判断基准可以从三个层次展开：（1）对象基准，即解决对什么进行判断的问题。主要有以“行为”为对象的基准（即看程序行为是否与行政法所设定的规范秩序标准有所脱离以及程度有多严重）、以“结果”为对象的基准（即看程序运行结果是否侵害了法律保护的利益以及是否有利于行政之目的的实现）以及综合上述两者为对象的二元化基准。（2）要素基准，即解决从哪些方面进行判断的问题。主要包括对前述客观要素和主观要素的综合考量。（3）逻辑基准，即解决根据什么进行判断的问题。主要的逻辑基准包括：是否有利于实现法安定性、是否符合行政目的、是否符合正义或伦理规则。①

同时，法院在判断程序正当性时，针对上述法安定性、合目的性、合正义或伦理性三种不同的逻辑基准，应当确立怎样的适用规则？笔者认为，主要适用规则是：在一般情况下，用法安定性对行政程序的效力作出判断；在不能进行法安定性判断的情况下，用合目的性和合伦理性进行效力判断；在法安定性逻辑判断的结果明显背离行政目的、正义或伦理规则的情况下，用合目的性、合伦理性适当矫正；当行政目的与伦理规则出现冲突时，正义或伦理规则优先适用。例如，在紧急避险以及其他紧急状态下，有权限的行政主体未依照行政程序法的规定作出行政

① 详见江必新：《行政行为效力判断之基准与规则》，载《法学研究》2009年第5期。

行为，按照法安定性逻辑基准的判断，不应承认其效力，但考虑到在这种情况下违反法安定性原则实属别无选择，并且如果不这样做会使公益遭受更大的损失，合目的性基准在这个时候应发挥矫正性作用，维护该行政程序和行为的效力。例如，在对行政程序的正当要求中，既有为保护权利而提出的要求，也有为提升效益而提出的要求，在一般情况下，权利价值应优先于效率价值，故违反与效率有关的正当程序通常不影响该行为的效力。

此外，在判断行政程序正当性时，三种不同的逻辑基准还有着共通的适用规则，即瑕疵衡量规则、利害衡量规则和价值衡量规则。首先，瑕疵衡量规则的内容主要指行政行为的效力依瑕疵严重程度进行判断，明显重大者无效，明显轻微者有效。[①] 其他的情况通过利害衡量和价值衡量进行判断。瑕疵衡量规则之“瑕疵”，包括不合法、不正确、不适当三种情况。[②] 违反法安定性、行政目的、正义或伦理规则的，都构成瑕疵。其次，利害衡量规则适用于排除了明显重大或明显轻微的瑕疵以外的领域，它通过对复杂的情势和多种需要同时考虑的因素进行权衡分析，作出效益最大化的选择。利害衡量的过程包括确定相关利益范围、进行利害比较、选择处理方案三个阶段。该适用规则可以概括为“两害相权取其轻，两利相权取其重”。具体来讲，利与利相较时取其大，害与害相较时取其小，利与害相较时取利而弃害。再者，价值衡量规则通常是当无法进行利害比较，或者经比较仍无法确定时需要运用的情形。其实质是将具体的行为、权利等对象体现出的价值进行比较，以确定何者需要优先保护。任何一个法律问题，背后必定对应一定的价值要素，这一点决定了价值衡量解决行政法效力判断问题的可能性。

---

① 所谓“明显”，德国学者哈契克认为是指一般理智、谨慎的市民依据一切足以斟酌的情况，通过合理判断均可辨别出的瑕疵。转引自胡建淼：《行政行为基本范畴研究》，浙江大学出版社 2005 年版，第 493 页。

② ［印］M. P. 塞夫：《德国行政法——普通法的分析》，周伟译，山东人民出版社 2006 年版，第 80 页。

（三）程序正当性审查的实践

对当下中国大陆而言，虽然行政诉讼法第54条规定了“滥用职权”和“显失公正”，但司法实践中引用上述规定作出判决的案件少之又少。① 法官遇到涉及行政机关滥用自由裁量权问题时，往往采取以下规避策略：其一，尊重。即高度尊重自由裁量权，只强调合法性审查，主张行政自由裁量的合理性属于行政自主领域，或坚持“裁量不审理原则”，或直接援引《若干解释》第56条规定的“被诉具体行政行为合法但存在合理性问题的，人民法院应当判决驳回原告的诉讼请求”作出处理。其二，协调。即通过协调的方式与行政机关进行沟通，促使其作出让步以满足原告诉讼请求，最终以原告撤诉方式结案，回避了对滥用职权的判断。其三，转换。即将本属于滥用裁量权问题转换为“主要证据不足”、“适用法律、法规错误”、“违反法定程序”作出处理，试图从直观层面增强判决的权威性。② 有学者认为，滥用职权判案比较少的最主要原因，不是滥用职权涉案少，而是法院审查标准“转移率”高的缘故。③ 而对于程序滥用情形，以“滥用职权”或“显失公

---

① 如前所引，虽然少数判决书中运用“正当程序”理论表述理由，但判决结果援引的法条往往仍是“违反法定程序”、“超越职权”等，而鲜见直接援引“滥用职权”作出判决。据不完全统计，《人民法院案例选》（1992－1999合订本）所编242个行政案例中涉及滥用职权6件；《人民法院案例选》（2000－2004合订本）所编242个行政案例中涉及滥用职权5件。引自沈岿：《行政诉讼确立“裁量明显不当”标准之议》，载《法商研究》2004年第4期；何海波：《行政行为的合法要件——兼议行政行为司法审查根据的重构》，载《中国法学》2009年第4期。

② “违反法定程序”与“滥用程序自由裁量权”的最大区别在于前者违反了合法有效的法律规范明文规定的程序。参见姜明安主编：《行政法与行政诉讼法》，北京大学出版社、高等教育出版社2005年版，第591、592页。

③ 例如，在“尹某诉株洲市教育局限制聘用案”中，法院认为被告以行政命令方式，对原告的受聘权进行限制，超越了行政职权，判决被告败诉；而有学者认为，教育局的行为属于滥用职权。又如，在“胡某诉上海市劳动教养管理委员会劳动教养决定案”中，法院一审认定被告有悖于法律法规授权目的，属于滥用职权，判决被告败诉，二审法院虽维持一审判决，但认为一审被告属适用法律不当，引起不同争议。详见余凌云：《对行政机关滥用职权的司法审查——从若干判案看法院审理的偏好与问题》，载《中国法学》2008年第1期；孙启福、张建平：《行政滥用职权司法审查的检讨与重构》，载《法律适用》2011年第3期。

正”进行审查并予以撤销的几乎没有。

笔者认为，造成上述问题的原因，既有立法方面法条的可操作性不强、配套规定欠缺等因素，也有在司法方面部分法官“重实体轻程序”理念之制约以及“正当性”尺度客观上难于把握等因素。而从深层次上讲，直接原因之一在于相关理论研究成果还难以满足司法实践的需要，难以为审判实践提供有力支撑。如前述的审查依据、审查原则、审查标准范畴，理论研究尚不深入，很难有效地指导立法和司法实践。有关程序裁量的基础理论研究不足，关于程序裁量的审查标准及其核心要素、判断基准等迫切需要创新相关理论，从而建构相应的逻辑体系，确立具有可操作性的审查标准，以便法院对行政主体的程序行为是否正当作出科学判断。有学者坦言，“由于法律制度的差异，学者们对行政合理性原则的阐述总是存在着隔靴搔痒的通病，观点是正确的，但却没有操作性，造成行政合理性原则理论上重要，实践中却形同虚设的尴尬境地。”① 此外，在刑事立法上，对“滥用职权”罪的追诉制度（一般人不注意区分刑事立法上的滥用职权与行政立法上的滥用职权的区别）以及有关部门对“滥用职权”行为的追究，也加剧了被告方对滥用职权认定的抵制和法官们适用滥用职权进行审查的心理障碍，从而大大制约了程序正当性审查的运作空间。而行政诉讼法第 5 条确立的合法性审查原则以及《若干解释》第 56 条有关驳回诉讼请求的规定，往往成为行政机关否定程序正当性司法审查的凭据。

理论的自省与创新是进步的智力源泉，实践的自觉与开拓是进步的强大动力。尽管目前对行政自由裁量权、滥用职权和程序正当性等问题的研究尚待深入，但也要看到，人民法院拓展审查空间也存在某些有利条件：第一，20 年来行政法理论的发展毕竟形成了诸多共识，至少总体上认可正当程序的重大理论价值，不少人意识到对行政自由裁量权有必要作出外部控制和规范；第二，从行政诉讼法生效以来，人民法院在

① 马怀德主编：《行政法与行政诉讼法》，中国法制出版社 2000 年版，第 71 页。

防范滥用职权、进行程序正当性审查方面作了一些尝试并积累了一定经验；第三，行政审判的司法环境已有较大改善。如各级政府行政执法部门裁量基准制度的建立，也为程序正当性司法审查提供了一种辅助性、参考性资料；第四，司法条件有所改善，法官素质不断提高，已逐步建立了案例指导制度和行政审判陪审制，便于扩大司法民主，统一判断标准。

基于以上背景，对程序自由裁量权进行司法审查的时机已经成熟。对于实践中滥用程序自由裁量权的情形，如工商行政管理机关办理公司登记、房屋登记部门办理房产登记、公安机关办理车辆过户登记之时，在法定申请要件之外又额外要求申请人按其设定的其他程序再缴纳其他材料，否则不予登记等情形，相对人提起诉讼的，法院可以考虑适用行政诉讼法第 54 条关于“滥用职权”的规定，作出撤销、部分撤销的判决；当行政主体不当行使了程序自由裁量权，虽经合法性判断为合法，也可以因违反程序正当性而导致无效或被撤销。

为积极推进行政程序正当性司法审查进程，当前需特别关注以下几个问题：一是尽早明确对程序行为进行司法审查的基本原则和具体标准。控制裁量权的核心内容是确定审查范围和审查强度，中国有必要通过修改行政诉讼法相关条款，将“正当性”确立为程序审查的标准，形成合法性审查和正当性审查并行的体系，司法解释在这方面已经有所创新。[①] 二是逐步明确滥用职权的表现形式。对比以英、美为代表的判例法国家侧重于主观性审查，以德国为代表的大陆法系国家侧重于客观性审查，中国宜采取以客观标准为主、主观标准为辅的发展路径，一方面是主观标准客观化，将对动机、意图的主观判断尽可能转换为“违背法定目的”等客观性判断，另一方面是客观标准全面化，将理论上形成共识、实践中具有现实意义的“程序公正”等原则尽可能转化为

---

① 如《最高人民法院关于办理国有土地上房屋征收与补偿案件若干问题的规定》将“严重违反法定程序或正当程序”作为裁定不准予执行房屋征收补偿决定的情形。

可操作的规范。三是明确滥用职权证明责任的分配。原则上行政机关只对业已作出的行政行为的合法性承担证明责任，对是否构成滥用职权并无举证义务；如果在程序正当性审查中完全由行政主体单方负举证责任，则存在很大缺陷，需完善相关规则，明确行政相对人的相关举证义务和法院依职权主动调取证据的条件。四是改进裁判文书制作和案件监督评查工作。裁判文书中对于程序是否正当、是否构成滥用职权的定性要准确，逻辑推理要严谨，尽可能以理服人。考虑到被告方及其执法人员的可接受程度，尤其是为避免因适用“滥用职权”的理由可能带来的对执法人员的过度的责任追究，目前在裁判理由部分可用“明显不正当”、“明显不合理”、“明显不公正”等内涵和外延基本相同的概念取代“滥用职权”的概念。对于采取规避“滥用职权”条款的适用或转换判决理由的裁判，在上诉、审判监督程序和案件评查中要及时发现，明确指正，既使得法官敢于、善于准确运用正当性标准裁判案件，又要有效防止司法擅断、滥用此项审查权。五是要积极推进案例指导制度。及时选编一批程序滥用方面的典型案例，归纳出具有普遍指导、示范意义的一般规则，逐步实现指导性案例采选、编撰、发布的规范化和制度化，促进相关标准、体系的不断丰富和完善，积极推进有中国特色的案例指导制度。①

四、程序正当性司法审查的强度与限度

在正当性审查中，法院应当保持必要的自我限制与克制，这是各国司法权与行政权角力与协调中不容忽视的共性问题。澳大利亚联邦法院大法官格瑞·道尼斯（Garry Downes）曾在第十届最高行政法院国际协会大会上指出：“在许多国家，由独立的法院或法庭去干预政府决策过程仍是一种新的理念。任何政府都会猜忌这种权力，他们会振振有词地

① 有学者较早提出中国可考虑引进司法审查判例制度。参见孙笑侠：《法律对行政的控制》，山东人民出版社1999年版，第291～294页。

说，只有他们才能以某种方式对选民负责而未经选举的法官做不到。但现代社会显然迫切需要借助独立的司法机关，去审查那些关乎个人权利及必须按照正当程序作出的政府决策。我们必须应对这一富于挑战的重要课题。"[①] 这段话既揭示了司法审查的困境，也道出了司法审查的使命：要借助正当性审查，发挥好司法对行政自由裁量权的控制功能。

（一）司法审查的局限性

在司法审查中，法院只有保持必要的自我限制与克制，才能在有效发挥监督行政自由裁量权功能的同时，防止审查权自身的滥用。其基本原因在于法院对自由裁量权的控制存在客观局限性：首先，司法审查作为一种外部监督形式，在权力分立（分工）的背景下，必然要体现自我克制和对行政权的适当尊重；其次，自由裁量权在行使过程中常常涉及一些技术性、专业性问题和对行政目标、效率、资源、政策等因素的综合考量，法院要对此作出科学判断实属不易；再者，法官的裁量权和行政自由裁量权在本质上相似，都是通过主观意志来决定法律的适用，过分强调司法积极主义将导致对行政自由裁量权的严格控制，无异于以司法自由裁量取代行政自由裁量，这是严重违背客观规律的。"如果法官定期地以自己对法律的解释代替行政人员的解释，那么，行政机构和法院都会停滞不前"。[②] 许多国家对行政自由裁量的司法审查恪守司法谦抑的立场。如美国法院对自由裁量的审查采取一种看起来非常矛盾的立场，其《司法审查法》一方面规定，法院对行政自由裁量行为不进行审查，另一方面又规定，"如果法院认为行政自由裁量行为存在恣意、专横或者反复无常，可以撤销行政决定"。

具体到行政程序正当性审查而言，首要的是应充分肯定为防止行政

---

① See Opening Ceremony Speech by Justice Garry Downes, at 10th Congress of the International Association of Supreme Administrative Jurisdictions, March 7th, 2010, Sydney, Australia.

② ［美］托马斯·帕特森：《美国政治文化》，顾肃、吕建高译，东方出版社 2007 年版，第 470 页。

程序自由裁量权滥用，司法审查越来越具有现实性和迫切性。从程序法角度看，程序设定的自主权也是自由裁量权的重要组成部分，通过司法审查有利于确保程序正当性，发挥行政程序的功能。从实体法角度看，行政主体的自由裁量权比比皆是，仅靠其自身约束力不足以保障行政权的合法运作与行政相对人的合法权益，必须建立起一套公平、公正的科学的行政程序法律规范体系，从法律程序上规范行政主体的自由裁量权。①

与此同时，要正确看待程序正当性司法审查的局限性，其主要体现是：（1）尽管行政程序中的正当性判断的专业、技术和政策含量远低于行政实体问题——这正是本书主张可对其进行正当性审查的主要理由，但对行政程序是否“正当”的判断不可避免地具有一定的主观性和价值偏好，这就无法保证审查结果的绝对公正；（2）程序与效率不一定成正比，两者内在的价值冲突有时难以协调，追求程序的绝对正当有时要付出高昂的代价；（3）程序过繁或过简都难以达到良好的调整效果，如何使之繁简适度，存在一定的技术性；（4）正当程序不能实现实质合法、不能保证实体完全正当的风险时常存在。法院只有充分认识到上述局限性，才能尽可能全面客观地作出判断，增强裁判的公正性、可接受性。

（二）司法审查如何保持自限与克制

基于以上原因，法院对行政程序的正当性审查必须保持必要的谦抑与克制，避免以绝对化的正当性标准去评价行政主体的程序性行为。对行政程序司法审查强度的控制，要注意把握好以下几点：

1. 恪守司法审查有限性原则

“司法权有限性原则”指司法裁量权应体现出对行政自由裁量权必要的尊重与谦抑。该原则的要义是，法院在司法审查中要充分考虑审判

① 章剑生：《论行政程序违法及其司法审查》，载《行政法学研究》1996 年第 1 期。

权行使的界限，把握必要的限度，避免司法冒进。就总体受案范围而言，对以下行政行为法院应尽量回避审查：明显属于外交、国防以及其他具有较强政治性的国家行为；属于其他机关的专属审查事项，如中国的行政法规由全国人大及其常委会专属审查，法院只能以此作为裁判依据，无权对此作出审查。

行政程序相对于实体行为而言，存在一定程度的自由裁量情形，同时不具有高度技术性、专业性和政策性，其正当性相对而言较容易把握，法院可以综合各种客观因素作出相对合理甚至唯一正确的判断选择。但如果法院过度干预，就存在由司法裁量取代行政裁量的风险，造成司法权的滥用，因此，法院要恪守司法审查有限性原则，保持必要的克制与自我限制。通常情况下，只有在存在行政主体滥用程序裁量权情形时，法院才可以作出撤销、确认违法、责令重新作出行政行为等相应裁判；而在认定程序滥用时，也要根据一定的标准，把握必要的限度。

2. 准确把握“滥用职权”的审查范围和强度

就中国大陆的现行行政诉讼法而言，滥用职权是程序正当性审查的主要理由。总体而言，法院在进行审查时要把握以下三点：一是实施的行政程序是否明显与行政目的相悖；二是行政程序运作状态是否明显违反了程序法则的基本规则和基本原则；三是在结果上是否导致了对相对人程序权利的实际侵害。只有具备上述条件，才可认定构成程序滥用。具体而言，滥用程序自由裁量权表现为行政机关表面上虽在法律授权范围内行使程序方面的裁量权限，但裁量违背了立法授予行政机关程序裁量权的“内在界限”。对这种“内在界限”的理解和把握可能会认识不一。有的学者将带有共性的滥用职权情形概括为以下四种：（1）不符合法定目的。指行政裁量的行使“只能是为了实现授予该权力的目的”,[①] 而不能用于与授权法相冲突的目的，否则即为裁量行使不符合法定目

① ［印］M. P. 赛夫：《德国行政法——普通法的分析》，周伟译，五南图书出版公司 1992 年版，第 222 页。

的。（2）不相关考虑。指行政机关在行使裁量权时考虑了不应当考虑的因素，或者没有考虑应当考虑的因素，构成裁量权滥用。（3）裁量权不行使。指行政机关有义务行使裁量权而不行使裁量权，或是因漫不经心，或是错误地认为根据有关法律可以不作决定，均可能构成“裁量怠慢”。（4）明显不正当。指行政机关行使裁量的结果很不正当，不符合基本的正义要求，即明显违背裁量原则（此原则多在英美法系使用，而在大陆法系更重视比例原则）。如何界定程序“正当性”判断标准？英美法系多强调以“具有正当理性人的判断”为标准，评价行政程序是否合乎逻辑或公认的道德准则，而不是依法院观点为基准，但经过训练和有经验的法官完全有能力回答这个问题。[①] 对于如何规制自由裁量权，各种主张观点不一。[②]

笔者认为，滥用程序裁量权除了可以一般性概括为行政程序不符合法定目的、存在不相关考虑、裁量权不行使以及明显不合理等情形外，在评价方式上，还可以列举为违反平等对待原则、违反行政公开原则、违反比例原则、违反程序效益原则等。特别是违反平等对待原则，是实践中滥用程序裁量权最为常见的情形。在司法审查强度的把握上，要从两个层面分别考量：一是同等情况同等对待。审查的关键在于科学界定“同等情况”，要结合程序设定目标和调整对象的具体特点，依据常识（或专业标准）作出判断，体现出“权利平等”和“机会平等”的公正价值，对属于同等情况的任何人不得附加其他程序性义务；二是不同情况不同对待。审查的关键在于“不同对待”强度的把握需做到适度

---

① 详见杨伟东：《行政行为司法审查强度研究》，中国政法大学2001年博士论文。

② 如有的学者概括了法律（软法与硬法）规制自由裁量权的六种途径：一是通过法律程序规制；二是通过立法目的、立法精神规制；三是通过法的基本原则规制；四是通过行政惯例规制；五是通过政策规制；六是通过裁量基准规制。详见姜明安：《论行政裁量权及其法律规制》，载《湖南社会科学》2009年第5期。本书认为司法控制自由裁量权的途径有：（1）立法目的、立法精神和法律原则的控制；（2）方针政策、法律程序、惯例习惯和案例指导等的控制；（3）价值权衡、目的考量、利益衡量和资源配置等方法的控制；（4）具体规则的控制。详见胡朝阳：《最高人民法院副院长江必新：以法治推动善治》，载《长沙晚报》2010年5月11日。

合理，其对比的对象既有属于“同等情况”者，亦有其他“不同情况”者，对正当性的判断相对更为复杂困难。要本着“服从多数、尊重少数”的理念，针对客观情况对特殊群体和弱者予以必要照顾，体现出“合理差别”、“实质平等”的公正价值，防止形成“多数人的暴政”。如在国际贸易领域，要从程序和实体上给予发展中国家和最不发达国家普遍优惠待遇。“相同情况相同对待，不同情况不同对待”应当作为一种长期坚持的平等理念。需加说明的是，所谓“相同情况”，并非所有情况都相同，而是与法定事实要件相关的基本特征相同；所谓“不同情况”，亦非所有情况都不同，而是必须考虑的因素不相同。

概言之，科学界定行政诉讼领域的程序滥用，是中国学者应当深入研究的迫切学术命题。就当下而言，人民法院可以充分利用行政诉讼法有关“滥用职权”之规定，加强对行政程序自由裁量行为的审查，综合考虑前文分析的诸项原则，把握好审查强度。如对于一般性程序不合理问题，法院不应随意改变或撤销行政决定，只有在构成程序滥用时，才可以判决行政行为违法或将其撤销。① 通过把握好审查强度，切实监督和促进程序自由裁量权的正当行使。

3. 正确适用“行政便宜原则”和“最低限度的程序公正标准”

从世界范围内看，正当程序涉及权利保护的范围不断扩大（由最初的人身权到财产权、生命健康权、享受社会福利权），② 适用的范围不断扩展（如美国由联邦政府到州政府，由行政机关扩展到立法、司

---

① 需特别说明的是，此处的“违法”仅指违反行政诉讼法第 54 条有关“滥用职权”之规定，与前文分析的合法性审查之“违法”并不相同，正当性审查与合法性审查在审查领域、审查标准上存在逻辑层面的根本区别，但囿于法条规定所限，在审查结论外在表现形式和处理结果上可能趋同。

② 与此同时，审查的标准也越来越严。如美国大法官伦奎斯特在 1974 年的 Arnett v. Kennedy 一案中，提出“甜加苦理论”，主张既然政府有充分的自由裁量权来决定是否给予相对一方某种福利，它自然也有充分的自由裁量权来决定福利的范围和授予或终止该福利的程序。因此，法院不应强迫行政机关按法院认为适当的某种程序来授予或终止福利。但直到 1985 年，其他大法官仍拒绝该理论。参见王锡锌：《正当法律程序与“最低限度的公正”》，载《法学评论》2002 年第 2 期。

法机关），正当性的程序要素不断增多（如从早期的排除偏见、听取意见到后来的说明理由等），正当化的水平不断提高（通过成文法、特别是判例确立了更多规则），这一总的趋势愈发明显。行政自由裁量权要求行政机关在作出行政行为的过程中要根据当时当地的客观情况以及各方面的相关因素作出合理正确的选择，审慎行使权力，防止程序滥用。对此，法院在进行程序正当性监督时，要按照前文分析的诸项审查原则，对行政程序的正当性作出判断；要注意以现有法定规则为依据，正确适用行政便宜原则，正确把握最低限度的程序公正标准，逐步使之客观化，避免凭自身偏好予以取舍，从而达到正当性标准与外化的法律原则的相互统一。要特别注意：（1）必须准确把握法律规范授予特定机关自由裁量权的目的。（2）必须全面考虑相关因素，排除不相关因素的干扰。（3）必须全面考量行政程序正当性的基本原则和判断标准。[①]但同时也要看到，此类基本原则和判断标准，不同国家、不同时期各有不同，很难有一个绝对标准。前文分析的一些程序正当性司法审查的主要原则与判断标准也只是一般性概括与归纳，对如何更好地把握行政程序正当性司法审查的限度和强度而言，很大程度上有赖于法官在个案中作出全面的考量和权衡。

4. 采取灵活多样的处理方式

从中国大陆的实际情况看，法院要发挥对行政程序是否正当的监督功能，防止程序滥用，主要应借助以下环节体现自我限制和克制：一是通过司法实践直接发现滥用程序裁量权的情形并在职权范围内作出适度纠正；二是在司法过程中发现行政规范性文件存在的程序滥用问题后，依照相关规定作出不同处理；三是通过归纳实践中的各种程序滥用情形，制定司法解释、司法政策，优化法律适用与政策引导；四是通过发布典型的司法案例，指导相关案件的审理和裁判。

在裁决方式上，法院要特别注意不能用司法程序来取代行政程序，

---

① 参见江必新：《WTO 与司法审查》，人民法院出版社 2002 年版，第 155、156 页。

必须给予行政机关适度的程序裁量空间。需要把握的基本尺度是，在认为行政程序存在滥用或显失公正时，既要积极审查，又要保持节制，不可随意改变行政行为。值得一提的是，在行政诉讼法第 54 条规定的维持行政行为、撤销行政行为、判决被告重新作出具体行政行为、判决被告在一定期限内履行、变更行政行为等几种判决方式基础上，《若干解释》第 56、57、58 条还规定了驳回原告诉讼请求、确认行政行为违法或无效、责令被告采取相应的补救措施等判决方式。其基本的考量就是针对涉及重大公共利益、违法但损害程度轻微等情形，不适宜采取撤销、重作等判决形式，而可以采取其他判决形式，以更有利于社会秩序稳定、维护法的安定性价值。程序正当性的司法审查也有必要根据不同情况采取不同的裁判方式。

笔者认为，宜采取的主要裁判方式有：（1）对于行政程序存在严重程序滥用瑕疵或明显不公正、不合理，不撤销会给国家利益或公共利益造成重大损失的，可以作出撤销判决。（2）具有《若干解释》第 57 条所规定情形的，[①] 可作出确认违法或无效的判决；作出确认违法判决的，还可视情况依照该解释第 58 条的规定责令被诉行政机关采取相应的补救措施，造成损害的，依法判决承担赔偿责任。（3）对于行政程序存在一般或轻微瑕疵，不撤销不至于在很大程度上危害国家利益和公共利益的，可作出履行判决或确认合法或者有效的判决，也可以根据具体情况判决驳回当事人诉讼请求，但同时要指出问题并提出建议，要求行政机关今后加以避免。（4）对于行政规范性文件形成过程中存在程序滥用或规定本身有程序滥用问题的行政规范性文件，法院可通过行使对规范性文件的选择适用权拒绝加以适用。[②] 2004 年 5 月《最高人民法

① 《若干解释》第 57 条第 2 款规定："有下列情形之一的，人民法院应当作出确认被诉具体行政行为违法或者无效的判决：（一）被告不履行法定职责，但判决责令其履行法定职责已无实际意义的；（二）被诉具体行政行为违法，但不具有可撤销内容的；（三）被诉具体行政行为依法不成立或者无效的。"

② 孔祥俊：《论法官在法律规范冲突出的选择适用权》，载《法律适用》2004 年第 4 期。

院关于印发〈关于审理行政案件适用法律规范问题的座谈会纪要〉的通知》（法〔2004〕96号）明确指明，对于各类规范性文件之间的冲突，按照上位法优于下位法、后法优于前法、特别法优于普通法的法律适用规则作出判断和选择。对于冲突规范所涉及的事项比较重大、有关机关对是否存在冲突有不同意见、应当优先适用的有关规范合法有效性尚有疑问或者按照法律适用规则不能确定如何适用时，依据立法法有关规定逐级送请有权机关裁决。笔者认为，虽然中国大陆法院对行政规范性文件没有完整意义上的司法审查权，但有一定程度的合法性判断权和选择适用权，在法律没有规定或者规定得非常模糊、不明确时，可以选择含义明确、程序正当的规范；同时，对法律、行政法规可能存在的违法问题，可依照立法法等规定向有关机关提出审查建议，使错误及时得以纠正，避免危害后果的扩大。①

综上所述，对行政程序进行正当性司法审查具有十分重要的现实意义和极为深远的法治建构意义。基于对行政程序进行正当性司法审查的可得性，法院有必要以此作为切入点，强化司法审查职能，进一步明确程序正当性司法审查的相关原则和标准，改进相关的制度，科学把握司法审查限度和强度，确保行政主体保持必要灵活度和适度的裁量空间，防止程序裁量权的滥用，即使暂缓制定统一行政程序法，也可以有效促进行政权力的正当行使，促使行政程序法治的不断健全和完善，并与时俱进地提升行政程序正当化标准，从而推动法治政府建设，加快依法治国的步伐。

---

① 立法法第90条规定，国务院、中央军事委员会、最高人民法院、最高人民检察院和各省、自治区、直辖市的人民代表大会常务委员会认为行政法规、地方性法规、自治条例和单行条例同宪法或者法律相抵触的，可以向全国人民代表大会常务委员会书面提出进行审查的要求；其他国家机关和社会团体、企业事业组织以及公民认为行政法规、地方性法规、自治条例和单行条例同宪法或者法律相抵触的，可以向全国人民代表大会常务委员会书面提出进行审查的建议。

第九章　司法程序的基本范畴[①]

健全和完善中国特色社会主义司法程序是当前我国司法改革中的一个重要环节，也是近些年社会普遍关注的问题。目前，学术界对于法律程序、审判程序或者诉讼程序的研究较为丰富，也形成了一些较为成熟的观点。与之相比，对于司法程序的研究还尚显薄弱，亟待对一些基础性问题进行深入研究。

一、司法程序的内涵

司法程序，顾名思义就是规范司法行为和司法活动的程序。因此，研究司法程序应当首先对“司法”与“程序”作基本分析和界定。关于“司法”的概念，司法以司法权享有为基础，而审判权又是司法权的核心的权能。因此，司法的固有权能就是审判权。[②] 从广义上来说，司法是指依法享有司法权的国家机关，依据法定的职权和程序处理诉讼纠纷的活动，不仅包括法院的审判活动，还包括检察机关依法从事的监督法律实施的活动；从狭义上来讲，司法主要是指审判活动。[③] 关于“程序”的概念，从一般意义上讲，是指“事情进行的先后次序”或者“按时间先后或依次安排的工作步骤”。[④] 因此，程序有“顺序”、“手

① 本章由江必新、程琥合著。

② 王利明：《司法改革研究》，法律出版社 2001 年版，第 8 页。

③ 王利明：《司法改革研究》，法律出版社 2001 年版，第 6 页。

④ 在《辞海》、《现代汉语词典》中对“程序”均有解释。

续”、“步骤”、“过程”、“方式”等多种涵义。在法律科学中，程序是按照一定的次序、步骤作出决定的过程。所谓法律程序，是指“法律行为所必须遵循或履行的法定时间和空间的步骤或方式”。法律程序的内涵非常丰富，按照法律程序规范的主体和领域不同，可以把法律程序分为包括选举程序、立法程序、行政程序、司法程序几种主要类型在内的公法领域的法律程序和缔约程序、仲裁程序、有关公司和社团的程序等类型的私法领域的法律程序。由于司法程序较为完整地包括从起诉、审判、证据、上诉到执行等各具逻辑顺序、相互联系、相对独立的各个阶段的划分，在诸多法律程序中，司法程序是最具有典型意义的法律程序。司法程序有广义与狭义之分。广义的司法程序是指国家专门机关以及诉讼参与人进行诉讼所应遵循的步骤、方式以及原则、规则、制度等，比如刑事司法程序包括从立案、侦查、起诉、审判到执行刑事诉讼活动中所采用的具体的步骤、方式、方法以及原则、规则、制度等。从这个意义上而言，司法程序实际上就是通常所说的诉讼程序。狭义的司法程序则是指人民法院审理各类案件的程序，即审判程序。本书所称的司法程序则采用狭义的司法程序。主要特征是：

（一）司法程序以三方为基本构造形态

司法程序是由国家专门机关主导和诉讼参与人参加下进行的，比如刑事诉讼程序主体通常包括公安机关、人民检察院、人民法院、被告人、被害人以及其他诉讼参与人等；民事诉讼程序主体包括人民法院、原告、被告以及其他诉讼参与人；行政诉讼程序主体包括人民法院、原告、被诉行政机关、第三人以及其他诉讼参与人。因此，不管哪种司法程序，其主体总是特定的，人民法院、原告、被告共同构成了司法程序的三方主体，缺少任何一方，都不是严格意义上的司法程序。司法程序所固有的三方程序主体构造形态，决定了司法程序明显地区别于立法程序、行政程序、选举程序。当然，在司法程序进行的某个阶段，并不排除有一方程序主体为主的情况存在。

（二）司法程序寻求以防止司法权和诉讼权利滥用为必要内容

司法程序是国家专门机关行使司法权以及个人行使权利过程中应遵循的程序。就司法权的本性来讲，司法权如同其他权力同样存在被滥用的危险，因为“一切有权力的人都容易滥用权力，这是万古不易的一条经验。有权力的人使用权力一直到遇有界限的地方才休止”。[①] 这个界限就是司法程序。国家为了防止权力在运行过程中被滥用，都会根据权力的属性预先设定一些程序来进行监督和控制。因此，司法程序、立法程序、行政程序、决策程序以及其他法律程序就是国家为了规范司法权、立法权、行政权、决策权以及其他权力的运行所规定的程序，其目的在于国家需要对这些权力的行使进行规范和控制，以防止这些权力在运行过程中被滥用。同时，司法程序一方面为程序参加者提供了一种充分陈述意见的机会和机制，为其行使个人权利提供便利，另一方面也对程序参加者滥用权利进行制裁。因此，构成司法程序的三方主体的活动被法定程序所规制，可以最大程度上避免因诉讼本身导致新的社会冲突和社会秩序的破坏。[②]

（三）司法程序具有明显的过程性和阶段性

司法程序是一种依据程序规范由程序参与者参加、程序执行者实施的活动过程。经过这一过程，最终形成和实现裁判结果。司法程序强调的是作出裁判结果必须经过特定的过程，非经特定的过程，不得作出裁判结果。这个过程包含着各具逻辑顺序、相互联系、相对独立的各个阶段和环节，如程序的启动、程序主体的行为、裁判结果的制作、程序的终结等。这些不同阶段和环节的划分和设置反映了人们对司法规律的认识和把握在不断深化。从总体上来看，所有的司法程序都可以分为起

---

① ［法］孟德斯鸠：《论法的精神》，商务印书馆 1993 年版，第 154 页。

② 宋英辉、李忠诚主编：《刑事程序法功能研究》，中国人民公安大学出版社 2004 年版，第 6 页。

诉、审理、判决、执行等阶段，几乎所有的司法机构都是按照这几个基本的程序阶段来进行程序设计的，而且这几个过程也依照时间顺序来客观地体现诉讼发展的一般过程。不同类别的司法程序，以及司法程序的不同阶段有着不同的技术要求，其内容根据程序的种类及程序进行的程度而预先设定。比如，侦查阶段不同于起诉阶段、审判阶段，一审程序不同于二审程序，刑事诉讼程序不同于民事诉讼、行政诉讼程序。当然，不同类别的司法程序以及司法程序的不同阶段虽然是相对独立的，有着不同的诉讼任务和目的，但是与司法程序的终极目的和任务始终是一致的。

（四）司法程序必须依法定规则进行

由于司法程序涉及国家权力和个人权利的基本关系，对国家权力的运行如不加以控制，就容易对个人权利造成侵害。因此，司法权和个人权利都必须依法定程序进行。所谓依法定程序进行，不仅指严格遵守形式上的程序手续，更重要的是要符合寓于程序之中的实质性要求和精神。[①] 为了维护司法程序的严肃性、法定性和统一性，国家一般都要通过专门的法律对司法权的运行和个人权利的行使程序作出规范和限定，这种专门的法律是程序法。司法程序基本上都由程序法明文规定。程序法是英国古典法学家边沁创造的与实体法相对应的一个法律概念。一般来说，实体法就是有关人们所享有的权利和应承担的义务的那一部分法律规则和原则，程序法则是有关法律程序的法律规定。因此，程序法的对象不是人们的权利和义务，而是用来申明、证实或强制实现这些权利义务的手段，或保证在它们遭到侵害时能够得到补偿。因此，程序法的内容包括关于各法院管辖范围、诉讼的提起和审理、证据、上诉、判决的执行、代理和法律援助、诉讼费用、文据的交付和登记以及诉讼请求

---

① 宋英辉、李忠诚主编：《刑事程序法功能研究》，中国人民公安大学出版社 2004 年版，第 2 页。

和非讼请求的程序等方面的原则和制度。① 程序法本身也有广、狭二义，广义的程序法与诉讼法大体一致，狭义的程序法只是诉讼法的一部分。②

（五）司法程序是程式与制度及规则的综合体

司法程序具有大量的程式要求，比如法官穿着法袍主持庭审，在庭审中使用法槌，合议庭法官到庭后需要其他人全体起立等。这些看似形式主义的程序安排却并非可有可无的，其对于维护法律尊严和司法权威具有重要意义。为了保证程序参与者和实施者都能够顺利参与到程序之中，在司法程序中规定了一些在诉讼活动中所具体采用的步骤、方式、方法，比如当事人起诉可以书面形式，也可以口头形式。当然，司法程序不应该被视为单纯的程式，司法程序除了大量的程式外，还包含着在诉讼中程序参与者和实施者应该遵循的原则、规则、制度等。比如，无罪推定原则、回避制度、公开审判制度。因此，司法程序不仅是程式的连接，更包含着丰富的原则、规则和制度。

二、司法程序的要素

要素是一事物的内部构件，是健全事物机能的必备前提。司法程序的顺畅运行需要具备一定的构成要素。对此，有学者认为程序的结构部件包括原则、两种“过去”的操作、对立面的设置、信息与证据、对话以及结果的确定性。③ 有学者将程序的要素概括为对立面、决定者、信息和证据、对话、结果五个方面。④ 也有学者认为司法程序应当由对

---

① 参见［英］戴维·M. 沃克：《牛津法律大辞典》，李双元等译，法律出版社 2003 年版，第 17 页。

② 葛洪义：《法理学导论》，法律出版社 1996 年版，第 325 页。

③ 季卫东：《法律程序的意义——对中国法律建设的另一种思考》，载《法治秩序的建构》，中国政法大学出版社 1999 年版，第 23 ~ 26 页。

④ 孙笑侠、应永宏：《程序与法律形式化——兼论现代法律程序的特征与要素》，载《现代法学》2002 年第 1 期。

立面的设置、中立的裁判者、有关的信息和证据、对立意见的平等交涉、确定的结果五个方面构成。① 还有学者认为，司法程序的构成要素包括时间要素、空间要素以及法律仪式三个方面。② 应当说，关于程序或者司法程序构成要素的观点还有很多。我们认为，司法程序要素的提炼取决于分析视角，视角不同其结论自然不同。在这里，我们认为如果从司法程序的过程性和交涉性角度来说，可以把司法程序的构成要素概括为主体要素、行为要素、关系要素、制度要素、环境要素五个方面。

（一）主体要素

司法程序的运行离不开包括裁判者和全部诉讼参与人为主体的实际参与。司法程序的主体是司法程序的参与者，是司法程序运行过程中享有权利和承担义务的人员。司法程序主体具有法律性和社会性的特性。所谓法律性是指司法程序的主体是由有关法律规范规定的。比如，在刑事诉讼活动中，对于包括犯罪嫌疑人、被告人、自诉人和其他诉讼参与人在内的当事人范围有着明确规定，并且对于包括侦查机关、控诉机关和人民法院在内的司法机关在刑事程序中也有明确规定。再如，在行政诉讼中，如果行政机关的内设机构或者派出机构在没有法律、法规或者规章授权的情况下，以自己的名义作出具体行政行为，当事人不服提起行政诉讼的，应当以该行政机关为被告。因此，由于行政机关的内设机构或者派出机构不在法律规范规定的范围内，就不得随意参加到行政诉讼程序中，成为该司法程序的主体。所谓社会性是指法律规范确定什么人或者社会组织能够成为司法程序的主体不是任意的，而是由一定的物质生活条件决定的。比如，在刑事法律规范关于单位犯罪作出规定之前，单位也就不能成为刑事程序的犯罪嫌疑人、被告。随着经济社会发

---

① 石茂生、赵世峰：《司法程序的构成要素和价值特征》，载《河南司法警官职业学院学报》2009 年第 1 期。

② 陈亚军、谢祥为：《司法程序的法理解析》，载《江西师范大学学报》（哲学社会科学版）2004 年第 3 期。

展，单位犯罪也日渐增多，为此我国在一些法律规范中对单位犯罪作出了规定。特别是1997年修订的现行刑法典，采用了总则与分则相结合的形式规定了单位犯罪及其刑事责任，这在一定程度上解决了司法实践中存在的单位犯罪定性与处罚问题。因我国诉讼程序的类别不同，司法程序的主体也不尽相同。比如，在刑事程序中，司法程序主体主要包括犯罪嫌疑人、被告人、自诉人和其他诉讼参与人以及侦查机关、控诉机关、人民法院等。在民事诉讼中，司法程序的主体主要包括当事人和其他诉讼参与人以及人民法院。在行政诉讼中，司法程序的主体主要包括原告、被告行政机关和其他诉讼参与人以及人民法院。应当说，目前对于司法程序的主体性研究还没有引起足够的重视，事实上司法程序的主体是司法程序的启动者、参与者和保障者，没有司法程序主体的参与，司法程序的有效运行也只能是空话。

（二）行为要素

司法程序的运行必须依赖于司法程序主体的诉讼行为才能转化为诉讼活动。诉讼行为是司法程序运行的重要中介和桥梁。诉讼行为是指司法机关和案件当事人在其他诉讼参与人的参与下，依法定程序为审理和解决案件所进行的全部活动。司法程序的特性就在于依赖诉讼行为所体现出来的交涉过程。诉讼行为的特性包括：一是诉讼行为是司法机关和案件当事人在其他诉讼参与人的参与下进行的活动。司法程序参与者的行为动机、认知能力、法律意识等在诉讼行为的运行中起着重要的作用。比如，在我国当下，随着公民法律意识的增强，公民维权意识不断提高，公民到法院打官司、告状也就逐渐增多。二是诉讼行为是能够引起法律后果的行为。在行政诉讼中，公民、法人或者其他组织认为行政机关的具体行政行为侵犯其合法权益向人民法院提起诉讼时，也就启动了人民法院的立案程序，法院应当在7日审查是否立案。一审裁判宣判后，当事人如果对裁判结果不服，可以依法上诉，从而启动上诉程序。同时，当事人在诉讼中还享有一定的选择权和处分权。因此，诉讼行为是能够引起法律后果的法律事实。诉讼行为按其与法律规范的要求是否一致可以分为合法行为和不合法行为。合法的诉讼行为是与诉讼法的规定相一致的行为，合法的诉讼行为能够产生当事人预期的法律后果。不合法的诉讼行为是与诉讼法的规定不一致的行为，不合法的诉讼行为不能产生当事人所预期的法律后果。因此，当事人必须在诉讼法规定的范围内实施诉讼行为，当事人在实施诉讼行为时不得故意损害国家利益、公众利益以及他人的合法权益。根据诉讼所要解决的案件性质的不同，诉讼行为又可分为民事诉讼行为、行政诉讼行为和刑事诉讼行为。

（三）关系要素

在司法程序运行过程中，有关司法程序的制度规范通过当事人和其他诉讼参与人以及司法机关的诉讼行为而形成司法程序参与者之间的权利义务关系或者责任关系。司法程序中的关系是司法程序的主体之间的联系，既包括当事人和其他诉讼参与人之间的相互关系，又包括当事人和其他诉讼参与人与司法机关之间的关系，还包括司法机关之间的联系。司法程序的主体在司法程序中应当享有的权利和履行的义务都有明确的制度规范规定，法律关系参加者任何一方如果不履行自己所应尽的义务，都要受到法律的制裁。随着司法程序的启动、运行和终结，不同的法律关系也随之产生、变化和消灭。比如，在刑事程序中，在横向结构上存在着刑事案件按照特定程序由侦查、起诉到审判依次递进，从而形成的公安机关、检察机关、人民法院三机关之间的线形结构关系，并且在审前程序中形成了侦查、控诉双方相互分离、双向制约的关系。在案件起诉到法院后，又形成了控诉、辩护、审判三方组合的控辩对抗、法官居间裁判的正三角形结构关系。我国刑事、民事和行政三大诉讼程序在结构上呈现司法程序三方构造的共性特点，即存在着对立的双方和中立的裁判者这样一个正三角形结构关系：对立的双方诉讼地位平等，分别处于正三角形的下面两边，作为中立裁判者的法官则立于三角形的上边。这三方之间的互动关系，推动着诉讼程序启动、运行直至终结。

同时，由于我国实行两审终审制，当一审裁判作出后，当事人对一审判决不服提起上诉，或者对生效判决不服申请再审，那么也就形成了一审法院与二审法院的上诉审判监督关系，或者生效裁判法院与再审法院之间的再审审判监督关系。在此过程中，还会存在着人民检察院对生效裁判提起抗诉引发的法律监督关系等。

（四）制度要素

“程序通过规则而明确，所以它是可以设计的。”① 因此，司法程序虽然从形式上看仅是一套步骤、顺序、方式等技术性的操作程式，但实质上是一套制度设计的固化和外化。在我国三大诉讼法中凝结了一整套代表共同价值准则的理念、原则、制度、规范，还有大量关于诉讼程序步骤、顺序、方式、时间等技术性规定，在这里统称为制度规范。三大诉讼法的制度设计既体现了现阶段的中国国情，也反映了三大诉讼法自身的规律性，同时借鉴了国际上的有益经验。比如，在1996年刑事诉讼法修订过程中，立法机关在总结刑事诉讼法执行十几年经验的基础上，立足国情，借鉴外国的有益经验，作出如下规定：“未经人民法院依法判决，对任何人都不得确定有罪。”这一规定表明：第一，人民法院的判决必须根据事实和法律作出；第二，判决必须依照法定程序作出；第三，未经人民法院判决，不能确定他人有罪。我国刑事诉讼法规定的原则，不同于西方的无罪推定原则。② 不能说我国刑法照搬了西方的无罪推定原则，但是，我国刑事诉讼法吸收了西方无罪推定原则的精神。应当说，制度规范是司法程序运行的标准和指引，这些制度规范既体现为基本价值、理念、原则、规则、制度等司法程序的应然状态，停留在书本上的制度规范或者人们对制度规范的理解之中，又可以通过司

---

① 季卫东：《法律程序的意义——对中国法律建设的另一种思考》，载《法治秩序的建构》，中国政法大学出版社1999年版，第23页。

② 郎胜主编：《〈关于修改刑事诉讼法的决定〉释义》，中国法制出版社1996年版，第23~26页。

法程序参与者的诉讼行为转化为实然状态，具体反映在法律行为、法律关系的产生中。司法程序的运行过程就是有关司法程序的制度规范从应然状态向实然状态转化的过程。

（五）环境要素

司法程序不能在真空中运行，而只能在特定的司法环境中运行。司法环境是司法程序运行所必须依赖的客观环境，它涉及经济、政治、文化等社会生活的各个领域，包括经济环境、政治环境、文化环境、社会环境等诸多方面。良好的司法环境是保障司法程序有效运行的重要因素和基础条件。环境要素就是指一国对司法程序产生直接或间接影响的国情。因此，司法程序运行必须考虑现阶段的中国国情。当前，随着依法治国、建设社会主义法治国家基本方略的全面实施，法治建设得到应有的重视，这为司法程序的有效运行奠定了坚实基础；中国特色社会主义法律体系形成，为司法程序有效运行提供了完备的制度规范；市场经济的发展为司法程序的有效运行提供了广阔的空间；公民法律意识的增强有利于司法程序的顺利运行。当然，在看到当前影响司法程序有效运行的有利因素时，也要客观地判断当前影响司法程序有效运行的不利因素。这就需要运用历史发展和辩证的观点，综合判断当前影响司法程序有效运行的有利因素和不利因素，并借此对我国司法程序进行相应的修正和调整。

三、司法程序的结构

从广义上说，系统是由元素和结构共同构成的。系统的结构是元素之间一切联系方式的总和。[①] 司法程序自然也是一个系统。所谓司法程序的结构是指构成司法程序的不同要素之间的地位和相互关系。司法程序的系统是由司法程序的结构和要素共同构成的，两者缺一不可。司法程序是由若干个要素组成的，这些要素并非不讲规则和杂乱无章地排列

① 苗东升：《系统科学精要》，中国人民大学出版社1998年版，第32页。

在一起。这些要素之间相对稳定的、有一定规则的联系方式的总和则构成了司法程序的结构。司法程序的结构并非自主形成，在司法程序结构背后存在一种立法者赋予的内在精神和目的，它直接影响甚至决定司法程序结构，这就是司法目的。因此，司法目的与司法程序结构是关涉如何遵循司法规律配置司法权的基础性问题。

（一）司法目的与司法程序结构的辩证关系

按照现代汉语词典的解释，“目的”则是指“想要达到的地点或境地；想要得到的结果”。“目的”作为哲学的一个基本范畴，是指人们在进行有意识的活动时，基于对客观事物本质和规律的认识，而对其活动结果的预先设计，实际上是以观念形式存在于人的头脑中的理想目标，它是人的自身需要与客观对象之间的内在联系的一种反映。[①] 司法目的，是以观念形式表达的，国家创建司法制度所期望达到的目标或结果。它反映的是国家对司法活动以及司法权运行的认识而预先设计的理想模式。司法目的虽然体现为一种观念形态，但是司法目的不是凭空确立的，归根到底由当时的社会物质生活条件所决定，并同时受到该国历史文化传统、风俗习惯等影响。不同国家的司法目的，会因为各国经济、社会、政治、文化等方面的差异而存在不同。而且一个国家的司法目的也会随着该国经济社会发展而出现调整和变化。因此，司法目的具有复杂性、非单一性和层次性特征。司法目的的复杂性是指司法目的属于观念形态，不同主体在不同时期对司法制度的认识会存在很大差异。目的本身的复杂性决定了司法目的的复杂性。“目的本身十分复杂，主要表现为目的有多种主体，而即使是同一主体，目的又有多种分类，可以说不同的人，不同的时代，根据不同的分类标准，对目的都有着不同的认识。”[②] 司法目的的非单一性是指司法目的不止一个，可以根据不

① 王天林：《原则抑或目的——刑事诉讼“双重目的论”之逻辑悖反及其伪成》，载《华东政法学院学报》2010 年第 3 期。

② 陈金钊：《目的解释方法及其意义》，载《法律科学》2004 年第 5 期。

同标准进行分类。比如，在我国刑事诉讼目的的确定问题上，刑事诉讼法学界主要有“犯罪控制论”、“惩罚犯罪与保障人权并重论”和“自由和安全论”等主要观点。[①] 民事诉讼的目的，在民事诉讼法学界有“权利保护说”、“私法秩序维护说”、“纠纷解决说”、“程序保障说”以及“利益保护说”等主要观点。[②] 行政诉讼法学界则根据行政诉讼法原理，从解决纠纷、监督行政与救济权利这三个方面对行政诉讼目的进行不同形式的组合，形成了“三重目的说”、“二重目的说”和“唯一目的说”等三种主要观点。“三重目的说”，认为行政诉讼目的就是为了保证行政诉讼活动的顺利进行，维护和监督行政权，保障行政相对人的合法权益。“二重目的说”，认为行政诉讼目的是为了维护和监督行政权以及相对人合法权益。“唯一目的说”，认为行政诉讼目的就是为了保障行政相对人合法权益。[③] 司法目的的层次性是指司法目的之间的地位不一样，处于不同的层次之中。司法目的的层次性源自司法活动的内在属性和国家、社会及其一般社会成员对司法活动的需要。司法活动由原告、被告、法院三方所构成的基本构造，决定了司法目的的层次性。并且司法活动的不同阶段所指向的对象不尽相同，由此决定了每一阶段所追求的价值目标的差异。因此，把司法目的看作某一孤立单纯的理念，这本身并不科学。司法目的应具有多层次，可以从不同角度进行分类。司法的直接目的国家创建司法制度所追求的具体目标和直接结果，司法的直接目的就是定分止争、解决纠纷、恢复秩序；司法的根本目的是通过直接目的体现出来的立法者所期望实现的法的价值，比如实现社会公平正义、自由和安全等；司法的最终目的则是利益保障。这三个层次的司法目的相互依存、相互作用，共同影响司法活动的全过程，

---

① 陈建军、喻永红：《论我国刑事诉讼目的、价值的定位及其实现条件》，载《河北法学》2004 年第 1 期。

② 李祖军：《民事诉讼目的论纲》，载《现代法学》1999 年第 5 期。

③ 谭宗泽：《行政诉讼目的新论——以行政诉讼结构转换为维度》，载《现代法学》2010 年第 4 期。

也直接决定了司法程序结构。

司法目的与司法程序结构有着内在联系。一方面，司法目的是司法程序结构的前提和基础，司法目的决定司法程序结构的内容和类型。司法目的一旦确定下来，司法程序结构的内容必然服从和服务于司法目的。司法目的处于决定性、支配性因素的地位，而司法程序结构的内容则要随司法目的的需要而变化，处于被决定、被支配的地位。由此，在司法程序结构中，原告、被告、法院三方在司法活动中所处的地位及其相互关系的格局，是实现司法目的的手段。司法目的决定司法程序结构的类型。不同的司法目的，必然要求有与之相适应的司法结构类型。比如，基于司法目的在当事人权利与法院权限配置重心的不同，司法程序结构也就出现了当事人主义类型和职权主义类型。另一方面，司法程序结构是实现司法目的的手段和方式。司法程序结构是影响司法目的的提出和性质的现实条件，司法程序结构的提出必然要考虑一国制度设计和客观现实条件。因此，司法目的在很大程度上又是司法程序结构的产物。从这个意义上讲，司法目的又依赖于司法程序结构，受司法程序结构的制约和限制。实现司法目的，必须借助一定的司法程序结构，实质上是要将司法权配置于司法程序之中，而司法权的配置必须遵循司法规律。

（二）司法程序结构的分类

司法程序结构是司法程序主体在司法程序中的地位和相互关系，因此可以根据不同标准对其进行分类。

1. 纵向结构与横向结构

司法程序的纵向结构与横向结构的分类，主要在于研究司法程序中不同程序间的外部联系以及程序主体的内在权力配置问题。因此，可以这样说，司法程序的纵向结构是司法程序的外部程序联系结构，司法程序的横向结构则是司法程序主体的内部权力配置结构。

司法程序的纵向结构是指司法活动中各种不同程序之间的相互关

系。由于法律文化传统以及司法制度的差异，各国司法程序之间的联系形式并不一致。在我国，存在着刑事诉讼、民事诉讼以及行政诉讼三大诉讼制度，并且不同的诉讼制度之间也存在较大差异。其中，刑事诉讼与民事诉讼、行政诉讼程序间的差异较大。一般而言，司法程序大致包括审查起诉程序、应诉答辩程序以及审判程序，当然，在不同的诉讼制度中，其称呼上会有一些差异，但这些程序所要发挥的功能基本上是一致的。比如，对于民事诉讼和行政诉讼来说，先由原告向人民法院提起民事诉讼或者行政诉讼，也就是通过当事人的起诉首先启动了司法程序，然后就是被告应诉答辩程序，随着程序不断向前推进，也就开启了审判程序。这些程序体现了司法程序的不同阶段，这些程序之间也是环环相扣、紧密相关的。相较于民事诉讼和行政诉讼，刑事诉讼的司法程序结构略有不同。刑事诉讼结构大致包括侦查程序、起诉程序、辩护程序和审判程序，也就是在起诉程序前还存在一个侦查程序。并且，在我国，侦查程序是作为独立的诉讼阶段与起诉、审判并列而存在，这与英美以审判为中心、侦查程序包含在准备程序之中不同。刑事诉讼法第7条规定，人民法院、人民检察院和公安机关进行刑事诉讼，应当分工负责，互相配合，互相制约，以保证准确有效地执行法律。在我国刑事诉讼程序中，公安机关行使刑事案件的侦查、拘留、执行逮捕、预审职能，检察机关负责批准逮捕、检察机关直接受理的案件的侦查、提起公诉和依法对刑事诉讼实行法律监督；法院依法独立行使审判权并有一部分执行权。从理论上来讲，公安机关进行侦查，检察机关对公安机关的侦查结果进行审查并提起公诉，按照程序的不断推进最终由法院进行审判，因此我国刑事诉讼也应当是以审判为中心的。但是，为了快速高效地打击犯罪，法律确定了侦查机关、检察机关、审判机关分工负责、各自独立的程序结构，从侦查、起诉到审判是连锁顺承的关系，侦查机关在侦查结束形成侦查结论后，检察机关以起诉书的形式将侦查机关的侦查结果传递给审判机关，审判机关通过审查侦查卷宗和证物并最终形成判决书。由此，虽然在刑事诉讼中审判机关和侦查机关基本不发生联系，检察机关和审判机关也不干预侦查机关的侦查活动，但是审判机关的审理活动也就成为检验侦查材料是否有误的重要手段。因此，侦查机关在刑事诉讼中处于相对重要的地位，拥有超强的自决权，影响控制着刑事诉讼的每一个环节，检察机关和审判机关的诉讼活动都会受到侦查机关直接或间接的影响。这种刑事诉讼的构造实质上是以侦查为中心而不是以审判为中心的职权式诉讼模式，其目的在于强化审前程序，确保侦查权顺利实施。

司法程序的横向结构是指司法程序主体在司法活动中的地位及其相互关系。司法程序主体以何种关系进行组合，这是司法程序构造的重点。换言之，司法程序的横向结构实际上解决的是哪个主体在司法程序中处于主导地位问题。从司法程序三方构造的常规形态来看，司法程序主体在司法程序中的地位和相互关系主要有三种样式：当事人主义司法程序、职权主义司法程序以及协同主义司法程序。当事人主义司法程序无疑强调当事人在司法程序中的主导地位，当事人决定司法程序的启动、续行和终结。而作为司法程序一方主体的司法机关尊重当事人的司法程序主体地位。司法机关是程序的组织者和协调者，其首要职责是维护司法秩序，确保司法程序顺利推进，但是司法机关不依职权积极干涉当事人对程序的主导权。当事人主义司法程序显然契合了司法的被动、保守和消极的特性。正如任何一种事物均有其两面性，当事人主义司法程序也不例外，在注重对当事人程序权利保障的同时，也容易助长当事人滥用程序权利，直接影响司法效率，最终难以实现当事人期盼的实质正义。职权主义司法程序则是强调司法机关在司法程序中的主导地位。司法机关是司法程序的主体，其他程序参与人不过是司法程序的客体而已，司法机关不受当事人意志的约束，可以对当事人的程序选择权或处分权进行必要干预和控制，从而确保司法程序在司法机关的职权干预下顺利推进，避免当事人实施司法行为的不均衡结果，有利于实现实质正义和保障司法效率。正如当事人主义和职权主义都会出现失灵情况，因此过于强调一个方面或者将其中一个方面推向极端都是不科学的，很难实现司法程序预期的效果。为此，需要在职权主义和当事人主义之间寻求一条中间道路，能够同时发挥当事人和司法机关两方面的积极性，当事人及其诉讼代理人在司法机关的参与、协助和指导下，一起推动程序的进行，这就是协同主义司法程序。协同效应，是管理学上的一个术语，说的是管理的不同主体与环节之间，通过相互配合，相互协作实现优势互补，发挥出 1 + 1 > 2 的整体效果。在协同主义司法程序运行中，以职权主义为前提，辅以当事人主义，将司法机关推动程序进程的程序裁量权与当事人的程序参与权相整合而形成的一种分权制约机制。[①] 事实上，协同主义司法程序就是在原职权主义司法程序模式基础上适度承认当事人的程序参与权，这有助于调动当事人参与司法程序的积极性，有助于增强当事人对司法裁判的接纳度和信服度，同时，也有利于降低诉讼成本，提高诉讼效率，增强司法程序的社会适应性。协同主义司法程序的运行需要具备相应条件：一是尊重司法机关和当事人作为推动程序运行的共同主体，保障司法机关的程序裁量权和当事人的程序参与权；二是明确司法机关与当事人的权限范围和责任分担，有效发挥司法机关对当事人程序选择权的规制作用和当事人对司法机关程序裁量权的监督作用；三是强调司法机关与当事人之间的相互协作，充分发挥各自优势，实现司法程序整体效果。

2. 时间结构与空间结构

根据司法程序结构是按照时间还是空间为区分标准，可以将司法程序结构分为时间结构与空间结构。所谓时间结构是指司法程序在运行过程中呈现出来的内在时间节律，体现了司法行为各个阶段的步骤、顺序和期间。步骤就是司法程序主体完成某一程序所要经过的若干阶段。这些阶段是按照司法行为程序发展进程来设计的，体现了司法规律和人们对某种价值目标的追求。比如，人民法院在刑事一审程序中，一般包括

---

① 熊跃敏、周静：《诉讼程序运行中当事人与法院的作用分担论略——以协同进行主义为视角》，载《江海学刊》2009 年第 3 期。

开庭前的准备工作、开庭、法庭调查、法庭辩论、被告人最后陈述、合议庭评议和宣判等步骤。一审程序是人民法院审判活动的基本程序，是我国刑事诉讼中一个重要的诉讼阶段。顺序就是司法行为在实施过程中各个步骤的先后关系安排。比如，在我国刑事诉讼活动中，具体包括侦查、公诉、第一审程序、第二审程序、死刑复核程序、审判监督程序、刑事执行程序等阶段。这些步骤的先后顺序有其客观要求，不能颠倒这些步骤的先后次序，否则就违背了司法规律。期间就是司法程序的每个具体步骤所持续的时间状态。比如，我国行政诉讼法第57条规定："人民法院应当在立案之日起三个月内作出第一审判决，有特殊情况需要延长的，由高级人民法院批准，高级人民法院审理第一审案件需要延长的，由最高人民法院批准。"这里的"三个月"即为二审判决所能持续的期间。

所谓空间结构是指司法行为的主体及其相互关系以及司法行为的表现形式。具体而言，包括司法程序的主体结构、行为结构、内容结构。司法程序的主体结构是指不同的利益主体在司法程序中所反映出来的不同司法程序主体间的关系。在刑事诉讼中，主要体现为公安机关、人民检察院、人民法院、犯罪嫌疑人等，在民事诉讼和行政诉讼中，主要体现为原告、被告、人民法院等。司法程序的行为结构是指司法程序主体通过一定的司法行为来维护特定的利益，在结构上所具有的一定排序和比例关系。比如，在刑事诉讼中，追诉权所代表的国家或社会利益与被追诉者的诉讼利益在位置上的孰先孰后、比例上的孰大孰小，这便构成了现代刑事程序的利益结构。[①] 同时，司法行为也要通过一定的载体表现出来，例如我国民事诉讼法规定，当事人起诉应当向人民法院递交起诉状，书写起诉状确有困难的，可以口头起诉，由人民法院记入笔录，并告知对方当事人。这里规定了当事人向人民法院提起民事诉讼，以书

---

① 孙记：《现代刑事诉讼结构——一个亟待澄清的概念》，载《甘肃政法学院学报》2008年第5期。

面形式为原则，以口头形式为例外。

3. 静态结构与动态结构

根据司法程序结构的主体地位以及公权力与私权利关系为标准，可以将司法程序结构分为静态结构与动态结构。司法程序的静态结构是指司法程序主体在司法程序中的地位。比如，在刑事诉讼中控、辩、裁三方的特定地位，在民事诉讼和行政诉讼中原告、被告、人民法院三方之间的特定地位。静态结构属于司法程序的表层结构。静态结构反映了司法程序主体在司法程序中的特定地位，不同的地位体现了它们在司法程序中的不同职能分工，也决定了主体相互之间的基本关系。司法程序动态结构是指司法程序主体之间的权力与权利的相互作用关系。动态结构是以司法行为作为联系不同主体之间的纽带，属司法程序的深层结构。在司法程序中，不同的主体享有不同的权利或权力，而且往往是同一主体享有几种不同的权利或权力。权利与权力、权力与权力之间形成了一种错综复杂的权力（权利）关系。不同的权力（权利）在司法程序中发挥的作用也各不相同。这种权力（权利）相互作用关系构成了司法程序的整体结构。[①]

四、司法程序的功能

所谓“功能”是指事物或方法所发挥的有利的作用。[②] 从系统论的角度而言，功能是指系统行为所引起的环境中某些事物的有益变化。[③] 结构与功能是司法程序中紧密相关的两个重要方面，司法程序的结构是司法程序的构成要素之间在时空方面有机联系和相互作用的方式或顺序，是司法程序保持其整体性及具有特定功能的内在根据。司法程序的结构决定其功能，同时司法程序为了实现某些功能可以在一定程度上调

① 白冬、陈灿平：《论刑事诉讼人权保障机制结构》，载《中国刑事杂志》2008 年第 12 期。

② 《现代汉语词典》，商务印书馆 2005 年第 5 版，第 475 页。

③ 苗东升：《系统科学精要》，中国人民大学出版社 1998 年版，第 41 页。

整其结构。因此，司法程序的功能总是在与司法环境的作用中表现出来的。功能具有普遍性，司法程序的功能就是司法程序对国家、社会及社会成员所具有的功效和发挥的作用。司法程序的要素、结构、环境共同决定了司法程序的功能。实践中，设计或者建立具有特定功能的司法程序，须选择具有必要性能的要素，选择最佳的结构方案，还要选择或创造适当的环境条件。

（一）调整功能

作为法律，无论实体法还是程序法都是通过规定人们在法律上的权利和义务以及违反法律规定应承担的责任来调整人们的行为的。司法程序的调整功能就是为了实现司法目的，依据实体法和程序法通过运用一系列司法手段和方式对社会关系施加的有效果的规范组织作用。司法程序的调整功能主要体现在根据程序法确认、建立和发展一定社会关系，使这些社会关系法律化和制度化，形成一定的司法秩序。在我国，刑事程序调整的社会关系，既包括侦查、起诉、审判机关在刑事诉讼中的职权和相互关系，又包括当事人和其他诉讼参与人之间的相互关系，也包括当事人和其他参与人与侦查、起诉、审判机关之间的关系。民事程序和行政诉讼程序调整的社会关系，既包括当事人和其他参与人之间的关系，也包括当事人和其他诉讼参与人与人民法院之间的关系。司法程序调整功能存在于刑事犯罪嫌疑人已经触犯了刑法、具有社会危害性、应当受到刑罚处罚，或者民事诉讼、行政诉讼当事人之间已经就实体权利和义务发生争执、且诉至法院解决，由此形成的社会关系需要通过司法程序进行调整。由于需要调整的社会关系不同，司法程序调整的方式也不尽相同。总体而言，司法程序主要通过三种方式对社会关系进行调整：一是应当，即要求当事人、其他诉讼参与人或者司法机关作出某种行为、承担作出某种积极行为的义务，如行政诉讼法第 32 条规定，被告对作出的具体行政行为负有举证责任，应当提供作出该具体行政行为的证据和所依据的规范性文件。二是允许，即赋予当事人、其他诉讼参与人或者司法机关作出某种积极行为的权利，比如，民事诉讼法第51条规定，原告可以放弃或者变更诉讼请求，被告可以承认或者反驳诉讼请求，有权提起反诉。三是禁止，即要求当事人、其他诉讼参与人或者司法机关承担不为一定行为的义务，比如我国刑事诉讼法明确规定，采用刑讯逼供等非法方法收集的犯罪嫌疑人、被告人供述和采用暴力、威胁等非法方法收集的证人证言、被害人陈述，应当予以排除。这三种调整方式都是司法程序在调整社会关系的过程中对社会关系参加者的权利和义务作出规定的，其中“允许”方式主要是针对诉讼主体的权利，而“应当”和“禁止”方式主要针对诉讼主体的义务，要求诉讼主体作出积极义务（即“应当”）或消极义务（即“禁止”）。应当说，这三种调整方式，各有所用，不可缺一。“应当”方式在司法程序中用在要求诉讼主体准确作出一定积极行为的场合；“允许”方式赋予诉讼主体根据自身需要和利益判断所享有的程序选择权；“禁止”方式是保证诉讼主体程序选择权的必要条件。

（二）对论功能

司法程序无疑能为纠纷当事人提供对席辩论的机会和场所。“所谓对席辩论，或简单地说是对论，指的是当事者各自将自己认为对于彼此来说都是合乎正义的解决向对方作出合理说明的一种社会过程。”① 司法程序中的对论不过是这一社会过程的一个具体体现而已。纠纷产生后，如何解决纠纷，当事人通过对论来明辨是非、形成合意无疑是一个关键环节。美国学者埃尔曼将纠纷解决的方法归为两类：（1）纠纷主体通过协商，自己来确定解决结果。这并不排除作为调解人的第三人在协商中协助解决纠纷。（2）将纠纷交付裁决，这意味着由一位理想的不偏不倚的第三人来决定纠纷的主体哪方优胜。埃尔曼认为，这两种方

① ［日］棚濑孝雄：《纠纷的解决与审判制度》，王亚新译，中国政法大学出版社1994年版，第124页。

法可用以（有时相互交叉）解决民事、刑事和行政纠纷，在缺乏裁决结构的地方或者蔑视诉讼的地方，通过协商解决纠纷是人们倾向性的选择。[①] 日本学者棚濑孝雄把纠纷解决分为根据合意的纠纷解决和法定的纠纷解决。根据合意的纠纷解决，指的是由双方当事者就以何种方式和内容来解决纠纷等要点达成合意而使纠纷得到解决，如当事者或利害关系者通过自由的讨价还价达成合意，从而终结纠纷的谈判过程，其典型是以协商性交涉为基础的调解。根据法定的纠纷解决，指的是第三者就纠纷应当如何解决作出一定的指示并据此终结纠纷，按规范性程度从低到高可以分为四种类型：第一种类型称之为“非合理的决定过程”，即把决定委诸于偶然的情况或者非人力所能控制的自然现象的方面，如以抽签来决胜负等；第二种类型称为“实质的决定过程”，即第三者根据纠纷中各方实质上的是非曲直来作出决定，其决定基准包括当事者在内的社会成员一般接受的实质性道德准则及正义感；第三种类型称为“先例的决定过程”，即把对过去事例的决定适用于与过去事例类似的眼前纠纷；第四种类型称为“法的决定过程”，即将先于决定本身而存在的一般性规则适用于眼前纠纷，第三者的决定权限以及决定责任都缩减到对一般性规则的正确认识、把握和要件事实是否存在的判断上。[②] 应当说，司法程序作为规范性的纠纷解决机制，其运行过程不仅是当事者与司法机关之间在垂直方向上进行信息交换的相互作用过程，同时也是当事者之间在水平方向上进行信息交换的相互作用过程。当纠纷产生后，当事者之间有一个自主交涉过程，一旦诉讼外的交涉陷入僵局，则可以通过司法程序使这种自主交涉换一个场合得以继续进行。“当事者必须诚实地向对方说明自己主张的合理根据这一对论本质上具有的功能，一旦通过诉讼展开，即意味着法官以某种方式促进其实现或恢复。

---

① ［美］埃尔曼：《比较法律文化》，贺卫方、高鸿钧译，三联书店 1990 年版，第 155 页。

② ［日］棚濑孝雄：《纠纷的解决与审判制度》，王亚新译，中国政法大学出版社 1994 年版，第 10 ~ 17 页。

这就是诉讼所具有的交涉恢复功能。”[①] 司法程序无疑为陷入僵局的诉讼外自主交涉引入了自己特有的恢复交涉的机会和场所，从而使交涉在诉讼内和诉讼外保持连续性。在现代社会中，这一对论过程以公开方式进行，当事者都有参与这一对论程序的机会和权利。在这一过程中，当事者有权就纠纷的事实及其处理提出主张，陈明理由，并可以与对方展开辩论。不管最后的裁判结果如何，这一机制无疑可以为当事者提供说理和情绪表达的机会和平台。

（三）发现功能

司法程序因冲突事项需要通过司法程序解决而启动，此时有待程序解决的冲突事项已经发生，且在司法程序启动时已经成为过去的事情。此时，司法程序为当事人、其他诉讼参与人以及司法机关提供发现过去事实的机会。当然，这个“过去”事实只能是法律意义上的过去，即通过当事人提供的信息和证据而在法律上确认的“过去”[②]，而非过去客观事实的真实再现。因此，法律事实与客观事实并不相同，法律事实是建立在当事人提供的信息和证据基础上的，如果没有信息和证据，不能认定其为真实。司法程序则“通过当事人的举证责任的分担和公开的论证过程，来保证信息和证据的可靠性，以及对事实与规范进行解释的妥当性”[③]。如美国民事诉讼程序专门设置了发现程序（Discovery），以此来保全审理时不能出庭的证人证言；暴露事实；明确争执点；把证言冻结起来防止伪造；当双方当事人发现他们之间唯一争执点为法律争执点时，便于援用简易判决程序；经过仔细的调查，双方摸清了对方的事实与法律点的分量后，很可能进行和解；即使不能避免进行审理，运

① ［日］棚濑孝雄：《纠纷的解决与审判制度》，王亚新译，中国政法大学出版社1994年版，第127页。

② 石茂生、赵世峰：《司法程序的构成要素和价值特征》，载《河南司法警官职业学院学报》2009年第1期。

③ 季卫东：《法律程序的意义——对中国法律建设的另一种思考》，载《法治秩序的建构》，中国政法大学出版社1999年版，第26页。

用得当的发现方式能为审理做好准备使审理的事项达到具体化程度。[①]由此可见，司法程序的发现功能主要在于通过信息和证据发现事实、明确争议焦点、促成和解，以及补充诉讼程序等作用。其中，发现法律事实则是司法程序发现功能的前提和基础。当事人必须证明赢得其诉讼请求或抗辩所必须证明的事实，并且承担证明责任的当事人必须通过证据来解除这一责任，说服法官作出有利于他的判决。其中，“证据制度通过规范证据的发现、收集、审查及运用的过程，通过规范证据资格等，为发现真实提供了最大程度的保障”。[②] 诉讼中的举证、质证与认证问题是为法官在庭审中了解和发现案件事实真相，认定案件性质以及能为法庭科学裁判提供法律事实依据的关键性的诉讼程序问题。在我国三大诉讼中，举证、质证与认证一般来讲都有其相同或相似的做法。但由于三大诉讼所反映与调整的诉讼对象之不同，因此，它们又各有其自身的内涵与特点。举证是质证、认证的前提，质证是认证的基础，认证是举证、质证的结果，举证、质证、认证都是为了最终确定有关证据的有效性、真实性、合法性，并以此认定案件事实，依法作出裁判。以事实为根据、以法律为准绳，是人民法院审理案件的基本原则。尽管法律事实与客观事实很难吻合，但是法庭应当通过公开、公正程序，努力追求法律事实与客观事实的一致，以达到“内心确信”。如最高人民法院《关于行政诉讼证据若干问题的规定》第 54 条规定：“法庭应当对经过庭审质证的证据和无需质证的证据进行逐一审查和对全部证据综合审查，遵循法官职业道德，运用逻辑推理和生活经验，进行全面、客观和公正地分析判断，确定证据材料与案件事实之间的证明关系，排除不具有关联性的证据材料，准确认定案件事实。”应当说，在正常情况下，运用司法程序的发现功能做到法律上的真实，裁判结果就应当认为是公正的。

---

① 沈达明编著：《比较民事诉讼法初论》（上册），中信出版社 1991 年版，第 90 页。

② 宋英辉、李忠诚主编：《刑事程序法功能研究》，中国人民公安大学出版社 2004 年版，第 113 页。

（四）预见功能

司法程序作为事先确定的当事人、其他诉讼参与人以及司法机关在纠纷解决过程中所应遵循的步骤或者方式，对于程序主体以及社会主体而言无疑具有可预见性。司法程序的步骤或方式哪些是应当做的、允许做的以及禁止做的，事先在法律规范中有明确规定。因此，人们可以预先知晓或者估计到程序主体相互间如何行为，特别是司法机关将如何对待人们的行为，进而根据这种预知来做出行动安排和选择。当然，司法程序的可预见性主要取决于以下方面的制度安排：一是司法程序应当是法定的。法定司法程序的优势在于这种司法程序因为法律规定所具有的法定性、普遍性和规范性。总体而言，这里“法”的形式范围主要包括法律、司法解释和其他规范性文件以及法的精神和原则。二是司法程序应当符合程序理性要求。这里的程序理性原则的基本内容是“裁判者据以制作裁判的程序必须符合理性的要求，使其判断和结论以确定、可靠和明确的认识为基础，而不是通过任意或者随机的方式作出”。[①] 程序理性对于当事人和其他诉讼参与人的程序选择权或者司法人员的自由裁量权无形中具有规制作用。三是裁判结果的可预见性。在司法程序中，当事人和其他诉讼参与人或者司法人员的相互行为都可能对司法程序的运行产生影响。在这种复杂的互动关系中，如果没有一套公认的司法程序规则，去据以预测自己行为和选择的后果，裁判结果就难以让人信服。司法程序的预见功能正可以减少行为的偶然性和盲目性，提高行为的针对性和实际效果。并且，司法程序不仅能保证纠纷当事人对裁判结果具有一定的预见，而且通过程序公开、程序参与等方式提高社会公众对裁判结果进行预见的可能性。[②] 例如，根据刑法和刑事诉讼法的规定，当事人可以预见到在侦

---

① 陈瑞华：《程序正义理论》，中国法制出版社 2010 年版，第 105 页。

② 樊崇义、史立梅等：《正当法律程序研究——以刑事诉讼程序为视角》，中国人民公安大学出版社 2005 年版，第 141 页。

查、起诉、审判活动中什么样的行为是合法的或非法的，将会承担什么样的法律后果等。

（五）息讼功能

司法程序与其他纠纷解决手段在适用上有着前后承继关系，当纠纷不能以其他方式解决时，通过司法程序加以解决具有终局性，即“司法最终解决”原则。因此，无论是制度安排，还是当事人的心理承受均要符合该原则要求。息讼自然成为司法程序主要的追求目标之一，在相应的制度安排上，也应当更加重视调解和释明工作，发挥息讼功能。纠纷一旦提交司法程序解决，以三方为基本构造形态的司法过程必然要求存在一个处于中立和超然地位的司法机关，以及两个处于同等诉讼地位的当事人。在司法程序过程中，任何一方的缺席都会制约司法程序的运行。这种以三方为基本构造形态的结构有利于促使当事人在司法程序中进行沟通协调，因此任何一方不能无故缺席，否则要承担相应的法律后果。比如，我国民事诉讼法第 109 条规定，人民法院对必须到庭的被告，经两次传票传唤，无正当理由拒不到庭的，可以拘传。行政诉讼法第 48 条规定，经人民法院两次合法传唤，原告无正当理由拒不到庭的，视为申请撤诉；被告无正当理由拒不到庭的，可以缺席判决。这种安排无疑就是为了保证各方当事人能够固化在司法程序中。当事人只要在司法程序中，那么就存在和解的可能和机会，一旦有机会就可以促使当事人达成和解，实现矛盾的根本性解决。同时，司法程序还有利于处于中立和超然地位的司法机关兼听双方当事人意见，在这一过程中，当事人有权就纠纷的事实及其处理提出自己的主张，陈明自己的理由，并可以与对方展开辩论。不管最后的结果如何，司法程序为当事人提供了说理、情绪表达以及发泄怨恨的条件和机会。司法程序的运行过程可以尽可能地吸收当事人的不满和抵触，做好思想疏导，化解当事人心中的疑团，进而促使其服判息诉。法院通过依法受理和审判案件，有利于引导当事人以理性、合法的方式表达自己的意愿和要求，并且随着司法程序的推进，各方当事人能够及时掌握和了解彼此的证据、事实、诉讼请求和主张，并预见自己的诉讼请求和主张能否得到法院的支持。通过裁判文书的充分说理，就裁判的事实审查、证据认定、裁判理由等问题向当事人进行解释和说明，这样可以很大程度上消除当事人的误解情绪，促使当事人在心理上尊重和接受司法机关作出的裁判结果，实现案结事了。

（六）保障功能

司法程序的保障功能无疑与司法程序具有国家强制力有关。司法程序是由国家创制或认可的，这就决定了司法程序具有统一性、普遍性和权威性。司法程序必须由专门的国家机关以强制力保证实施，这些专门的国家机关主要包括公安机关、检察机关、人民法院、监狱等。当然，司法程序必须依靠国家强制力作保障，但并不意味着司法程序运行的整个过程都必须直接借助于国家强制力来维持或者国家强制力是司法程序运行的唯一保障力量。当事人和其他诉讼参与人的积极主动参与往往更为重要。由此可见，国家强制力严格地说是司法程序顺利运行的最后防线。司法程序保障功能的发挥是通过司法程序赋予当事人及其他诉讼参与人参与诉讼的权利，并由法院依据规则作出裁判，阻止侵权，明确权利归属，补偿或赔偿当事人的损失，恢复正常的关系状态，消除受侵害当事人的不满。司法程序得以顺利运行，首先得益于程序法对于保障司法程序运行作出了明确规定。比如，我国三大诉讼法对于案件管辖均作出规定，当案件管辖权出现争议时，可以按照三大诉讼法的规定进行处理。又如，我国三大诉讼法以及最高法院有关证据的规定均对证据的收集、举证、质证、认证等作出规定，从而确保法庭依据法定证据认定案件事实。为了保障司法程序的顺利运行，我国三大诉讼法对于妨害诉讼行为作出了制裁性规定。并且，为了确保生效裁判得到执行，我国三大诉讼法对于执行程序也有专门规定。

五、司法程序的价值

司法程序作为调整人与人之间关系的规范体系，存在着人们如何对其进行价值判断的问题。价值问题的研究在我国哲学、伦理学、经济学、法学等诸多学科研究中日益受到重视，司法领域也已经关注这一问题，当然其中有许多方面需要深化研究。

（一）司法程序价值的界定

研究司法程序价值需要首先了解“价值”这个概念的用法。按照《现代汉语词典》的解释，“价值”的一种含义主要从经济学上与使用价值相对而言，指“体现在商品里的社会必要劳动。价值量的大小决定于生产这一商品所需的社会必要劳动时间的多少。不经过人类劳动加工的东西，如空气，即使对人们有使用价值，也不具有价值”。“价值”的另一种含义是指一事物对人的“用途或积极作用”。[①] 马克思主义认为，“‘价值’这个普遍的概念是从人们对待满足他们需要的外界事物的关系中产生的。”[②] 当前我国理论界在关于价值的本质问题的讨论中，大都从主客体的关系上去思考，认为价值产生并存在于人（主体）与客观事物（客体）的关系之中，是客观事物的存在及其属性对人的需要的满足。但是不同学者在强调侧重点上有明显差异，存在两种对立的观点：一种是主体价值论，侧重于主体，认为价值主要因主体而产生，是主体赋予客体以价值，是人的需要选择了客体的某种属性；另一种是客体价值论，认为客体是价值载体，客体的属性和功能是产生价值的主要依据。[③] 无论是主体价值论还是客体价值论都有其合理之处，但同时也存在缺陷。应当说，马克思主义价值观的科学之处在于其最大特点是

---

① 中国社会科学院语言研究所词典编辑室编：《现代汉语词典》，商务印书馆2005年版，第658页。

② 《马克思恩格斯全集》（第19卷），人民出版社1963年版，第406页。

③ 严存生：《法的价值问题研究》，中国政法大学出版社2002年版，第3页。

从主体的人的愿望与客体的客观属性两方面出发去阐明价值的本质和内涵，强调只有将主客体统一起来，才能正确理解价值，单纯“主体需求”与单纯的“客观满足”都不能全面理解价值。[①] 事实上，单纯强调价值主体（人）的需要或者价值客体（客观事物）的属性并不科学，价值就是人和物的这种需要与满足的对应关系，客观事物的属性与人的需要之间紧密关联、缺一不可。

在法学领域，有不少学者关注法的价值或法律价值。关于司法程序价值的界定，在我国诉讼法学理论中存在着一些不同观点，其中有观点把程序价值归结为它的“效用”或者“作用”，认为程序只要对一定的主体有用，它就有价值；有观点把程序价值归结为它的“功能”或者“属性”，认为价值并非事物的有用性，程序价值在本质上是它能够满足主体需要的各种属性或者功能；有观点把程序价值归结为一定的利益，在根本上是一种应该满足和实现的国家的整体利益；也有观点把程序价值归结为人们对于其好坏的一种主观性评价，认为价值是程序内在的固有的“善”。[②] 其他还有一些观点，这里不一一列明。从马克思主义价值观来审视上述观点，无论是单纯从主体需求角度来强调程序价值的“效用”、“作用”、“利益”或者“意义”，还是单纯从客体满足角度来强调程序价值的“功能”、“属性”或者“善”，都是不全面的，更不能把价值与之相等同。司法程序价值必须把司法程序的属性与人的需要统一起来，只有在主客体之间的互动关系中才能找准价值的本质。结合上述分析，可以把司法程序价值界定为，在人（主体）与司法程序（客体）的关系中体现出来的司法程序的积极意义或有用性。司法程序有无价值、价值大小，既取决于作为客体的司法程序的客观属性，又取决于作为主体的人对这种司法程序的需要，取决于这种司法程序能否满足人的需要以及满足的程度。司法程序价值既具有客观必然性，不以人

---

① 杨震：《法价值哲学导论》，中国社会科学出版社2004年版，第4页。

② 刘晓兵：《刑事程序价值论》，中国检察出版社2009年版，第2～3页。

的意志为转移，又具有主体性，表现为价值的变异性和多维性。[①]

关于法律价值或者法律程序价值的构成，学术界观点也不一致。有观点认为法律价值有三种不同的使用方式，一是“法律的目的价值”，指法律在发挥其社会作用的过程中能够保护和增加的价值，其中秩序、自由、正义和效益四种价值应当是最基本和最为重要的价值；二是法律评价的标准，指法律所包含的价值评价标准；三是法的“形式价值”，指法律自身所应当具有的值得追求的品质和属性。[②] 有学者认为法的价值包括：1. 法的工具性价值（或称之为服务性、中介性价值），即法作为社会关系的调整器是确认、保护和发展其他价值的工具；2. 法所中介的各种价值，主要包括自由、秩序、正义和效益；3. 法本身的价值，即法作为法所固有的、满足主体法律需要的价值。[③] 也有学者从价值实现与否上把价值分为：1. 实际的价值，又称为实然的价值、现实的价值，即实在法已发挥的实际作用或已产生的实际效果；2. 应有的价值，又称为应然的价值、潜在的价值，即在理想的条件下它可能产生的最好效果或理想的法的理想作用。[④] 也有学者认为刑事审判程序价值可区分为两个基本层面：一为“程序的外在价值”，又称为作为手段和工具的价值，指我们据以评价和判断一项刑事审判程序在形成某一公正裁判结果方面是否有用和有效的价值标准，主要是实体主义、和平、安全、秩序等价值；二是“程序的内在价值”，又称为作为目的的价值，指我们据以判断一项刑事审判程序本身是否具有善的品质的标准，即如果某一事物是达到或实现某一外在目的的必要或充分的手段，那么它就有价值，或者是善的。[⑤] 也有观点把刑事程序价值分为刑事程序的目的价

---

① 孙国华主编：《法理学教程》，中国人民大学出版社 1994 年版，第 95 页。

② 张文显主编：《马克思主义法理学——理论、方法和前沿》，高等教育出版社 2003 年版，第 224 页。

③ 孙国华主编：《法理学教程》，中国人民大学出版社 1994 年版，第 96 ~ 103 页。

④ 严存生：《法的价值问题研究》，中国政法大学出版社 2002 年版，第 29 页。

⑤ 陈瑞华：《程序正义理论》，中国法制出版社 2010 年版，第 138 ~ 140 页。

值、刑事程序的工具价值、刑事程序的社会价值三个层次。[①] 还有观点把刑事正当程序价值分为正当程序的经济价值、道德价值、表现价值、社会价值四个方面。[②] 应当说，关于法律价值、法律程序价值构成的观点还有很多，这些观点由于分析视角不同，得出结论差异很大，也属正常。这里不准备一一分析和评价这些观点利弊得失。可以肯定地说，这些观点对于研究并提出司法程序价值构成有着借鉴意义。从上述分析可以看出，司法程序价值是在作为主体的人和作为客体的客观事物的关系中体现出来的积极意义或有用性。因此，作为客体的司法程序的属性是客观存在或自然存在的，作为主体的人的需要是社会存在或对人的存在。为此，司法程序价值也要体现这两个方面存在，即自然存在和社会存在。从这个角度来说，司法程序价值可以分为自然价值和社会价值两个方面。

（二）司法程序的自然价值

司法程序具有价值，首先在于有司法程序的存在，并且该司法程序自身具备了某种客观属性。司法程序的价值的根据在于司法程序具有某种属性，这种属性能满足人的某种需要，因而它有价值。当然，这里不能说司法程序的客观属性就是价值本身。司法程序的客观属性只有与人的需要发生关系时，或者说对人发生作用或影响时，才产生价值问题，才使可能变为现实。司法程序作为司法机关解决纠纷所应遵循的步骤、顺序、方式，其自然固有、由其性能和特殊的制度、机制、规范等反映出的，满足社会和个人司法需求的价值，这就是司法程序的自然价值。司法程序之所以有实现社会价值的能力，就在于司法程序具有特殊的自然价值。司法程序的社会价值是司法程序价值的主导，司法程序的自然价值是司法程序价值的从属，司法程序的自然价值服务于司法程序的社

① 刘晓兵：《刑事程序价值论》，中国检察出版社2009年版，第2～3页。

② 魏晓娜：《刑事正当程序原理》，中国人民公安大学出版社2006年版，第320～325页。

会价值。司法程序的自然价值是实现司法程序的社会价值的基础。司法程序的自然价值主要包括以下方面：

1. 合法价值。司法程序是由一整套基本价值、理念、原则、制度、规范构成的，司法过程的每一个环节、步骤、顺序和方式都有明确的法律规范规定，当事人和其他诉讼参与人以及司法机关都要依照法律规定的权限进行操作。司法程序作为一种制度安排具有相对稳定性、连贯性特点，同时适应社会发展需求及时进行调整，从而保持灵活性和活力。

2. 正当价值。人是一种理性动物，愿意按照理性程序，而不是通过随意的或专断的程序来决定事情。正当价值在于司法程序中蕴涵了司法规律、理性和经验，能使程序运行中的阻碍和浪费最小化、效果和支持最大化。同时，对于那些参与其中或受影响的人而言，正当程序通常能够使人预见那些关于他们的正在或者即将发生的事情是什么和为什么。

3. 公开价值。司法程序中所使用的规则和标准相对于程序参与者来说，必须是透明的，并尽可能地向参与者解释。对于人民法院而言，我国人民法院组织法、刑事诉讼法第 11 条、民事诉讼法第 10 条、行政诉讼法第 6 条均规定了审判公开的原则，这是司法公开价值在审判程序中的具体体现。作为一项基本的诉讼原则，审判公开原则要求审判过程、审判结果以及裁判文书实现公开。

4. 民主价值。司法民主的存在首先应当保障参与者的参与权，司法程序的大门应该是敞开的，所有符合司法程序要求和条件的人都应该有机会参与到程序之中。司法民主还要求保障社会公众参与司法程序，只有参与程序之中，才能知晓和理解司法过程，也才有可能对司法过程进行监督。人民陪审员制度是保障广大人民群众参与并监督司法的重要形式。同时，加强对司法活动的监督是司法民主的重要内容，也是司法民主的有力保障。

5. 中立价值。进入司法程序的当事人诉讼地位应该是平等的。裁判者作为解决对立双方纠纷的第三人，应当在纠纷对立的双方参与者之间保持一种超然和不偏不倚的态度和地位，应当给予各方参与程序者以平等参与的机会，对各方的证据、主张、意见以同等对待，对各方的利益予以同等的尊重和关注，不得对任何一方存在偏见和歧视。在同等听取并重视各方的交涉意见后，居中作出裁判。

6. 及时价值。及时是司法程序的一项重要评价尺度。司法程序如迟缓和拖延，难免影响其结果。“迟来的正义为非正义”。及时本身即为一种程序价值。及时要求司法程序既不能迟延，也不能草率，否则会导致司法程序运行周期大大延长，待处理的法律关系长期处于不确定状态，或者会导致司法过程流于形式，无法得到社会的信任和尊重。

7. 终结价值。司法程序运行过程应该有终点，缺少最终的结果等于不适当地延长了司法过程。司法程序无法终结，无论对于程序参与者还是社会都是无法接受的。司法程序无休止地运行下去，既不能给当事人及时带来公正的裁判结果，使被破坏的社会关系无法及时得到修复，又会造成有限司法资源的持续浪费，同时也会不断吞噬司法权威。因此，“对于司法程序而言，终局性的裁判是首要的程序价值，因为它能够使当事人免于缠讼而重归于宁静与自由的生活”。[①]

（三）司法程序的社会价值

司法程序作为一种制度安排是在社会系统中运行的，除了具有自身的自然价值外，还有服务、保障和实现的社会价值。司法程序的社会价值既是人通过司法程序所要达到的目的，如秩序、自由、效益、正义等，同时也是人类社会通过各种手段和活动所追求的目标。这类目标并不是司法程序的自然价值，而只是司法程序作为社会调整手段之一所追求的社会价值。司法程序的自然价值是其自身的价值，司法程序的社会

① 张文显主编：《马克思主义法理学——理论、方法和前沿》，高等教育出版社 2003 年版，第 442 页。

价值是其追求的目标，二者之间是有区别的。司法程序的社会价值固然很多，其中与司法程序直接关联的主要是公正、效益和秩序价值。当事人之所以选择司法程序，就在于其能够保障和实现公正。如果公正得不到彰显，效益也很难达到，最终必然会影响秩序。因此，司法程序追求的价值目标依次为公正、效益和秩序。

1. 公正价值。古今中外关于公正的论述很多，公正是人类追求的永恒主题，而司法活动是实现公正的最后一道防线。对于司法而言，公正包括实体公正和程序公正。程序公正强调的是过程公正，实体公正则强调司法的实体结果公正。司法公正是程序公正与实体公正的有机的和辩证的统一。

2. 效益价值。效益原本是一个经济学概念，按照经济学的解释，效益反映了成本与收益、投入与产出之间的比例关系。在司法领域，效益体现了当事人诉讼投入、国家司法投入与产生的成效之间的关系。效率反映了成本投入转化到收益的速度，与正义相对应的是效益，而非效率。在司法程序中，正义与效益是一种对立与统一的辩证关系，在运行中有时会体现为此消彼长的变动关系。

3. 秩序价值。司法程序因纠纷当事人提起诉讼而启动，也应当因纠纷的解决而终结。构建和谐社会是一个不断化解矛盾纠纷的持续过程，消除社会矛盾纠纷是社会生活的必要条件。通过司法程序纠纷得到及时解决，被破坏的社会关系得以修复，社会秩序重新得到恢复。

六、司法程序的分类

为了进一步了解和掌握司法程序，可以根据不同的标准对司法程序进行分类，这些不同分类有助于加深对司法程序的理解和认识。

（一）法定程序与正当程序

司法程序以是否由法律明确加以规定为标准，可以分为法定程序和正当程序。所谓法定程序是由法律加以明确规定，司法机关必须严格遵守的程序。司法机关实施司法行为时，违反法定程序将导致该行为被纠正。所谓正当程序是正当法律程序在司法领域的具体化，是指对于法律没有明确规定的程序，司法权在行使时应当符合正当程序的要求。

（二）内部程序与外部程序

司法程序以其规范司法行为所涉及的对象和范围为标准，分为内部程序和外部程序。内部程序是指司法机关对内部事务实施管理时所应当遵循的程序。比如，司法机关内部上下级之间对于某些案件是否立案、是否撤案等请示汇报程序是一种内部程序。内部程序是适用于司法系统内的一种程序，许多程序基本上由司法机关自己设置，法律化程度较低。内部程序一般不直接影响当事人和其他诉讼参与人的权利和义务。外部程序是司法机关对外部事务实施司法行为时所应当遵循的程序，外部程序是司法程序的核心部分。不过，内部程序与外部程序的区分不是绝对的，两种程序常常紧密联系，相互交织，在某些情况下还会互相转换。

（三）显形程序与隐形程序

司法程序以其是否广泛对外公布为标准，分为显形程序和隐形程序。所谓显形程序是指我国法律和相关司法解释所明确规定的一些程序和规则。由于这些法律和司法解释具有法律效力，并且以法定形式向社会公布，这些程序性规定对社会公众而言就是显形的。所谓隐形程序是在司法机关内部通行或者认可，但未向外界公布的办案规则与程序。这些隐形程序主要以内部红头文件、请示、批示、指示、通知、讲话、经验总结、工作报告、惯例等形式表现出来，在诉讼中几乎与国家颁布的诉讼规程有着同等的效力和功能，有时甚至成为司法人员办案的首选规则。① 由于隐形程序对司法活动有着很多负面影响，有必要将某些有价

---

① 刘广三、于岭：《刑事司法环境下的“隐形程序”》，载《法学杂志》2009 年第 6 期。

值的隐形程序进行改造转化为显形程序，对于不合理、甚至有害司法公正的隐形程序应当及时清除。

（四）羁束性程序与裁量性程序

司法程序以司法主体遵守司法程序是否具有一定的自由选择权为标准，可以分为羁束性程序和裁量性程序。羁束性程序是司法主体在司法程序运行过程中没有自主选择的余地，必须严格遵守，不得增加或者减少诉讼行为的步骤、方法、时限，也不得颠倒顺序。司法主体没有任何选择余地是羁束性程序的最大特征。比如，我国刑事诉讼法第 117 条规定，传唤、拘传持续的时间不得超过 12 小时。不得以连续传唤、拘传的形式变相拘禁犯罪嫌疑人。裁量性程序是司法主体在司法程序运行过程中法律规定了可供选择的余地，由司法主体根据具体情况酌情决定适用何种程序。比如，民事诉讼法第 34 条规定，合同纠纷的双方当事人可以协议选择管辖法院。

第十章　公正司法的程序要求

疗治司法腐败、实现司法公正，加强外部的监督制约是必要的，但最终还是要寄希望于司法程序。这不仅仅是基于司法成本的考虑，更重要的是司法审判内在规律的要求。因为来自外部的监督很容易伤害司法公正的基础条件——审判独立，或许会以一种不公正取代另一种不公正。司法程序不仅是司法机关的优势之所在，而且是可以持久依赖的制度设计。

一、必须高度重视司法程序的正当化

人类同司法权滥用、司法专横、司法腐败斗争的历史，实际上是争取正当的司法程序保障的历史。历史上，面对专横腐败的司法机关，人们曾经尝试用一个新的司法机关去取代腐败的司法机关，也曾经尝试在司法机关之上设置另一个“上司”，或在司法机关之后形成一个很长的监督链，但要么事倍功半，要么以暴易暴，甚至带来更为严重的专横与腐败。用司法程序监督、控制、约束司法行为，是人类同司法专横和腐败作斗争的最重要的成果，也是人类同司法专横、司法腐败作斗争的锐利武器。

司法不仅要公正，而且公正要以显而易见的、易于接受、令人信服的方式或渠道实现。这就是说，司法不仅要以追求客观公正为目的，而且要以程序公正作为路径。在这个意义上说，公正的司法程序是实现实体公正的必要条件。当人们最终告别对实体公正的依恋，而转向对程序公正的期盼之后，程序的价值受到了空前的尊重。的确，司法程序对公民权利的保障无疑具有十分重要的意义。但是，程序本身并不一定具有绝对的正当价值，并不一定能够确保公正的实现。程序既可以是通向公正的桥梁，也可以是引渡偏私的贼船。程序必须具备一定的标准，才有可能成为实现公正的保障。

按照何种理念来设计司法程序，不同的国家或地区可能会有不同的方案。即使是同一国家的不同时期，也可能会有不同的选择。这是因为不同时代或不同的国家和地区，对公正的理解可能不完全相同；不同时代、不同区域的具体条件也不尽相同；不同时代、不同地区司法所面临的问题也可能相异。简单地照抄英国的自然正义程序或美国的“正当程序”规则，尚不足以解决我国的实际问题，有必要建立符合我国国情的正当程序规则，为此，必须建立最低程度的正当程序标准。

二、确定正当司法程序的基本原则

司法程序要符合正当程序的最低标准，必须符合以下原则：

独立原则。这一原则的基本内容是：必须在体制上确保审判机关和法官地位的独立；必须保障法官审理、裁判案件的意志自由；法律必须赋予法院足够的排除干扰或干涉的能力。

中立原则。这一原则的基本内容是：任何人都不能作自己案件的法官，诉讼结果不能与裁决者具有任何利害关系；在诉讼过程中，裁判者不得单方面接触任何一方当事人；裁判者不能参与当事人之辩论。

对等原则。这一原则的基本内容是：必须设法使当事人双方处于对等地位，尽可能地消除各方当事人在实际生活中的任何一种优势对诉讼过程的影响；各方当事人都有同等的权利了解有关诉讼程序的资讯；各方当事人都应拥有公平的机会使用“攻击”和“防卫”手段。

公开原则。这一原则的基本内容是：案件的审理原则上应在各方当事人同时在场的情况下进行，并接受社会之监督；应使各方当事人对案件审理的程序和方法心中有数；应当赋予当事人及其代理人充分了解有关资讯的权利（包括阅卷权、调查权、要求听证权等）；任何影响当事人权利或义务的裁判的作出都必须说明理由。

平等对待原则。这一原则的基本内容是：裁判者应平等地告知各方当事人应当晓知的事项；裁判者不得只听一面之词，且只有在对方在场的情况才能听取一方之意见；裁判者不得以任何理由歧视或偏向任何一方当事人。

比例原则。这一原则的基本内容是：司法机关在诉讼过程中所采取的所有带有强制性的措施，都必须符合法律授予该强制权的目的并与其目的相应相称；如果存在多种可以实现目的的手段的话，应当采用对当事人权益侵害最小的手段；强制措施的采取应当尊重当事人的基本人权；司法机关所采取的措施的成本应当小于它所带来的收益。

表达自由原则。这一原则的基本内容是，司法机关不得以任何方式强迫当事人作出于己不利的陈述；应当允许当事人就与本案有关的问题进行充分的陈述和辩论；当事人的处分权应当受到最大限度的尊重。

裁判基础原则。这一原则的基本内容是：作为裁判根据的事实的认定，须以准确反映案件审理全部过程的庭审记录为基础；裁判必须以合法有效的规范或公认的公平准则为依据；将裁判依据适用于特定事实的推理过程须符合逻辑和理性。

有效救济原则。这一原则的基本内容是：为了防止可能出现的专断，法律必须为当事人提供可以寻求救济的有效途径；任何强制手段的采用，必须允许当事人向另一具有独立性的机关提供异议；必须为当事人提供对于实体判决不服而提起上诉的机会。上述原则或许尚不足以确保公正的实现，但缺少其中一项，就可能成为不公正的渊薮。

三、建构正当程序运行之环境

就我国的情况而论，实现正当司法程序的最低标准，仍然有许多问题需要解决。

要将公正作为司法之目的，司法程序必须具备实现公正的、基本的、必要的条件，必须将可能影响司法公正的不良因素限制到最低程度，必须合理配置审判权和诉讼权利，必须协调好公正价值与效率、止讼、醇化等多种价值。

第一，必须牢固地树立程序公正的观念。首先，必须将公正确定为司法的最高价值，并防止其他价值对公正价值的挤压；其次，必须协调好公正价值与效率、止讼、醇化等其他诉讼价值的关系，以防止其他价值难于实现而反过来影响公正价值的实现。

第二，必须根据公正的价值取向重新配置司法权力与诉讼权利。就我国目前的情况而论，应当适当地强化当事人的诉讼权利，弱化司法审判人员的权力。

第三，必须树立程序法制的权威。应当为违反法定程序的行为设定必要的法律后果，建立违反法定程序或程序滥用的审查制度，严格追究违反法定程序或程序滥用者的法律责任，以克服目前普遍存在的程序法制虚无主义的现象。

第四，必须深化司法制度的改革。增强司法机关的独立性，克服司法的地方化倾向，确保司法机关独立公正地行使审判权。

四、打通通向司法程序的正当化之路径

实现司法公正，有必要重新反思司法赖以存在的基本条件。在法治国家，司法机关之所以拥有终极裁决权，在于司法机关具有其他机关所不可能具有的中立性；在于它有可能执行一套确保公正的程序；在于法官可能具有的人格魅力及职业专长。因此，笔者以为法官的中立性及其优良的素质、公正的司法程序是司法公正的基本保障或根本条件。如何建立一套科学的足以确保司法公正的程序呢？笔者认为，除了必须符合最低限度的公正标准以外，还必须针对我国目前存在的司法不公的现象，采取相应的程序对策，从而打通通向司法程序正当化之路径。

第一，要通过增加当事人对诉讼行为或程序的选择权，弱化目前仍然在一定程度上存在的超职权主义倾向。无论是为了防止借做好事之名

行做坏事之实或在做好事之时兼做坏事的情况的发生，还是为了避免“做好事、落不是”的误解，法官均应当恪守司法的消极性或被动性原则。过重的职权主义色彩，不仅损害法院和法官的中立性，而且最易成为司法不公的温床。要实现司法公正，法官必须进行自我限制和高度自律。在诉讼中，法院以职权作出决定或裁定的机会应当尽可能减少，可以由当事人选择或协商的事宜应当尽可能地由当事人自主地作出决定。

第二，要通过当事人均衡对抗机制的设立，确保当事人诉讼地位的平等，以解决诉讼当事人事实上不平等的问题。诉讼应当是有秩序的争辩，是平等的攻击与防御的演示，是当事人之间理性的对抗。不建立均衡的对抗机制，就无以实现当事人诉讼地位的平等。均衡的对抗机制同时也是实现“当事人进行主义”的前提。要通过诉讼体制和结构的改良、诉讼代理制度的完善、法律援助制度的普遍实施、庭审过程的精心设计以及对弱者的诉讼保护等途径使诉讼双方真正处于对等地位。

第三，要通过建立尽可能详细的证据规则和法律适用规则，以限制法官目前过于宽泛的自由裁量权。没有适度的自由裁量权，就难于全面实现个案公正。但过于宽泛的自由裁量权，常常是权力滥用的方便之门。将法官的自由裁量权限制在适度的范围之内，一方面必须建立详细的证据规则，另一方面必须建立科学的法律适用规则。没有以上两个方面的规则，以事实为根据、以法律为准绳就难于落到实处，也无法正确地评判某一案件是否公正，因而也难于追究枉法裁判者的法律责任。

第四，要通过增加审判的透明度、建立完善的诉讼过程中的救济机制，强化当事人对法官的制约机制。如果说外来的监督或超越于法院之上的各种监督都有可能伤害法院的独立性和法官的中立性（而这恰恰是司法公正的最重要的保障之一）的话，那么来自当事人的适度的监督则可以避免这种负面效应。当人们越来越多地认识到其他监督带来的弊端的时候，我们只能求助于诉讼程序本身，才能回答“谁来监督法官”的迫切追问。事实上，让当事人制约法官是最经济、最有效、最直接的监督。阳光是最好的防腐剂，让当事人来制约法官的最基本的条件，就是要使审判过程保持可能的高度透明。增加抗告程序（介乎于申请复议和上诉之间的一种程序），使当事人能就某些程序问题或法院的中间裁定依法请求救济，是当事人监督、制约法官的最有效的手段或武器。

第五，要通过诉讼程序的设计，切断干扰源，建立完善的抗干扰机制。现存的诉讼程序为干涉者营造了过多的干扰机会，也为当事人以非正常渠道影响法院判决提供了管道。有必要通过诉讼程序切断干扰源，堵塞不法影响管道，形成隔离带和防护屏障。例如严禁单方接触、提高当庭宣判率等，对于建立完善的抗干扰机制均具有重要的意义。

第十一章　司法程序的终局性[①]

在我国社会转型时期，随着经济社会的深刻变革，社会矛盾和问题日益增多，其中有相当一部分矛盾和纠纷被诉至法院解决，由于司法程序缺乏必要的终局性，一些已决案件经生效裁判确定后，不断被申诉再审，导致社会关系长期处于不确定状态，严重影响司法权威和司法公信。要解决这些矛盾和问题，就必须在司法理论和实务中把司法程序的终局性作为一个重要问题加以研究。

一、司法程序终局性的内涵和重要意义

司法程序终局性是指司法程序因人民法院的确定裁判的作出原则上即告终结，从而发生司法既判力。司法程序终局性意味着矛盾和纠纷在确定裁判作出后就是终局的，非依法律明确规定并经法定程序，不得重新启动程序对该案件重新审理或者撤销该裁判。有一种观点认为，司法程序终局性来源于“一案不二诉”、“一事不再理”和英美法上的“禁止双重危险”原则，我们认为这是一种误解。在罗马法上，确定裁判为司法程序的终点，一个案件终结过后，原告就不能就同一案件再次提起对被告的诉讼。后来历经发展，“一事不再理”已经成为大陆法系国家普遍遵循的一项原则，其要旨在于刑事追诉机构和司法裁判机构对于任一业已经过确定裁判的案件，不得重新启动追诉或裁判程序。禁止双

① 本章由江必新、程琥合著。

重危险原则是英美法系中的重要原则，其含义是指任何人都不得因为同一行为而被两次以上追诉、使其承受多重处罚危险，即国家不得对任何人因同一行为进行重复追诉和惩罚。美国联邦宪法修正案第5条规定的“任何人不得因同一罪行而两次遭受生命或身体的危险”便是这一原则的具体体现。适用于刑事领域，该原则与“一事不再理”原则的根本意义都在于保障刑事被追诉者的权利，使国家在行使刑事追诉权时能保持克制，不使公民因同一罪行受到多次追诉。无论是禁止双重危险还是一事不再理原则，均与再审程序存在很大差异。再审程序最多是推翻或否定原来的判决，其实质是改变原来的判决，既不是对同一标的作两次有效裁判，也不是对行为人给予两次以上的重复惩罚。应当明确的是，司法程序终结与一事不再理和禁止双重危险原则在内涵和外延上并不相同。司法程序终结是程序安定性的重要体现和基本要求，一事不再理源于民事，而禁止双重危险指刑事，不宜放在一起谈。对于当事人同一案件的确定裁判一经作出，本案即为审结，程序也宣告终结。此时，在针对当事人同一行为已作出确定裁判的情况下，根据司法最终原则要求，国家不得无视确定裁判效力再行启动针对同一行为的重复追诉和惩罚程序，也不得再行作出一个或多个确定裁判，同时也不得就同一确定裁判非依法律明确规定并经法定程序再行启动再审程序。

司法程序终局性在适用上主要表现在，当法院作出确定裁判后，如无法律特别规定，该裁判都将产生如下效果：（1）参与诉讼的任何一方当事人都要受该裁判的拘束，不得就该裁判的内容再提争议；（2）法院必须尊重自己的判断，不得随意改动或撤销判决，甚至作出与原判断完全相反的另一判断；（3）法院以外的任何机关和个人，都不能改变或强迫法院撤销、变更其裁判。[①] 应当说，司法程序终局性要求在我国人民法院组织法以及刑事诉讼法、民事诉讼法、行政诉讼法中均有体现。比如，我国人民法院组织法和三大诉讼法均规定了两审终审制。人

① 石茂生：《司法的终结性与法的权威》，载《齐鲁学刊》2002年第3期。

民法院组织法第12条规定："人民法院审判案件，实行两审终审制。地方各级人民法院第一审案件的判决和裁定，当事人可以按照法律规定的程序向上一级人民法院上诉，人民检察院可以按照法律规定的程序向上一级人民法院抗诉。地方各级人民法院第一审案件的判决和裁定，如果在上诉期限内当事人不上诉、人民检察院不抗诉，就是发生法律效力的判决和裁定。中级人民法院、高级人民法院和最高人民法院审判的第二审案件的判决和裁定，最高人民法院审判的第一审案件的判决和裁定，都是终审的判决和裁定，也就是发生法律效力的判决和裁定。"所谓"两审终审制度是指一个案件经过两级法院审判后，判决即发生法律效力，案件宣告终结的一种审级制度"。[①] 我国刑事诉讼法第233条规定："第二审的判决、裁定和最高人民法院的判决、裁定，都是终审的判决、裁定。"民事诉讼法第175条规定："第二审人民法院的判决、裁定，是终审的判决、裁定。"行政诉讼法第58条和第60条则规定了对于第一审判决、裁定，当事人逾期不提起上诉的，人民法院的第一审判决或者裁定发生法律效力以及人民法院审理上诉案件，应当在收到上诉状之日起2个月内作出终审判决。应当说，两审终审制就是司法程序终局性的具体体现和要求。由于诸多因素影响，两审终审制在运行中存在一些不足。为了克服两审终审在审判实践中可能存在的问题，我国人民法院组织法以及三大诉讼法中规定了两审终审制，同时也规定了针对已经发生法律效力的判决、裁定确有错误的而设置的再审制度。在我国法治国家和法治社会的建设过程中，司法作为化解社会矛盾和纠纷的一个重要渠道，司法程序能否终结直接关系到司法权威的树立以及社会稳定和良性发展。从中外法治建设实践可以看出，法治社会的关键在于确立法的权威，而法的权威最终需要通过司法的权威来保证和实现，司法的终局性特征是司法权威的必然要求和重要条件。因此，在我国推进社会

---

① 刑克波、房锦东：《论对我国两审终审制度的坚持和完善——兼论司法体制改革》，载《当代法学》2002年第8期。

管理创新的关键时期，强调司法程序终局具有重要意义。

（一）司法程序终局性是维护司法权威的必然要求

在一个法治国家和法治社会中，司法必须具有权威。“司法权作为一种解决矛盾纠纷的公力救济手段，是国家公权力的重要组成部分，必须依赖一定的权威来支撑，失却权威就意味着权力性能的丧失。”[①] 高度的司法权威可以获得广泛的社会认同，司法权也会因为人们的认可、接受而发挥实质性的公权力效用。司法权威的生成固然需要依赖诸多因素，但是其中一个重要方面就是司法对案件作出的判断一旦发生法律效力就应当是终局的，审判程序也应当就此终结。很难想象一个确定判决随时可能被否定和撤销的法院会有权威，会赢得社会公众的信赖。检讨我国司法权运行的现状，不难看出，由于司法程序经常处于不能终结的状态，导致法院作出的确定判决得不到执行，这种状况在不断侵蚀着司法公信力，不仅妨碍司法权威的确立，也大大降低了司法权解决纠纷的能力，并由此形成一种恶性的“因果循环”：司法权的权威性越是不足，它解决纠纷的能力就越低；司法解决纠纷的能力越低，它就越发不具有权威性。[②] 在我国社会建设中，社会公信亟须加强。如何在加强司法公信时以司法公信促进社会公信，这就需要在社会矛盾和纠纷出现时，法院作出的生效裁判是终局裁判，司法程序就此终结。这可以提高司法化解社会矛盾和纠纷的能力，树立司法权威，同时也有利于依法推动社会公信建设。

（二）司法程序终局性是节约司法资源的必然要求

在司法活动中，公正与效率的价值是统一的。在司法权运行过程中，司法效率所包括的时间和成本两个要素决定了必须使司法程序具有

---

① 徐清宇、周永军：《当今我国司法权威的缺失反省及重塑思考》，载《法律适用》2009 年第 4 期。

② 张英霞：《司法既判力论要——兼及司法既判力与司法公信力的关系》，载《法律适用》2005 年第 1 期。

终局性。时间的过分迟延和成本的巨大支出都会使确定判决的实际效用大打折扣。从时间上说，司法程序具有时限性，司法程序中的每个阶段和环节都有一定的时间规定。诉讼法对法院或当事人的具体诉讼行为的时间作了设置，司法程序的每一个环节都要按照规定的时间推进，从而使司法程序在时间上保持连贯和衔接。同时，司法过程应当具有及时性，审判活动不能急速地进行或过于缓慢地进行，过于快速容易使审判活动失之草率，过分迟延则会侵蚀判决的效用，迟来的正义就是非正义。从成本上说，作为国家为社会提供的公共产品，司法资源同样具有稀缺性。当前我国诉讼案件呈现出不断上升的趋势，而审判人员却相对不足。司法程序在确定裁判作出后仍然不能终结，那么法院必然还需要抽出大量审判资源来应对这些已决案件。司法资源毕竟有限，随着申诉上访案件的增多，法院必然要将大量人力、物力和财力投入到再审案件中，这样投入到一审、二审程序案件的审判资源就会相应减少。面对大量涌入法院的矛盾和纠纷，法院应对一审、二审案件自然就会显得审判资源严重不足。这样下来法院既难以将那些再审案件处理好，同时面对这些正常审级的一、二案件也会显得力不从心。因此，无论基于时间还是成本考量，司法程序都应当具有终局性。

（三）司法程序终局性是维护法的安定性的必然要求

“法律是一种不可以朝令夕改的规则体系。一旦法律制度设定了一种权利义务方案，那么为了自由、安全和预见性，就应当尽可能地避免对该制度进行不断的修改和破坏。”① 法的安定性不仅要求实体法安定，同时要求程序法安定。程序法的安定性包括程序规范的安定和由程序规范运作所形成的程序的安定。程序安定是指司法程序的运作应依法定的时间先后和空间结构展开并作出终局决定，从而使诉讼保持有条不紊的

① ［美］E. 博登海默：《法理学——法哲学及其方法》，邓正来等译，华夏出版社 1987 年版，第388 页。

稳定状态。程序安定的核心要素是司法程序终局，其客观上要求法院一方面要及时作出具有法律效力的裁判而终结程序，不能迟迟不作裁判而无法终结程序，案件久拖不决往往破坏了程序的时限性；另一方面生效裁判既已作出就不能轻易被推翻和任意重新启动程序，否则就损害了程序的不可逆性。按照法的安定性的要求，生效裁判一经确定，为维护法律关系的稳定性和人民生产生活秩序的稳定性，司法程序就应当终结，不得随意启动程序来推翻。为了实现法的安定性价值乃至社会秩序的安定，应当保证程序规范的稳定性和确定性以及程序运作的有序性、终局性和时限性。

（四）司法程序终局性是实现社会关系稳定性的必然要求

秩序是法的基本价值，也是司法的第一功能。构建和谐社会、维护社会安全稳定是一个不断化解社会矛盾的持续过程，司法程序能否及时化解社会矛盾和纠纷，实现定分止争目标，关键在于司法程序是否可以尽快彻底解决矛盾和纠纷。确立司法程序终局原则其本质要求在于通过司法产生一项终局性的裁判而解决矛盾和纠纷，这也是国家尽快解决纠纷目的的表现形式。社会矛盾和纠纷的存在必然伴随一定的社会震荡，在一定程度上影响社会安全稳定，被破坏的社会秩序也难以及时被修复、矫正。同时，司法程序终结不仅意味着审判程序的终结，也意味着社会矛盾和纠纷的终结，同时也是社会震荡的终结。随着司法程序的及时终结，当事人可以尽快从诉讼中摆脱出来，以生效裁判确定的权利义务为基础，理性地对待生效裁判，避免无谓的讼累，重新恢复到正常的生产、生活状态。如果缺少司法程序的终局性，生效裁判随时可能被推翻，并对已有确定裁判的案件再行审判，这就使得当事人的权利义务长期处于不确定状态，矛盾和纠纷也将长期处于决而不终的状态，社会秩序也很难被维护。当事人也会对案件处理怀有超常的心理预期，就会把大量的时间和精力投入到申诉上访活动之中。这样，同一矛盾和纠纷经过反复多次的诉讼，判决结果也得不到有力的执行，这不仅不能有效解决已经存在的矛盾和纠纷，反而会使当事人陷入反复争讼的讼累中，合法权益也很难得到及时救济。并且由于当事人缠讼不止，当事人在无休止的诉讼中也要投入大量金钱、时间和精力，当事人之间的紧张关系始终得不到缓解，这也给社会安全稳定留下隐患。而通过司法程序的终结可以使得社会关系更具有可预见性和稳定性，及时恢复、矫正被社会矛盾和纠纷破坏了的社会秩序，促进社会良性发展。

二、司法程序终局性与再审制度的现实悖论和运行困境

应当说，司法程序终局与再审制度无论从价值追求还是制度设计上都是辩证统一的。司法程序终局性强调的是法的安定性，要求司法程序因终局裁决的作出而及时终结；再审制度意在纠正错误裁判以维护司法公平正义。因此，绝大多数案件在确定裁判作出后程序就此终结，程序终结是基础；再审制度作为我国诉讼审级制度中的特殊纠错和救济机制，是对程序终结的一种必要补充。但是，在司法实践中存在的悖论和运行困境不可避免地制约着司法程序终局性与再审制度的良性发展。

（一）司法程序终局性与再审制度的现实悖论

从我国法律规定来看，人民法院组织法和刑事、民事、行政三大诉讼法除了规定体现司法程序终局性要求的两审终审制外，还规定了再审制度。人民法院组织法第 13 条规定：“各级人民法院院长对本院已经发生法律效力的判决和裁定，如果发现在认定事实上或者在适用法律上确有错误，必须提交审判委员会处理。最高人民法院对各级人民法院已经发生法律效力的判决和裁定，上级人民法院对下级人民法院已经发生法律效力的判决和裁定，如果发现确有错误，有权提审或者指令下级人民法院再审。最高人民检察院对各级人民法院已经发生法律效力的判决和裁定，上级人民检察院对下级人民法院已经发生法律效力的判决和裁定，如果发现确有错误，有权按照审判监督程序提出抗诉。各级人民法院对于当事人提出的对已经发生法律效力的判决和裁定的申诉，应当认

真负责处理。”我国刑事诉讼法第3编第5章、民事诉讼法第2编第16章以及行政诉讼法都专门规定了当事人认为生效裁判确有错误或者人民法院或者人民检察院发现违反法律、法规规定的可以启动再审程序。除此之外，人民检察院组织法第18条规定：“最高人民检察院对于各级人民法院已经发生法律的效力的判决和裁定，上级人民检察院对于下级人民法院已经发生法律效力的判决和裁定，如果发现确有错误，应当按照审判监督程序提出抗诉。按照审判监督程序审理的案件，人民检察院必须派人出席法庭。”特别是2007年10月28日公布并于2008年4月1日起实施的民事诉讼法修正案对民事审判监督程序作出了重要修订，其中修订后的民事诉讼法第178条[①]规定，当事人对已经发生法律效力的判决、裁定，认为有错误的，可以向上一级人民法院申请再审。据此，对再审申请的审查工作将由原审法院的上一级人民法院完成。修正案实施以来，审判监督制度在一定程度上维护和实现了社会的公平与正义，发挥了纠错和化解社会矛盾纠纷功能，但是还存在着诸多悖论和需要进一步研究的问题。

1. 关于重心下移与矛盾上移。我国法院的设置有四级，从基层法院到最高法院，审级越高审理的案件数量越少，承担的督导指导任务越重。据统计，我国法院的案件70%以上在基层，70%以上的审判人员也在基层。在我国法院审理的一审案件中，大约80%以上的案件属于民事案件，在申请再审的民事案件中属于基层群众的婚姻、家庭、相邻权、侵权、人身损害等类型的传统民事案件约占80%以上，这些纠纷大多发生在基层。因此，法院审级越高，距离纠纷的发生地往往越远，对纠纷发生地的风土人情越不熟悉。中国是熟人社会，纠纷的解决离不开熟悉当地情况的基层法院。如果由远离纠纷发生地的最高法院、各高级法院来审理这些类型的案件，总显得隔靴搔痒和力不从心。因此，法

---

① 2012年8月31日第十一届全国人大常委会第二十八次会议《关于修改〈中华人民共和国民事诉讼法〉的决定》第二次修正将该条调整为第199条。

院的工作重点历来在基层，高级法院和最高法院主要承担大量的调研、督导和指导工作。然而，在法院工作重心下移的同时，审判监督制度设计又使得矛盾大量上移到最高法院和各高级法院，导致原有的审判格局和审判力量完全被打破，上级法院案多人少的矛盾突出，各高级法院和最高法院的职能定位受到冲击，申请再审成本增高，审判资源需要重新调整。并且，由于中基层法院再审权受限，其做信访人员维稳工作的积极性下降，不利于把矛盾化解在基层。

2. 关于二审终审与终审不终。目前，我国实行的是以二审终审为基础，以审判监督为补充的审级制度。我国实行的二审终审制一方面减少了当事人的诉讼成本，方便当事人进行诉讼，避免因审级过多造成法律关系长期不稳定；另一方面也可进一步减轻各高级法院和最高法院审理具体案件的工作负担，集中精力搞好审判业务的指导监督。而现行审判监督制度设计使得大量的再审案件不断涌向各高级法院和最高法院，导致主要负责再审审查和审理工作的各高级法院和最高法院实际担负起三审职能，这无形中冲击了我国的二审终审制。同时，现行审判监督制度也容易助长当事人试图通过申诉再审程序来回避二审终审，从而实现其投机目的。根据现行民事诉讼法的规定，申请再审一律免交诉讼费；决定再审的案件，一律中止原判决的执行。在实践中，有的当事人为了免交二审诉讼费，或者出于拖延时间、乘机转移、隐匿财产等不正当意图和投机目的，“不打二审打再审”，在一定程度上加剧了我国再审制与二审终审制之间的紧张和冲突。

（二）司法程序终局性与再审制度的运行困境

司法程序终局性与再审制度的现实悖论，必然导致二者在司法实践具体运作中也存在一些困境和问题。

1. “错案”标准宽泛模糊。我国现有法律规定的审判监督程序强调无论在事实认定或法律适用上，只要确有错误就应当通过再审制度予以纠正，体现了“实事求是、有错必纠”的指导思想。但是，实践中关于是否存在“错案”以及“错案”界定标准却是模糊的和不确定的。尽管民事诉讼法作了一些界定，但仍存在一些不确定的法律概念，使得进入再审的标准仍具有较大弹性。从法治的角度说，法院的裁判不应该存在“对”与“错”的问题，而只存在是否“合法”的问题，否则就会陷入对裁判者需要进行再裁判的无限循环的怪圈。[①] 并且从国外来看，错案的概念基本上是不存在的。应当说，一般情况下法官审理案件是根据在案证据、法律、遵循法定程序作出裁判的，裁判一旦作出就应当尊重法官的自由裁量权，只要是在审判权限范围内作出的裁判就应当认定为合法。之所以要把在案证据作为法官认定案件事实的根据，在于法官对案件作出裁判的基础是法律事实，而不是客观事实。如果要把追求客观事实作为裁判事实依据，那么生效裁判作出后发现的任何新证据都可能导致“错案”的出现。在我国审判监督程序中，对于已经发生法律效力的判决、裁定，无论是当事人认为确有错误，还是法院或者检察院发现违反法律、法规规定的，这里的“确有错误”和“违反法律、法规”本身都不明确。由于法律运行过程中法律的不确定性、事实的不确定性以及政策、社会环境和法官个人等非法律因素的不确定性，就这种认识分歧使然的“错误”而言，“正确”的标准恰恰也是非常不确定的，最终造成对“错案”难以界定。[②] 由于“错案”标准不明确，这就为有关机构或个人介入诉讼提供了可能，他们可以通过对法院施加压力，从而随意开启再审程序，改变法院已经生效的裁判。这样一来，法院生效裁判的既判力无法实现，司法裁判的权威无法获得广泛的社会认同，法院最终化解社会矛盾和纠纷的任务也无法完成。

2. “再审难”与“再审滥”共存。我国现行再审程序的制度设计，由于种种原因，在实践中遇到了很多困难，其中最为核心的表现就是“再审难”与“再审滥”共存的局面。“再审难”指的是现实中人们通

① 胡道才：《我国涉诉信访终结机制的建构》，载《国家检察官学院学报》2004 年第 6 期。

② 王旭军：《行政再审困境中的突围》，载《法律适用》2008 年第 3 期。

过申诉启动再审程序以纠正错误裁判的目标往往不易实现。具体表现在以下方面：法律上关于再审事由的规定宽泛模糊，申诉立案与再审立案界限不清，当事人申诉立案难；申诉审查时限不明、审查程序不透明，当事人的申诉能否启动再审难以获得及时回复；当事人申诉获准进入再审程序后，最终获得改判的难度也相当大。所谓“再审滥”，是指对于当事人的申诉毫无限制，只要是人民法院作出的生效裁判，均有可能受到申诉的质疑，无论生效裁判由哪一级法院作出，无论生效裁判作出已过多长时间，无论已作出生效裁判的案件被进行过多少次的再审和反复处理。在缠诉不止的当事人中，有的人甚至还借申诉、上访让法院解决一些与诉讼完全无关的个人需求，甚至借申诉牟取非法利益。大量滥用申请再审权现象的存在，不仅扰乱了正常的申诉秩序和诉讼秩序，浪费了诉讼资源，而且使一些真正有冤屈的当事人得不到及时有效的再审救济。①

3. 再审程序启动随意。我国三大诉讼法所坚持的“实事求是、有错必纠”指导思想，其积极意义在于重视保护当事人的实体权利，充分体现实体公正，尤其强调追求个案的绝对公正。② 根据这一指导思想设计的再审程序，意味着无论什么时候发现生效裁判的错误且不管错误的性质和程度，都应当主动予以纠正，当事人可以不断地要求再审。因此，在审判实践中造成了再审程序频繁启动，形成“无限再审”，即主体无限、时间无限、次数无限、审级无限、条件无限。③ 现行的再审制度总是让当事人存有希望，而只要有一线希望，许多当事人就要不断申诉。一些法院为了暂时平息当事人的怨气，把一些本属于法官自由裁量权范畴的判断认定为错误，轻易撤销生效裁判，随意启动再审程序，而再审的结果，往往是当事人的权益并没有得到实际救济，导致当事人已有的矛盾没有化解，反而产生了新的矛盾。美国华盛顿特区联邦上诉法

---

① 江必新：《完善刑事再审程序若干问题探讨》，载《法学》2011 年第 5 期。

② 谢春华：《浅论程序终结性与既判力》，载《法制与社会》2007 年第 11 期。

③ 王旭军：《行政再审困境中的突围》，载《法律适用》2008 年第 3 期。

院首席法官爱德华兹精辟指出："一个有效的司法制度的另一个重要因素是判决的终局性……如果一个解决方案可以没有时间限制并可以不同理由反复上诉和修改，那就阻碍矛盾的解决。如果败诉方相信他们可以在另一个地方或者另一级法院再次提起诉讼，他们就永远不会尊重法院的判决，并顽固地拒绝执行对其不利的判决。无休止的诉讼同时刺激了对法院裁决的不尊重，从而严重削弱了法院体系的效率。"[①] 因此，再审程序轻易启动，导致案件审理形成了"起诉——上诉——重审——申诉——重审"和"确定判决——申诉再审——确定判决——申诉再审"的怪圈。虽然人民法院组织法以及三大诉讼法规定了两审终审制，但是在现有的审判监督程序规则下，一个确定判决、裁定经过多次反复也就不足为怪了，结果使得相关法律关系长期处于不安定状态，不仅严重损害了诉讼当事人的利益，而且也损害了司法机关的权威，甚至使人们对司法救济的实效性失去信心。[②]

4. 申诉与上访界限不清。申诉制度是我国化解矛盾纠纷的一项制度。依据宪法第 41 条的规定，公民对任何国家机关和国家机关工作人员的违法失职行为，有向有关国家机关提出申诉、控告或者检举的权利。可见申诉权是一项基本的民主权利。申诉既包括广义上的申诉，如我国宪法第 41 条的规定，又包括狭义上的申诉，即诉讼上的申诉，即当事人或其他有关公民对已发生法律效力的判决和裁定不服，依法向审判机关、检察机关提出重新处理的要求。实践中，经常出现诉讼与非诉讼申诉相互交织的情况，将申诉作为引起再审的重要条件，很容易产生申诉与申请再审的混同。显然，案件申诉上访包括广义上的申诉和狭义上的申诉两种。其内容既包括告诉、申诉和申请再审等各类的诉，也包括诉讼程序已经穷尽但仍然要求就某一具体案件启动再审程序的来信来访，还包括关于审判效率、审判作风甚至工作态度、方法、司法礼仪等

---

① 宋冰：《程序、正义与现代化》，中国政法大学出版社 1998 年版。

② 杨建顺：《论行政诉讼判决的既判力》，载《中国人民大学学报》2005 年第 5 期。

的信访。[①] 因此，有必要把广义的申诉与狭义的申诉区分开来。可取的方式是将狭义的申诉纳入诉讼轨道，与申请再审一起统一确定为再审之诉，将其他申诉纳入信访的范畴，实行申诉上访的非诉讼化。[②] 但是实践中，由于《信访条例》意义上的申诉上访与我国诉讼法规定的申诉极易混淆，致使法院诉讼案件申诉信访工作诉讼化倾向严重。

5. 信“访”不信“法”倾向明显。在处理诉讼案件申诉上访过程中，由于“诉”与“访”界限不清，一些当事人不重视正常的审判监督程序，往往认为上访比申诉更“实用”。由于司法程序缺乏终局性，当事人往往以种种理由多头上访、无限上访、层层上访，期望最终会改变法院已经生效的裁判。当然，有关机构和领导的批示固然能够纠正一些执法不严、司法不公的案件，这似乎从表面上看有利于促成法治，但是实际上每一个这样的申诉上访案件的解决，通常具有强烈的示范效应和榜样力量，不断强化了当事人和社会公众对法官之上“法官”的期望，从而形成了一种偏离法治的循环：由于法院缺乏独立性和权威性，人们怀疑法院裁决的公正性，并选择到法院之外的部门去上访。于是司法权威性被进一步弱化，当事人信“访”不信“法”，从而又有更多的当事人选择申诉上访。[③] 结果，当事人往往希望通过赴省、进京上访引起有关机构和领导的关注，从而给地方党政机关、各级法院及其领导施加压力。赴省、进京上访泛滥，使得当事人及社会各界只信任最高法院、上级法院，而不信任基层法院、下级法院。

6. 责任追究机制不够科学。大量存在的案件申诉上访给社会安全稳定留下许多隐患，及时解决申诉上访问题确实很有必要。为此，很多法院确立了申诉上访工作领导责任制和责任追究机制。对于各地来说，

---

① 彭浩：《涉诉信访终结相关立论问题之澄清》，载《广西政法管理干部学院学报》2010 年第 2 期。

② 郑宇、胡传东：《论行政再审》，载《河南社会科学》2005 年第 6 期。

③ 陶蛟龙、陈键：《信访制度的反思与重构——兼谈建立涉诉上访经常性工作机制的思路和体系》，载《法律适用》2006 年第 5 期。

各级法院就是申诉上访案件的责任归属单位，具体的申诉上访责任也层层落实到相应的院长、庭长和法官。有的法院甚至把上诉、申诉、信访都纳入到工作考核和责任追究范围。现在申诉上访的工作考核和责任追究机制并不能促使相关法院及领导和法官真正将时间和精力放在提高工作水平和案件质量上，而是放在控制和减少进京、赴省上访，甚至采取所谓的“盯牢看死”。于是，“花钱买平安”、“摆平就是水平”也就自然成为一些法院开展申诉上访工作的目标。“花钱买平安”虽然可以在一定程度上缓解申诉上访压力，但是当事人一旦拿到法院提供的救助基金之后，往往从心理上进一步确信法院裁判“确有错误”，会提出更多的利益诉求，有的已经超出合理界限，甚至不属于法院的管辖范围。在“问责”压力之下，很多法院不惜花钱使用案外协调、案外补偿等方式解决申诉上访问题，少数地方则采取违规甚至违法的手段抑制上访。[①]这些非法治化的措施，无疑鼓励更多的人申诉上访。

三、司法程序终局性的基本条件和要求

要解决上述问题，有必要寻求司法程序终局性与再审制度之间的平衡，司法程序终局性与再审制度在价值选择上有所侧重——分别强调程序稳定和纠错、救济功能，但二者的设计与功能是唇齿相依的，最终的目的都是要维护司法的权威。我国司法程序终局性与再审制度的平衡涉及多重价值取向的协调，必须进行理念与价值的理性整合，尤其需要正确处理好以下关系：

1. 坚持立足国情与着眼发展的统一。所谓国情，是指一个国家的文化历史传统、自然地理环境、社会经济发展状况以及国际关系等各个方面的总和，也是指某一个国家某个时期的基本情况。一个国家选择什么样的司法程序制度，既由这个国家的法律和社会制度的本质所决定，

---

① 陶蛟龙、陈键：《信访制度的反思与重构——兼谈建立涉诉上访经常性工作机制的思路和体系》，载《法律适用》2006 年第 5 期。

也由这个国家的历史发展和现实国情所决定。中国仍处于并将长期处于社会主义初级阶段，整个国家还处于体制改革和社会转型时期，社会主义制度还需要不断自我完善和发展，这就决定了中国特色社会主义司法程序制度必然具有稳定性与变动性、阶段性与连续性、现实性与前瞻性相统一的特点，决定了中国特色社会主义司法程序制度必然是动态的、开放的、发展的，而不是静止的、封闭的、固定的，必将伴随中国经济社会发展和法治国家建设的实践而不断发展完善。在构建司法程序终局制度时，应当始终立足于中国国情，坚持将传承历史传统、借鉴人类文明成果和进行制度创新有机结合起来，把好我国法制现代化进程的脉搏，以能否破解我国再审难题为基本标准，同时也要注重司法程序终局与整个司法程序体系的一体化，在现有审级制度框架内进行谋划。

2. 坚持实体正义与程序正义的统一。司法是保障社会公平和正义的最后一道屏障。总体而言，实体正义和程序正义是统一的，司法应该保护实体正义，也应该保护程序正义。实践中，如果人为地把二者割裂开来，片面追求实体上的绝对正义而忽视司法程序上的正义，或者片面追求程序上的绝对正义而忽视实体上的正义，都会走向极端。我国现行审判监督制度职权主义色彩浓厚，价值取向偏重于追求实质正义，而过多牺牲了程序的安定性和裁判的稳定性，危及确定裁判的既判力。再审程序在实现个案实体正义时理应受到程序正义的限制，那种不顾及程序正义的条件限制，片面追求个案实体上的绝对正义，结果不仅不能实现实体正义，更会进一步伤及程序正义。法院作为行使国家审判权的机关，其解决纠纷如果是在正确运用具有高度正当性的程序法的前提下进行的，则不论其裁判的内容如何，至少已经达到了程序正义，这样就足以产生既判力。因此，程序正义能够实现实体正义并产生既判力。同时，再审制度也不应片面追求程序正义而忽视实体正义。现行民事诉讼法把与实现实体正义无关联的程序性违法作为独立的再审事由，将诉讼中当事人和裁判者违反程序法的规定定义为违反程序正义，在再审事由设置上强化了程序正义的理念。而这些新增加的程序违法类再审事由并不以实体是否错误为判断标准而独立适用，从而使再审事由由实体性标准向程序性标准转化。当一些程序违法案件启动再审，投入大量的人力、物力和时间，又基本上维持了原裁判实体处理结果后，不仅当事人颇有怨言，而且浪费了司法资源，损毁了司法公信力。

3. 坚持有错必纠与依法纠错的统一。司法程序终局的前提和基础应当是裁判本身应当是客观公正的，错误裁判本身缺乏公正基础，维持错误裁判就会丧失正义，因此，在指导思想上仍要坚持“实事求是、有错必纠”的原则，不能因为一味地强调司法程序终局而机械地置司法公正于不顾。同时，应当对“实事求是、有错必纠”原则作出新的诠释，否则过于追求案件的实体真实，甚至达到绝对化程度，就容易演变成凡是法院作出的确定裁判，无论何时发现错误，也不论错误性质、大小与影响，只要发现错误，就启动再审程序予以纠正，结果就会导致诉讼秩序混乱，造成司法资源的巨大浪费，严重损害确定裁判的稳定性、权威性及司法机关的形象和权威。这就需要在司法程序终局与再审制度之间寻找一个平衡点，既能保证在通常情况下绝大多数社会纠纷因确定裁判客观公正而导致司法程序能够及时终结，又能保证按照法律规定的再审程序及再审事由依法提起和处理可能存在的司法错误，这是“依法纠错”的价值所在。如果说“有错必纠”是人民群众对司法审判尤其是再审程序的朴素要求，也是再审程序所必须承载的使命，只注重实体公正，强调纠错的结果，不重视纠错过程，那么“依法纠错”则将现代司法公正观引入再审程序，坚持实体与程序并重，不仅表明要纠错，而且注重纠错过程，强调依法定条件、理由、程序纠错，而这恰好反映了司法工作的特殊性和规律性。[①]“实事求是、有错必纠”作为党的政法工作方针，从总体精神上是应予肯定的，但必须全面考虑相关事实，并全面和分类适用纠错方式。如果不管有错无错都进入审查程序，不管错大错小都一律改判，无疑会损害司法的权威；而全社会“翻案

① 焦悦勤：《我国刑事再审程序指导思想的反思与修正》，载《理论与现代化》2011年第1期。

风”畅行无阻，法律的权威也将荡然无存。因此，纠错必须讲规则。“有错必纠”在再审程序中必须讲理性，必须讲原则，必须讲规格，必须讲条件。不能因为谋求“政绩”而没错找错，也不能因为当事人缠诉闹访而进行非理性纠错；不能因为息事宁人而满足当事人的违法或不正当的诉求，更不能因为减少上访数量而无原则地将正确的裁判改为不正确的裁判。对属于法官正常的自由裁量权范围内的裁量，一般情况下不得轻易改动。只有在明显不当或达到滥用程度或者确有法定违法情形并且侵害当事人实体权益的情况下，才能对原裁判进行改判。①

4. 坚持单一价值与多元价值的统一。公正、效率、秩序、安定等都是法的价值目标，司法程序制度蕴涵了法的多重价值，其中有些价值是相互冲突的，必须对这些冲突价值进行平衡和选择。司法是社会公平正义的最后一道防线，公正自然是司法程序的根本性价值目标。但是，如果仅仅强调司法公正的一元化价值，就容易走向极端，忽略甚至否定其他价值取向。我国现行的再审制度是建立在以“实事求是、有错必纠”为基本指导思想的审判监督程序构造基础上的，将原审裁判结果“确有错误”作为再审的主要事由，呈现以重实体轻程序为主要特征的实质正义的价值一元化趋向。而司法程序终局性与再审制度之间恰恰需要一种多元价值的平衡，需要取舍与平衡多方面的法律价值。因此，无论是司法程序终局性还是再审程序完善的理念，都应是多元价值的整合，是一种衡平、综合的价值，是法的公正性、合目的性和法的安定性的统一，而不应单独强调某一价值。这种理念既要考虑一般预防，又要考虑特殊预防；既要考虑法的正义性，又要考虑法的安定性；既要考虑公正的价值，又要兼顾效率的价值；既要考虑实体价值，又要兼顾程序价值；既要考虑申请再审人权利的保障，又要兼顾被申请人权利和社会公众的利益。在这种多元价值理念的指导下，树立理性纠错的原则。要在设定再审程序的时候，兼顾各种不同的价值，做到公正性、合目的性

---

① 江必新：《论民事审判监督制度之完善》，载《中国法学》2011 年第 5 期。

与法安定性的平衡与统一。[①]

5. 坚持个案效果与整体效果的统一。从司法理念上说，司法程序终结意味着人民法院代表国家一经作出确定裁判即具有既判力，在通常情况下，不允许当事人再行争议，也不允许法院随意变更或撤销。但是由于受诸多因素影响，错误裁判也在所难免，这就需要设置再审制度对已生效的错误裁判予以纠正。当然，司法程序终局性强调的是司法的权威性和公信力，而再审制度的根本目的在于最终实现司法公正。再审改判是对原生效裁判的否定，必然产生原裁判的既判力归于消灭的法律后果，在一定程度上要以牺牲程序安定性为代价。通过个案裁判，既实现个案的公平，又对社会发生积极作用和影响，是再审程序的重要任务。但个案效果与整体效果或社会效果并非完全、绝对统一，有时还会存在尖锐的冲突。在构建再审制度时，需要对这两方面的价值统筹兼顾。国家设置再审程序的意义就在于给予法院纠正和弥补错误裁判的机会，这就要求我们在启动再审程序时，必须把实现个案的公正置于维护法的安定性、保护申请再审人和被申请人权利、节约司法资源、维护司法权威等综合价值中去进行社会需求、社会价值和社会变化的考量，根据不同性质的错误，综合权衡各方面的利益关系和价值取向，努力寻求依法纠错的最佳方式和方案，以实现最佳的社会效果。如果不注意社会效果，不计成本地追求个案中完全正确的裁判，不仅难以实现纠错目的，还会产生极大的负面效应。因此，再审制度应当努力寻求个案效果与整体效果之间的最佳结合点。

四、司法程序的终局性与我国审级制度的完善

司法程序终局性关涉司法理念、司法制度、司法实践等诸多方面问题，其中最为关键的是审级制度的建构问题，而审级制度的建构和功能发挥又直接关系到裁判正当性、安定性以及终局性。因此，探讨司法程

---

① 江必新：《完善刑事再审程序若干问题探讨》，载《法学》2011 年第 5 期。

序终局性必须在我国审级制度的改革和完善视角下分析。

（一）我国现行审级制度的历史沿革

审级制度是司法制度的重要组成部分，是指一个国家的法院组织设置上分为几级以及案件经过几级法院审理后程序即告终结、裁判即产生既判力的诉讼制度。从世界范围来看，各国设置审级制度追求的价值目标是维护法制统一、促进司法公正、实现裁判终局、获得诉讼效率等多重价值平衡。由于审级制度是基本司法程序制度，审级制度的产生与设定与一个国家的历史文化传统、经济基础、司法制度以及基本国情等方面有着密切关系。我国审级制度经历了一个演变过程，1951 年《人民法院暂行组织条例》构建了以两审终审为主体、一审终审和三审终审为例外的审级制度。当时由于在很多地区实行三审终审，结果导致案件反复诉讼，长期拖延，不利于及时制裁违法犯罪分子和解决各种纠纷案件。为此，1954 年人民法院组织法取消了三审终审的例外规定，案件一律实行两审终审制。至此，我国四级法院两审终审制作为司法制度正式确定，后来历经修订的人民法院组织法、民事诉讼法、刑事诉讼法以及行政诉讼法都一直沿用两审终审规定。近年来，案件审判中的“一高一低”问题，即案件上诉申诉率高、服判息诉率低问题一直成为困扰理论界和实务界的热点、难点问题。如何解决“一高一低”问题，虽然仁者见仁、智者见智，但是一个无法回避的问题是必须重新审视两审终审制，切实解决终审不终问题。

按照一般推理，一个案件经过审级越多，获得公正的可能性越大。同时，一个案件经过多个审级也会给当事人参与诉讼造成大量的人力、物力和财力的巨大浪费，也容易使案件缠讼不清，造成当事人双方的权利义务关系以及相关法律关系长期处于不稳定状态，不利于社会安定。我国现行两审终审制是基于我国的国情而确立的，实行两审终审有利于绝大部分案件能够在当事人所在辖区的基层法院和中级法院得到解决，方便诉讼，减少讼累，有助于高级法院和最高法院摆脱审判具体案件的负担，从而集中精力搞好审判业务的指导、监督。然而，随着近些年经济社会的不断发展，特别是“一高一低”问题大量出现，很多学者认为我国两审终审制已经不能适应经济社会发展的需要，必须对我国现行审级制度进行改革和完善。综合这些学者的观点主要在于：一是终审法院级别较低。由于我国绝大部分一审案件由基层法院审理，这就使得中级法院成为通常情况下的终审法院，中级法院级别较低，审判人员的业务水平、办案能力以及对法律的认识与理解都有一定局限性，且中级法院靠近案发地和一审法院，容易受到来自当事人、一审法院以及地方保护主义的影响，终审裁判的公正性、正当性、权威性受到质疑。二是审判监督行政化色彩浓厚。上下级法院之间的请示汇报制度，使得下级法院在裁判案件时会考虑上级法院的答复和指导意见，即便当事人不服一审裁判提起上诉，二审法院通常情况下也会维持体现自己意见的一审裁判，两审终审制无形中蜕变为一审终审制，进一步削弱了审级间的制约。三是现行审级制度缺乏职能分层，各级法院的价值目标、职能配置及运作方式几乎没有分别，这种柱形结构的司法等级制与现代审级制度设置的金字塔式的构造相比存在巨大差异，已经失去了程序结构意义上的“审级”的价值。四是法律适用不统一。在我国法院体系和法院管辖中，二审法院既可能是中级法院，也可能是高级法院，还可能是最高法院。我国现有400多个中级法院，30多个高级法院，一个最高法院，掌握终审权的法官数以万计，且二审法院既是事实审法院，也是法律审法院，因此，不同的法院和法官在理解和具体适用法律上难免会有出入，使得法律适用难以得到统一。为了应对上述问题，一些学者提出应该对我国现行审级制度进行改革和完善，将有条件的一审终审制和三审终审制与两审终审制相结合共同构成我国的审级制度。[①] 应当说，上述问题涉及因素很多，不能以这些问题的存在来否定我国现行审级制度，必须在对我国现行审级制度的运行效果进行实证分析后才能提出改革和完善的意见和建议。

① 杨荣新、乔欣：《重构我国民事诉讼审级制度的探讨》，载《中国法学》2001年第5期。

（二）我国现行审级制度的实际运转

在我国两审终审制中，普通救济程序是一审、二审程序，再审程序是一种为了纠正已经发生法律效力的裁判中的错误而设置的特殊的事后纠错救济程序，有别于一审、二审程序，并非每个诉讼案件的必经程序，更不是与一审、二审程序并行的普通救济途径。因此，两审终审的价值目标是绝大多数诉讼案件经过普通救济程序及时终结，而非经过再审程序才能终结。实践中，案件数量可以从一个角度反映审判程序功能发挥以及司法程序终局的整体状况。下面结合全国法院一审、二审、再审案件以及案件审限情况，来具体分析我国司法程序在实现公平和效率过程中的实效。

表 1　2008 - 2010 年全国法院一审案件情况

单位：件

年份	一审结案	一审服判息诉率	上诉案件占一审结案的比例	一审案件经二审改判和发回重审的案件占一审结案的比例	一审裁判正确率
2008	6258400	89.55%	10.45%	1.91%	98.09%
2009	6684436	89.05%	10.95%	1.82%	98.12%
2010	7022142	89.73%	10.27%	1.65%	98.35%

（数据来源：《中华人民共和国最高人民法院公报》，2009 - 2011）

表 2　2008 - 2010 年全国法院二审案件情况

单位：件

年份	收案	占全部诉讼案件比例	结案	维持	改判和发回重审	改判和发回重审率
2008	654044	9.37%	645070	334565	119238	18.48%
2009	731950	9.81%	731734	370159	125926	17.21%
2010	720976	9.28%	730931	374076	115808	15.84%

（数据来源：《中华人民共和国最高人民法院公报》，2009 - 2011）

表3　2008－2010年全国法院申诉再审案件情况

单位：件

年份	刑事、民事、行政申诉、申请再审	再审收案	再审结案	维持	改判和发回重审	改判和发回重审率	经审判监督程序改判和发回重审案件占当年生效裁判比例	生效裁判正确率
2008	128285	39719	40083	13302	15663	39.09%	0.26%	99.74%
2009	117991	41575	42410	13221	16526	38.96%	0.25%	99.75%
2010	112103	45710	46214	13274	17324	37.49%	0.25%	99.75%

（数据来源：《中华人民共和国最高人民法院公报》，2009－2011）

综合表1、表2、表3的数据可以看出，我国一审程序在消除当事人不满、实现一审裁判正确性、正当性方面发挥了重要作用，当事人一审裁判服判息诉率保持在89%以上，当事人不服一审裁判而提起上诉的比例保持在10%左右。在一审结案10%左右的上诉案件中，经二审法院审理，采取改判和发回重审方式结案数占二审结案的比例不断下降，一审案件经二审审理改判和发回重审的案件占一审结案的比例逐年下降，一审裁判正确率则呈逐年上升趋势，一审裁判正确率保持在98%以上。从统计数据来看，有约89%以上的案件经过一审法院审理宣判后司法程序随之终结；在10%左右的上诉案件中，一审案件经二审法院审理改判和发回重审的案件占一审结案的1.6%至1.9%不等。如果单纯从比例来看，我国审级制度设置的一审程序仍在继续发挥作用，并非如某些学者指责的那样，认为一审程序已经不能有效发挥作用。同时，一审程序虽然仍在有效发挥作用，但是也不能否认一审程序确实还存在一些亟待解决的问题。毕竟，从上述数据来看，从2008年至2010年，当事人不服一审裁判结果提起上诉的案件数年均保持在66万多件，在上诉案件中仍然有将近12万多件案件因存在错误被改判和发回重审。由于我国实行两审终审，二审程序的实际上既是上诉审程序，也是终审程序，二审程序的审判质量和效率直接关系到司法程序能否及时终结。上诉案件改判和发回重审的案件数量较大，这也说明我国二审程序的纠错功能发挥了重要作用。在刑事、民事、行政裁判生效后，当事人不服生效裁判文书向法院申诉和申请再审数量呈逐年下降趋势。由于当事人一审服判息诉率达 89% 以上，这些案件的一审裁判文书因当事人在宣判后不上诉而生效。另有 10% 左右的案件当事人不服一审裁判提起上诉，这些案件经二审法院审理作出的裁判文书成为生效文书。从表 3 全国法院再审案件情况来看，生效裁判正确率达 99% 以上，法院生效裁判质量还是能够保证的。这里的生效裁判包括一审裁判宣判后当事人不上诉生效的案件，以及二审审结的案件。当然，每年生效案件中有将近 1.6 万件被改判和发回重审，这说明再审纠错功能也得到了发挥。

表 4　2008 –2010 年全国法院案件审限情况

单位：件

年份	审限内结案	一审案件	二审案件	再审案件
2008	98.41%	98.80%	95.38%	94.64%
2009	98.5%	98.97%	94.97%	94.4%
2010	98.51%	98.96%	95.41%	94.48%

（数据来源：《中华人民共和国最高人民法院公报》，2009 –2011）

按照我国三大诉讼法规定，刑事、民事、行政案件审判均有审限规定，从表 4 数据来看，全国法院审结各类案件在审限内结案（不含批准延长审限的案件）比例超过了 98%，一审案件审限内结案比例最高，二审案件和再审案件比例相对较低，但也都保持在 94% 以上。绝大多数案件能够在审限内结案，这说明全国法院审判效率还是有保证的，这也说明我国现行审级制度符合诉讼经济的要求。虽然一些专家和学者指出我国现行两审终审制存在诸多“弊端”并提出我国应该实行三审终审制，但通过上述分析，可以肯定我国两审终审制度与我国现阶段的国情相适应，具有存续合理性。我国目前还不具备实行三审终审的成熟条件，现行两审终审的审级制度无论是一审服判息诉率、一审裁判正确率，还是二审生效裁判正确率都很高，这说明现行审级制度已经实现了裁判公正性、正确性、终局性、效益性。但是，不可否认，面对当前新的形势和情况，我国现行审级制度确实存在着一些困难和问题，必须对其进行改革和完善，以便更好地适应我国经济社会发展的需要。

（三）我国现行审级制度的改革和完善

当前，强调司法程序终局是要求一般情况下案件经过一审程序、二审程序审判就应当从程序上终结，法院的裁判具有拘束力。而司法程序终局性与再审制度之间的平衡本身是一种此消彼长的关系，当事人为了维护自己的合法权益，如果相信普通救济程序是客观公正的，并且确信仅有普通救济程序有效救济其合法权益，当事人就会竭尽全力地投入到一审、二审程序中，最终愿意接受法院的确定裁判，对于特殊救济程序的再审制度不会寄予太多期望，也不会投入多少时间和精力；如果当事人不信任普通救济程序，并且相信他们可以在另一个地方或另一个法院再次提起诉讼或申请再审，他们不会竭尽全力地利用一审、二审程序的机会维护自己的合法权益，也永远不会尊重法院的判决，并顽固地拒绝执行对其不利的判决，将大量的时间和精力投入到特殊救济程序的再审程序中。因此，司法实践中存在大量的再审案件，至少可以说明，现行普通救济程序未能有效担当纠正错误的功能。从这个意义上说，应当充分发挥我国现行审级制度作用，通过普通救济程序（一审、二审程序）来克服裁判不公或者纠正错误裁判，切实保障审判质量，而不应过多地依赖再审程序纠错。对于错误裁判，如果动辄依赖再审程序给予救济，不仅会破坏司法的终局性、稳定性和权威性，而且会刺激当事人通过再审程序寻求救济甚至缠讼求胜的欲望，从而架空普通救济程序的救济功能。因此，司法程序终局制度的建构应该在我国现行审级制度框架内，围绕如何改革和完善一审、二审、再审程序功能进行探讨。

1. 实现审级重心向一审程序倾斜

审级重心向下倾斜原则是当前世界各国审级制度构造的通行规则，通过审级重心向下倾斜实现整个审判活动和审级设置的重心或主要工作置于第一、第二审，特别是第一审程序。我国实行两审终审制，一审程序是二审程序的基础，在一审程序中法院能够较为全面地解决案件的事实认定问题，可以减少上级法院负担，节约司法资源，提高司法效率，最大限度地保护当事人合法权益。因此，一审程序是实现裁判正当性、解决矛盾纠纷的关键阶段，一审程序如果能够有效发挥职能作用，那么当事人之间的矛盾和纠纷就可以在一审程序中得到彻底解决，无需在一审裁判后再行上诉，或者在确定裁判作出后又寻求申诉再审救济。强化一审程序职能作用，需要着重做好以下方面工作：

一是明确四级法院在审级上的不同功能定位，赋予基层法院或者中级法院对于一审案件的审判权，将法律规定的原由高级法院和最高法院审理一审案件的审判权限向下转移到中级法院，高级法院和最高法院除了审理上诉案件、再审案件外，原则上不再审理一审案件。最高法院监督指导地方各级法院和专门法院的审判业务工作，保证法律在全国范围内的统一适用。各高级法院通过审理上诉案件、制定审判业务文件、发布参考性案例、召开审判业务会议、组织法官培训等形式，对辖区内各级法院和专门法院的审判业务进行指导。

二是将事实审理的重心放在第一审，注重提高一审裁判认定事实的精确性。一审程序作为最完善的审判程序距离案件发生的时间较近，能够比较客观全面地认识案件事实，有利于彻底解决当事人之间的案件事实争议。明确赋予一审法院查明案件的责任，充分贯彻和落实直接言词原则，强化一审的庭审功能，从而真正使得审判的重心落在第一审。

三是实行案件繁简分流，探索有条件的一审终审制。注重在一审程序中通过调解化解纠纷，对于经调解结案的，原则上当事人不能上诉。此外，为了提高诉讼效率，近年来一些基层法院大力推行简易程序审，有70%案件是以简易程序审结的。一些地方积极探索建立“小额速裁法庭”，充分发挥该审判形式具有的程序简便、当庭宣判率高、审理周期短的优势，受到当事人的欢迎，当事人一审服判息诉率大幅上升。对于这些诉讼标的额小、案情简单的案件可以实行有条件的一审终审制，除极个别符合法定条件外，一般不允许提起上诉。

四是充分保护当事人诉讼权利，注重实质性解决矛盾纠纷。2012年3月修正的刑事诉讼法更加重视审前程序中对犯罪嫌疑人的保护，赋予犯罪嫌疑人应当享有的权利；并且进一步完善了第一审程序对被告人公正审判权的保护，特别是对证据的内涵、证据种类的规定进行了修正和补充，明确控方的举证责任，规定非法证据排除，细化证明标准，完善证人、鉴定人出庭制度与证人保护制度。同时，积极寻找案结事了的解决办法，有效实现实体权益，实质性解决纠纷。

2. 强化二审程序审级监督功能

在我国现行两审终审制度中，第二审程序是上诉程序，同时也是终审程序。随着二审裁判的作出，普通救济程序即行终结。为了尽可能地纠正错误的一审裁判，为当事人提供充分的救济机会，消除当事人的不满，我国两审终审制的上诉条件相对宽松，绝大部分案件都享有上诉救济的机会，同时二审程序实行全面审查原则，要求第二审法院对一审程序的事实认定、法律适用以及诉讼程序等问题进行全面审查。通过对一审裁判正确率和生效裁判正确率的分析，可以认为强化二审程序审级监督功能确实非常重要。如果二审程序能够充分地保障其审判质量，并胜任法律赋予它的救济功能与纠错功能，那么司法程序就能够在审级制度范围内通过普通救济程序及时终结，当事人也就无需在普通救济程序结束后再寻求通过申诉再审这种特殊的救济程序进行救济。分析我国刑事、民事、行政申诉、申请再审案件数量年均保持12万件左右的原因，其中不可回避的问题是我国二审程序还亟待加强和完善。

一是正确处理一审和二审的续审关系。目前一审程序与二审程序关系性质有复审关系、续审关系或事后审查关系三种理论。我国一审程序与二审程序关系定位为续审关系较为适当，这符合司法规律和审判实践要求。当事人和法院第一审程序中所实施的诉讼行为，在第二审程序仍有效力。当事人在第一审中自认的事实，第二审法院应直接予以认定。第一审已经认定的证人证言，第二审不必再对证人进行调查。同时，适当限制当事人在二审期间提出新证据。相较于一审程序重在事实审理和法律适用，二审程序在坚持事实审和法律审的基础上，实现审判重心向统一法律适用和保障司法裁判统一的转移。

二是明确界定二审的审查范围。我国实行两审终审制，如果二审法院未能纠正一审裁判中的错误，二审程序的合法性和权威性都将面临实质性质疑。因此，二审程序应当继续坚持全面审查原则，二审的审查范围应当以当事人上诉提出的请求为基本内容，原则上不应超出上诉和抗诉范围，但是有关案件的定性、适用法律以及重大的程序问题，无论当事人在上诉请求中是否提出，二审法院均应依职权主动予以审查。二审法院在致力于维护法治统一、纠正一审裁判错误的同时，也要确保一审法院依法独立审判。

三是不断提高二审开庭审理比例。二审法院如果不开庭审理，事实上就在一定程度上剥夺了双方当事人充分参与上诉审理和表达意见的机会，导致诉讼各方无法在法官面前进行理性协商或者平等交涉，而且无法对法官如何调查证据、采纳证据形成必要的约束，更没有能力和机会对第二审裁判结果的最终形成产生足够的影响，二审程序的权利救济和错误纠正功能便因此大打折扣。因此，对于上诉案件在审理时原则上一律开庭审理，以强化监督、纠正错误、吸收当事人的不满、争取当事人和公众的理解和信任。比如，2012 年 3 月修正的刑事诉讼法专门明确了第二审应当开庭审理的案件范围，即上诉人对第一审认定的事实、证据提出异议，可能影响定罪量刑的，被告人被判处死刑的上诉案件等，第二审人民法院应当开庭审理。这种规定明确把当事人对于一审裁判事实和证据争议的作为开庭审理的范围，有利于通过二审开庭审理彻底解决当事人之间的事实和证据争议。第二审案件开庭审理程序应当有别于第一审程序，从而避免第二审程序是对第一审程序的重复和翻版。

3. 构建符合审级制度要求的再审程序

再审制度是纠正确定裁判错误的程序制度，它以已经发生法律效力的判决、裁定为对象，以已经发生法律效力的判决、裁定确有错误为前提。原则上不论是对一审法院作出的确定裁判，还是对二审法院作出的确定裁判，只要认为确有错误，都可以通过再审程序予以纠正。然而，再审制度的过度扩张，必然会损害审级制度的权威。审级制度是判决既判力的体现，是程序公正的内在要求。因此，体现两审终审制要求的司法程序终局与再审制度之间有着密切关系，再审程序的启动直接关系到司法程序能否及时终止。在修改和完善我国再审制度时，固然有很多棘手问题需要解决，但是关键在于实现再审制度与审级制度的合理衔接。

一是现行审级制度下再审制度的功能定位。虽然有很多专家、学者提出我国应该建立三审终审制，但是应该承认实行三审终审制涉及审级制度的重大改革，直接触及诉讼制度的核心和根本，操作起来难度很大、成本很高，不符合现阶段的国情。因此，在我国应该继续保留两审终审外加再审程序的诉讼模式。比较而言，二审程序是普通救济程序，再审程序是为补充现行审级制度不足而设立的特殊救济程序。虽然请求再审与提起上诉是相近似的法律救济手段，但两者的区别十分明显：再审的对象是已确定裁判，申请再审程序是一种特殊的救济程序；而上诉针对的是未确定裁判，上诉审程序是常规的救济程序。在当事人可以同时寻求上诉和申请再审救济的情况下，应当促使当事人首先使用常规救济手段，只有在穷尽常规救济手段仍未得到应有救济时，才允许使用申请再审这一特殊的救济手段。为了实现实体正义与程序正义，应该将再审程序与正常的诉讼程序进行适当区分，再审程序不应和正常诉讼程序一样全面、系统，应该对再审程序的启动设置较高的条件，使得司法实践中再审案件的比例被控制在一定的范围内。因此，通过确立再审的补充性原则，有利于促使当事人充分运用一审、二审常规救济手段救济权利。换言之，只有当事人在穷尽前一种救济手段后，才能启动后一种救济手段，坚决防止当事人出现“不打一审打二审，不打二审打再审”

的问题。

二是一审确定裁判与再审制度衔接。一审确定裁判是只经过一审法院的裁判即赋予其法律效力，当事人没有机会通过审级制度来提出自己对裁判的异议，因此赋予当事人对于一审确定裁判的申请再审权利是必要的。但是对于当事人在一审程序中已经知道裁判存在重大程序或实体错误，完全有机会通过上诉或申请复议等诉讼权利主张撤销或者变更一审裁判，而未通过上诉或者申请复议主张的，则不允许当事人在裁判生效后再以该理由主张或者变更裁判。只有这样才能促使当事人及时正确利用普通救济程序寻求权利救济，充分发挥一审、二审程序功能，提高审判效率，强化既判力，同时对于培养当事人正确运用诉讼权利、尊重确定裁判效力的诉讼意识也有积极作用。对于符合条件的一审确定裁判，当事人申请再审的，原则上由原审法院审查。实践中，对于一审调解结案、小额诉讼案件以及一审未上诉的案件，不适用上提一级审查，由原审法院审查。同时，对于申请再审的案件中属于基层群众的婚姻、家庭、相邻权、侵权、一般人身损害等类型的传统民事案件，适用一审确定裁判的再审程序，由原审法院审查，这样能够减轻当事人的讼累，将矛盾化解在当地。当然，对于一审确定裁判由原审法院审判委员会讨论决定的，当事人一方为异地的，或者牵涉新的法律问题，当事人对一审确定裁判不服的，则上提一级由上一级法院审查。

三是二审确定裁判与再审制度衔接。我国现行民事诉讼法将再审案件管辖上提一级审查具有内在的合理性，主要是人民群众更相信上一级法院能更好地解决纠纷。对于二审确定裁判可以借鉴国外三审制度的管辖规定，再审案件由生效法院的上一级法院管辖，以确保司法的公正性和权威性，使当事人尽快服判息诉。但是，如果把二审确定裁判不加分别地都上提一级，由上一级法院审查，这容易造成上一级法院，特别是高级法院和最高法院承担巨大的审判压力。因为在我国目前的四级两审法院审级结构中，绝大多数案件一审由基层法院承担，这些案件的终审裁判则由中级法院作出，如果再审案件上提一级审查，高级法院和最高法院自然就要面对大量再审案件负担。为了缓解高级法院和最高法院的案件压力，方便当事人和减轻当事人负担，有必要对申请再审上提一级制度进行完善，在坚持上提一级制度的前提下，合理分配上级法院与原审法院之间的申请再审案件。结合近年来的司法实践，可以规定经原审法院审判委员会讨论决定的二审确定裁判，当事人一方为异地的案件，或者以适用法律错误为由提起再审的，由上一级法院管辖，其他再审案件由作出二审确定裁判的法院管辖。

第十二章　民事诉讼程序之正当化

我国民事诉讼法经过两次修改，基本适应了司法实践的需要，但是民事诉讼程序正当化程度仍然不十分理想。当前我国法院司法实践中面临的诸多问题如司法资源不能满足人民群众的司法需求，法院认定事实困难导致“案不结、事不了”，适用法律不统一与“同案不同判”等问题，固然原因十分复杂，但与现行民事诉讼制度不够科学完善、诉讼程序正当化程度不高也有一定的关联。要以解决民事审判中面临的突出问题为重点，以实现各种司法价值的衡平为导向，宏观谋划，综合施策，以求从根本上完善民事诉讼制度，提高民事诉讼程序正当化的水平。

立法的指导思想决定着立法的走向，正确、科学的立法指导思想是实现民事诉讼程序正当化的前提条件。笔者认为未来对民事诉讼法的完善，以及民事诉讼程序正当化水平的提高，应当遵循以下三个方面的指导思想：

第一，以解决民事诉讼面临的突出问题为指向。目前我国民事诉讼中存在着以下七个方面的突出问题，包括：不断增长的司法需求与人民法院审判资源相对不足之间的矛盾；法院认定事实困难导致“案不结、事不了”；“同案不同判”和适用法律不统一；对审判权的监督需要进一步加强；裁判的可接受性有待提高；申诉难与申诉滥并存；以及执行难、乱执行并存等。只有直面民事诉讼的突出问题，民事诉讼法的修改才具有针对性。

第二，以实现诉讼核心价值的衡平为导向。修改民事诉讼法必须以一定的价值观念作指导，以一定的目标追求为导向。在价值多元化的今天，除了公正价值之外，我国的民事诉讼程序还要重视效率价值、效果价值、规范价值、秩序价值、和谐价值等多方面的价值。人民群众对司法资源需求的日益增加，是通过对各种司法价值的追求表现出来的。但是，所有诉讼和司法价值包括公正、效率、效果、秩序、和谐等并非等量齐观，而是有轻重位序的。必须综合衡平和统筹兼顾，才能对这些诉讼和司法价值做好排序。

第三，以宏观谋划、综合施策为路径。目前学术界提出了很多修改民事诉讼法的意见，但是笔者认为还缺乏宏观谋划、综合施策的向度。要真正修改好民事诉讼法，完善好民事诉讼制度，实现民事诉讼程序的正当化，特别需要从宏观上着眼。如果不从宏观上理顺思路，仅从微观上对具体制度进行精雕细刻，不足以解决当前民事诉讼中面临的突出问题。

从宏观上理顺思路、综合施策，首先要明确我国目前民事诉讼中的问题所在。笔者认为，当前法院主要面临着以下几个方面的突出问题：

第一，如何解决不断增长的司法需求与人民法院审判资源相对不足之间的矛盾。近年来，我国法院受理民事案件的数量不断攀升。2009年，全国法院受理案件的总数超过了千万件，目前是在每年一千一二百万件左右。最高法院每年受理的案件总数也在一万两三千件左右。在增加的案件中，民事诉讼案件增加的绝对数是最高的。另一方面，人民群众对司法的要求越来越高，不仅要求法院快速有效的审理案件，还要降低诉讼成本，方便人民群众诉讼。而且，随着利益的多元化、观念的多元化，人民群众对法院裁判的分歧性意见也在不断增多。各种不同利益关系的群体以及持各种司法审判观念的人，很难对一个确定裁判完全形成共识。在司法需求日益增长的情况下，尽管人民法院的人、财、物都在不断地改善，但是审判资源的改善速度与司法需求的增长速度不成比例。所以有必要通过诉讼程序的设计来缓解不断增长的司法需求与人民法院审判资源相对不足之间的矛盾。

第二，如何解决法院认定事实困难并导致“案不结、事不了”的问题。现在人民法院在案件事实认定问题上越来越困难，“事实认定几乎成了诉讼和审判的泥淖”。包括最高法院在内的四级法院都在花费大量的时间、精力审理事实问题。这个问题的原因非常复杂，但现行法律规定的有关认定事实的规则不完善、不健全也是重要原因之一。

第三，如何解决“同案不同判”和适用法律不统一的问题。过去我国法院审判中遇到新的法律问题，采取了向上级法院逐级请示的办法来解决。为了统一法律适用，最高人民法院还制定了大量的司法解释。后来由于人们的司法观念发生变化，不少人认为向上级法院逐级请示的做法在事实上剥夺了当事人的上诉权或申请再审权。有学者主张取消或者限制下级法院对法律问题的案件请示。近几年，法院内部的案件请示已经大大减少。但是随之而来的问题是，各级法院按照自己的意见对案件作出裁判，全国各地形成了大量“同案不同判”的情况。而一旦最高法院对相关案件改判后，其他同类案件的确定裁判都要作出相应的改动。这既浪费了大量的司法审判资源，又严重损害了法院裁判的权威性。所以，现在需要建立新的机制解决法律统一适用的问题。

第四，如何加强对审判权的监督问题。司法不公和司法腐败现象是客观存在的事实，而且这种现象大大加大了社会对司法的不满。不论民众还是学术界都希望加大对司法审判的监督，加大对法院、法官、审判人员的监督。然而，实践中已经出现大量因堂而皇之的内部或外部监督而导致违法裁判的案件。实践表明，对司法审判权的监督应该是理性的、有效的监督。什么样的监督才是真正理性、有效的监督？应该采取什么方式、程序进行监督？这也是当前面临的非常重要的问题。

第五，如何加大裁判的可接受性，解决“案结、事了、人和”的问题。目前，全国涉诉信访的人数在不断增长。近年来虽然加大了治理力度，涉诉信访的问题有所缓解，但是经常是旧的解决了，新的又冒出来了，信访问题仍然没有从根本上得到解决。

第六，如何解决申诉难与申诉滥并存的问题。一方面大量的当事人感觉申诉难、申请再审难；另一方面也存在当事人多头申诉、涉诉信访案件多头处理，即“滥申诉”的问题。这就需要我们进一步完善再审制度，解决申诉难与申诉滥并存的尴尬局面。

第七，如何进一步解决执行难与执行滥、乱执行的问题。一方面我国法院存在执行难的老问题，近年来加大了治理力度，情况有所好转，但是仍然没有从根本上解决。另一方面，目前还不同程度地存在执行滥的问题。执行难和执行滥，都是社会反映比较强烈的问题。

上述问题，既反映了我们现行民事诉讼制度的局限性，也反映了我国司法审判工作的缺陷与不足。虽然两次修改民事诉讼法对这些问题有所涉及，但是临时应付的成分多，未从根本上解决问题。今后我国民事诉讼法的修改，应当以解决当前民事诉讼面临的突出问题为逻辑起点，宏观思考，整体性地提出对策。根据上述七个方面的问题，笔者对于完善我国民事诉讼制度提出以下七个方面的建议：

（一）科学配置司法审判资源，实现需求增长与资源供给的相对匹配性

随着经济的发展和人民群众权利意识的提高，我国司法资源供给和司法需求增长之间的矛盾在不断加大。从民事诉讼法的角度，可以通过完善以下几项制度来缓解这一矛盾。

1. 进一步实现纠纷解决的多元化。国内外的实践证明，一个国家争讼案件的数量与 GDP 总量即经济发展水平成正比。在我国经济高速发展的现状下，争讼案件的数量肯定还会不断增长。解决司法资源供给和需求增长之间的矛盾，需要实行多元化的争讼解决机制。多元化的纠纷解决机制包括诉讼内的和诉讼外的纠纷解决方式。在诉讼程序内，可以由法官通过诉前调解的方式解决纠纷，也可以委托具有专门知识、特定经验的人员或者有关社会组织的人员对纠纷进行调解。在诉讼外，可以通过专业组织、基层社会组织调解，或是通过各种仲裁机构来解决纠纷。诉讼只是若干种、甚至十多种纠纷解决机制中的一种。如果不建立

多元化的纠纷解决机制，单靠法院通过诉讼的途径解决纠纷，无法应对未来争讼案件不断增加的问题。

2012 年修订民事诉讼法，增加了先行调解制度，进一步完善了调解与诉讼相互衔接的机制，规定："当事人起诉到人民法院的民事纠纷，适宜调解的，先行调解，但当事人拒绝调解的除外。""人民法院对受理的案件，开庭前可以调解的，采取调解方式及时解决纠纷。"上述规定具有积极意义，但是从宏观上建立多元化的纠纷解决机制，还需要增设如下几项制度：首先，要赋予法院之外的不同主体包括公权力机关、社会组织、基层组织甚至社会贤达，有调解处理争议或裁决争议的权力。例如，可以赋予行政机关在处理违法事件时附带处理民事争议的权力。当事人对行政机关的民事纠纷裁决不服时，可以到法院提起诉讼。这样就可以让行政机关处理大量与行政行为相关的争诉案件，从而大大减少法院受理案件的数量。其次，要解决各种非讼纠纷解决主体所作裁决的效果问题。2012 年修订后的民事诉讼法第十五章特别程序增加"确认调解协议案件"一节作为第六节，该规定明确了对调解协议的司法确认程序。[①] 但是从长远看，这种司法确认制度还需要作进一步的研究。因为将来各种社会组织都可能参与到"大调解"机制中间来，成为调解纠纷的主体。如果各种社会组织的裁决都让法院来司法确认，其数量非常巨大。笔者认为，可以把司法确认程序与当事人申请法院强制执行的程序结合起来，在执行时建立一个审查制度。经过审查后，调解协议符合执行条件就由法院强制执行，不符合执行条件的可以确认无效或者是可撤销。现在法院对于调解协议需要先经过司法确认，确认有效后再由当事人申请强制执行，这显然不符合诉讼经济的原则。再次，纠纷解决的多元化，还要防止重新出现强迫当事人调解、损害当事人权益，不尊重当事人意愿等问题。对于这些问题，民事诉讼法应该有所规范、有所限制，例如明确规定非当事人自愿达成的调解协议无效。

---

① 详见民事诉讼法第 194 条和第 195 条的规定。

2. 进一步实行初审程序的类型化。法院受理的各种争讼案件，其案件类型、性质、繁简程度各不相同。如果将所有的争讼案件都按照相同的诉讼程序一体处理，肯定会降低司法效率，浪费司法资源。所以提高司法效率的一个重要方式就是根据案件类型、性质以及繁简程度的不同，制定出不同类型的诉讼程序来加以处理，繁其当繁、简其当简。2012 年修订后的民事诉讼法在实行初审程序类型化方面，迈出了重要步伐：一是完善特别程序。新民诉法在特别程序一章增加了确认调解协议案件和实现担保物权案件的规定，适用特别程序的案件类型进一步扩展。二是建立小额诉讼程序。为及时解决争讼标的小、面广量大的民事纠纷，2012 年修订后的民事诉讼法设立了小额诉讼制度。小额诉讼实行一审终审，标的额为各省、自治区、直辖市上年度就业人员年平均工资百分之三十以下。小额诉讼程序的建立不仅可以分流民事案件、减轻法院的负担，还有利于实现司法的人民性。三是增加转入督促程序。人民法院对于受理的案件，当事人没有争议的，符合督促程序规定条件的，可以转入督促程序。除了上述制度，未来的民事诉讼法修改，要根据一般权益诉讼、家事诉讼、公司诉讼和公益诉讼各自的特点，制定各类型诉讼的特别规定，进一步实行初审程序的类型化。一般的合同案件和侵权案件，尤其是公司法人与法人之间的诉讼，应该更多地贯彻当事人进行主义，实行当事人意思自治。对于家事诉讼，涉及婚姻、继承、收养等案件，应该更多地贯彻职权探知主义，更加重视和解、调解，更加重视通过人性化的方式解决纠纷。还有公司内部的诉讼，股东与公司之间的争端，它与其他平等民事主体之间的诉讼也是有所不同的，也需要有特别的规定。

3. 救济程序的类型化。完整的诉讼程序包括一审、二审和再审，有很多国家还允许当事人提起三审。二审、三审还有再审都是对初审的救济程序。但是如果所有案件都允许当事人提起二审、三审甚至再审，显然是浪费诉讼资源。民事诉讼法既要保护当事人的诉讼权利，又要提高诉讼效率、降低诉讼成本，所以救济程序也要类型化。一方面，对争讼案件是否给予上诉救济要进行类型化。比如，对有些案件，与其敞开大门让当事人申请再审或申诉，不如设立三审制，如此更有利于实现程序的规范化和维护确定裁判的权威性。再比如，小额速裁程序实行一审终审，不需要二审；而与人身关系相关的特别程序如无财产内容，不但应当一审终审，甚至不宜进行再审。还比如，关于申请再审的次数问题，笔者主张根据案件类型的不同进行区分，普通案件当事人申请再审以一次为限，重大案件可以有两次再审的机会。另一方面，给予当事人程序救济的机会，也要采取类型化的方式。现在民诉法规定了上诉、申请复议等多种救济方式，但是仍然存在诸多问题：第一，申请复议包括向原审法院申请复议和向上级法院申请复议。向原审法院申请复议的制度，审查程序欠完备，制度有效性差；第二，对某些程序性的事项，通过上诉的方式解决，浪费司法资源。笔者认为初次救济程序可以分为三个层次：一是当事人只能向本级法院申请复议，本级法院应该另行组织合议庭处理，取消向上级法院申请复议的做法。既要提高复议制度的有效性，又要节约司法资源，方便当事人。二是当事人对实体性裁判不服，一律采取上诉的方式解决。三是对裁定和重要的决定不服，可以借鉴国外的立法例，允许当事人向上级法院提起抗告。例如，对于决定、命令不服，日本民事诉讼法给予了相对人向上级法院提起抗告的救济制度。抗告法院依自由裁量权决定是否开展口头辩论。不开展口头辩论时，抗告法院除进行书面审查外，还可询问抗告人及其他利害关系人。抗告法院就事实上及法律上的争点进行抗告审理，若认定抗告不适法，则驳回其抗告；若认定理由不成立则撤销其抗告。相反若认定抗告理由成立，则撤销原裁定，自行进行恰当的裁定，或者将案件发回原审法院重审。[1] 抗告是介于上诉和复议之间的程序。抗告与上诉相比，程序更为简便，可以节约当事人的时间和精力。

---

① ［日］中村英郎：《新民事诉讼法讲义》，陈刚、林剑锋译，法律出版社 2001 年版，第 280 页。

4. 建立示范诉讼制度。所谓示范诉讼是指从存在共同原告或共同被告，且事实与证据相同、所要解决的法律问题亦相同的数个案件中选出一个案件，经全体当事人同意，法庭作出的相当于合并审理的裁定，对该案件首先进行审理并作出判决，全体当事人均受该判决的约束。①比如征地补偿的案件可能涉及几百甚至上千户居民，法院对相关补偿的标准或者法律适用难以把握。如果采用示范诉讼制度，可以由当事人约定或法院指定一个典型的案件先进行审理，其他当事人先不起诉。等到先行起诉的案件审理完后，其他的案件就自动按照该判决确定的补偿标准或法律适用规则来处理。通常情况下，其他同类案件当事人因为已经得知了法院的判决意向，会自行选择和解，不会再到法院起诉。示范诉讼可以起到“以一当百”的作用。目前我国实行的代表人诉讼是让所有同类案件的当事人一起到法院起诉，由其中一人或数人作为代表人实施诉讼行为，法院作出的判决对所有诉讼当事人均具有约束力。这种代表人诉讼的形式容易使法院不堪重负，造成诉讼迟延或降低裁判质量，而且当事人群体情绪波动也容易影响审理进程和最终裁判。如果建立示范诉讼制度，一来可以缓解当事人在数量上给法院带来的压力，二来审理作为示范的单个案件也较集团性诉讼更加高效便捷，通过裁判的扩张效力避免不必要的争执和纠缠。笔者认为科学配置司法审判资源，在我国建立示范诉讼是比较好的选择。

科学配置司法资源，可以从以上几个方面完善民事诉讼制度，提高我国法院的司法效率，实现司法需求增长与资源供给的相对匹配。

（二）着力完善事实认定规则，增强事实认定的客观性与确定性

目前包括最高法院在内的全国四级法院都在花费大量的时间、精力研究案件事实认定的问题，这绝非正常现象。国外的法院尤其是英美法

---

① 《元照英美法词典》，法律出版社2003年版，第1339页。

系国家，为什么不存在如此严重的事实认定难问题？这和他们的诉讼制度设计有关：第一，促进当事人和解。在美国，“超过90%的案件都未到达开庭审理的阶段就通过和解得到了终结”。[①] 通过收集证据和了解对方当事人的意图，“发现程序”（discovery）可以帮助当事人重新评估自己的立场和主张，从而在更明确的案件事实基础上较容易地达成和解。第二，陪审团制度。民商事案件百分之九十左右都通过和解结案，只有百分之五到百分之十的案件是通过正规程序审理。而法院的初审程序又通过陪审团认定事实，法官只对适用法律作出裁判。陪审团对事实的认定，包括证据的可信性和证明力，是该次诉讼中终局的和决定性的裁决。除非审判记录表明，没有初步的证据可供陪审团作为认定的依据，或者诉讼中发生了法律错误，或者出现了“陪审团不良行为”，否则初审法官和上诉法官都不得撤销陪审团的裁决。[②] 因为陪审团机制的存在，上诉审包括二审、三审都不解决事实问题，上诉法院不推翻陪审团的意见。最高法院更不可能审理事实问题。第三，证据规则。如果法官在言辞辩论终结时仍然无法确定案件事实真伪，应当按照证明责任分配规则由一方当事人承担不利的裁判后果。所以只要有完善的证据规则，法院对任何案件都可以作出裁判。笔者认为可以适当借鉴国外的经验，解决我国法院事实认定难的问题。例如，对于当事人反复申诉上访、事实认定非常困难的案件，可以尝试采取陪审团制。法院把相关人员都请来，大家一起对事实问题作出评价，只要意见基本一致，申诉人就没有道理再到处申诉。[③] 当然，借鉴真正意义上的陪审团制涉及诉讼制度的根本改造，短期内无法实现。目前，我国在证据规则方面，有很多可改进之处：

---

① ［日］谷口安平：《程序的正义与诉讼》，王亚新、刘荣军译，中国政法大学出版社2002年版，第34页。

② See Gary Slapper and David Kelly, *The English Legal System*, 9th Edition, Routledge - Cavendish 2009, p295 ~296.

③ 河南省高级人民法院已经迈出了“人民陪审团”的试点步伐。参见汤维建：《评人民陪审团的制度试点》，载《政治与法律》2011年第3期。

首先，进一步明确举证责任的分配和转移规则。案件事实真伪不明时，应当按照证明责任分配规则由一方当事人承担不利的裁判后果。按照举证责任规则裁判的前提是要有科学、正当的举证责任分配规则。举证责任分配在很大程度上决定了当事人诉讼的胜败。我国现行民事诉讼法第64条第1款规定："当事人对自己提出的主张，有责任提供证据。""谁主张、谁举证"，这只是举证行为规则，而没有体现举证结果责任。鉴于立法上的不足，后来《最高人民法院关于民事诉讼证据的若干规定》弥补了这一缺陷，未来民事诉讼法修改，应该将举证结果责任上升为法律。另外，举证责任转移制度也至关重要，如果缺乏完善的规定会使相当一部分案件举证责任分配不公平，导致案件审理不公。学界一般主张以"规范说"作为分配证明责任的标准。[①] 对按照此标准不能获得公正分配结果的少数例外情形实行举证责任的转移，也叫举证责任倒置。笔者不太赞同举证责任倒置的概念，而主张用举证责任转移，因为举证责任倒置就意味着所有的证据由对方承担，事实上这种情况是非常罕见的。大部分情况下，当事人可以提供初步证据，但是一旦无法进一步举证，而且有利的证据在对方手中，无论是从伦理价值、公正价值还是效率价值上看都应该由对方承担举证责任时，就发生举证责任转移。《最高人民法院关于民事诉讼证据的若干规定》第4条规定了几种情况下实行举证责任转移，但是显然不够充分，需要进一步完善。

其次，明确评估人、鉴定人提供虚假证据的法律责任。新民诉法第78条规定了鉴定人拒不接受质证的法律后果：当事人对鉴定意见有异议或者人民法院认为鉴定人有必要出庭的，鉴定人应当出庭作证。经人民法院通知，鉴定人拒不出庭作证的，鉴定意见不得作为认定事实的根

---

① 罗森贝克"规范说"在德国、日本、我国台湾等大陆法系尤其是德国法系国家和地区长期以来处于通说地位。但是经过多年适用，对其不足也多有批判，修正规范理论和其他试图取代规范说的理论先后涌出。参见姜世明：《新民事证据法论》（修订二版），（台北）学林文化出版事业有限公司2004年版，第184页；［日］高桥宏志：《民事诉讼法》，林剑锋译，法律出版社2003年版，第441页以下；陈刚：《现代证明责任理论的研究现状》，载陈刚主编：《比较民事诉讼法》2000年卷，中国人民大学出版社2001年版，第182页以下。

据；支付鉴定费用的当事人可以要求返还鉴定费用。《全国人民代表大会常务委员会关于司法鉴定管理问题的决定》第 13 条规定了鉴定人经法院依法通知拒不出庭的，由省级司法行政机关给予停业三个月以上一年以下的处罚，情节严重的，撤销登记。这一规定对遏制鉴定人拒不到庭之现象确实起到了一定的作用，但没有规定处罚的具体条件等（如多少次不出庭就要受到处罚），导致实践中操作比较困难。实践中法官很少因为鉴定人一次不到庭就建议省司法行政机关对鉴定人进行处罚的。笔者认为要进一步强化鉴定人、评估人提供虚假证据的法律责任。鉴定机构或评估机构做假鉴定、假评估的，法院可以提请省级司法行政机关给予停业的处罚，或撤销登记，甚至可以追究刑事责任。如果不建立这样的刚性制度，法院对于案件事实的认定将永远无法确定。

再次，完善法官依职权调查取证的程序。由于我国律师行业不发达，当事人的举证能力较差，民事诉讼中完全贯彻当事人进行主义不太现实。但是完全由法院调查取证，一来增加法院的负担，二来也增加了法官寻租或滥用权力的可能，容易增加当事人对法院的不信任感。所以一方面要适当扩大法官调查取证的范围，但是也不能无限扩大，要根据不同案件类型加以适当规范。可以考虑由法院或法官签发调查令，由当事人或其代理人实施调查行为。

最后，进一步完善证人出庭作证的保障措施和拒不出庭作证、作伪证的法律责任。现在我国诉讼程序中证人出庭作证的比例非常低，证人拒不出庭作证，导致大量的案件事实无法查清。证人出庭作证难的主要原因在于：对证人的保护不力，证人的权利和义务不平衡，以及证人拒证的法律后果不明确。2012 年修订后的民事诉讼法，增加了证人费用由败诉方负担的规定。以后还要继续强化证人出庭作证的保证措施和拒不作证的法律责任。一方面要完善对证人出庭作证的安全保障措施。司法机关应当对依法履行义务的证人及其家属提供法律保护，消除证人出庭作证后受到打击报复的可能性。另一方面，要建立健全证人拒不出庭作证的法律责任和制裁措施，维护司法的权威。例如，英国法律规定，法庭对应当到庭的证人发出传票，对拒不到庭者，可以逮捕或以藐视法庭罪给予处罚。我国立法应当明确规定证人拒不出庭作证是一种危害社会管理秩序的行为，以及影响审判机关正常活动的行为，视其情节应给予相应的经济制裁、行政制裁和刑事制裁。

（三）合理定位不同层级法院的职能，增强法律适用的统一性

随着法院判决书实行网上公开，法院“同案不同判”的情况越来越受到关注。法院对相同案件作不同裁判，很大程度上要归结于诉讼制度的不完善。主要原因是：第一，缺乏完善的法律适用规则。对于法律适用规则，许多法官只是简单地理解为上位法优于下位法，特殊法优于普通法，后法优于前法。这仅仅是法律适用中解决冲突规范的基本原则，而这些基本规则都是有例外的。另外还有法律条文的解释规则、不确定法律概念的判断规则、自由裁量权的应用规则、法律适用效力的规则、利益衡量和价值衡量规则、形式逻辑推理规则等一系列规则。只有在法律适用规则上深入研究、取得共识，法官在适用法律的时候才有可能做到同案同判。目前学术界对法律适用问题的研究还很不到位，法官对同一个法律条文有多种不同的理解，这当然会导致“同案不同判”的问题。第二，法官对证据认定规则所持观念不同。在适用证据规则时，有的强调诉讼秩序，认为当事人必须在规定期限内提交证据，否则就损坏了诉讼秩序；有的法官强调当事人逾期提交证据是否失权，要看当事人是否具有主观过错；有的法官坚持实事求是的原则，无论当事人是否逾期提交了证据，都尽可能接受。这是法官诉讼观念上的不同，导致了同案不同判的问题。第三，缺乏由上级审判机关统一审理新的法律问题的诉讼机制。过去我们主要采取疑难案件逐级请示和由最高法院发布司法解释填补法律漏洞的办法，保证全国法院适用法律的统一性。现在很多学者认为法院对疑难案件逐级请示的办法，侵犯了当事人上诉权、申请再审权。而用司法解释填补法律漏洞，则被认为是司法权对立法权的侵犯，是违反宪法的越权行为。笔者认为应该做具体分析，如果

把这些措施都取消，新的确保法院统一适用法律的诉讼机制又没有及时建立，显然会更加凸显“同案不同判”的问题。解决法院法律适用不统一、“同案不同判”的问题，必须完善民事诉讼的相关制度：

首先，要坚持通过司法解释的方法统一法律的适用。由最高法院出台司法解释是具有中国特色的司法制度，对于促进法院审判、统一适用法律具有独特的价值。在现阶段我们应该坚持司法解释制度并适当拓宽其范围。

其次，要建立越级上诉和提级管辖制度。对越级上诉，各国的表述并不一致，日本称之为“飞跃上告”，英国叫“跳背上诉”，美国则称为“直接上诉”。越级上诉是指当事人对一审裁判认定的事实没有争议的情况下，由当事人达成协议，越过第二审而直接上诉到第三审的一项诉讼制度。[①] 国外实现“同案同判”主要靠判例制度，同时越级上诉也是保证法院统一适用法律的重要诉讼机制。我国法院实行两审终审制，当事人不可能从一审越级上诉到三审，所以短期内不可能建立国外意义上的越级上诉制度。但是我们可以借鉴越级上诉的思路，对涉及法律适用争议的案件实行提级管辖，当下级法院审理案件涉及新的法律问题时，可以将该案逐级移送有权处理的法院。比如涉及省级的地方性法规、政府规章的理解问题，下级法院可以将案件移送省高院处理。如果涉及全国的法律和行政法规、部门规章的理解，下级法院可以把案件提交最高法院审理。最高法院或省高院对涉及新的法律问题的案件作出裁判后，下级法院都按照这个判例处理同类案件。

再次，控制最高院和省高院审理案件的数量。如果大量案件由省高院、最高院提级管辖，就必须适当减少最高院和省高院审理案件的数量。如何给最高法院、省高院减负？笔者认为：第一，人民法庭审理的案件可以考虑到基层法院上诉。法院的级别和审级制度不具有必然的对应关系，一个法院内部可以包含多个审级。如澳门回归以前，澳门审计

---

① 王娣、王德新：《我国民事审级制度之重构与优化》，载《政法论坛》2002 年第 4 期。

法院和高等法院均在一个法院内部设立两个审级。审计法院是行使财政审判权的专门法院，它自成体系，独立并隔绝于其他法院，相互之间没有审判监督关系；它分为预先监察庭和事后监察庭，既是一审法院（以独任庭运作）也是上诉审法院（以合议庭运作），对独任庭之判决不服时可向该院合议庭提起上诉。而澳门高等法院本身也包括两个审级，对分庭之判决不服时可向该院全会提起上诉。鉴于高等法院自身包括两个审级，所以当时澳门的司法制度其实是“两级法院三个审级”。[①]在基层法院建立上诉程序，涉及法院体制的改革，但主要还是传统思想观念上的问题。可以尝试在基层法院建立上诉庭，专门审理上诉案件。第二，适当调整法院级别管辖的规定。一审案件原则上全部由基层人民法院管辖，极个别的重大疑难案件由中级法院一审。笔者认为按照诉讼标的金额大小划分级别管辖并不科学。从审判经验来看，诉讼标的额大的案件实际上更容易审理。因为标的额大的案件，当事人之间签订的合同往往比较规范，相关手续办理得更为齐全，这有利于法官在诉讼中查清案件事实。有时候恰恰是标的额小的案件更为复杂。所以，应该放弃以标的额大小划分级别管辖的做法，将大部分民事一审案件下沉到基层法院管辖。第三，完善再审案件级别管辖的规定。2007 年民事诉讼法修改时，将当事人申请再审的案件全部提级管辖。这一规定不太妥当，因为中级法院或基层法院都设有审监庭，再审案件由原审判庭之外的法庭审理，一般情况下不存在严重的审判不公问题。2012 年修订的民事诉讼法对这一规定进行了修改：当事人对已经发生法律效力的判决、裁定，认为有错误的，可以向上一级人民法院申请再审；当事人一方人数众多或者当事人双方为公民的案件，也可以向原审人民法院申请再审。笔者主张涉及适用法律问题的再审案件由上级法院管辖，不涉及法律适用问题的再审案件由原审法院管辖。这样有利于四级法院职能的科学定

---

① 参见叶士朋：《澳门法制史概论》，周艳平、张永春译，澳门基金会 1996 年 1 月版，第 60 ~ 66 页；韦柏伦：《司法组织本地化》，郭华成译，载《澳门 1995》，澳门基金会 1995 年 3 月出版；《澳门司法组织》，澳门政府印刷署第二版。

位，有利于法律的统一实施。调整法院的级别管辖，尽管短期内可能会加重基层法院的办案负担，但从长时期来看，让最高法院、高级法院在法律适用、解决重大疑难案件方面发挥更加积极能动的作用，可以引导潜在的案件当事人息诉止争，从整体上减轻法院的办案负担。

（四）科学构建审判监督制约机制，促进司法的廉洁性与公正性

加大对司法审判过程、司法审判人员和司法机关的监督是社会各界的普遍呼声，是新一轮司法改革的大趋势。2012 年民事诉讼法修订，着重完善了检察机关对民事审判的监督。一是增加了检察机关对民事诉讼的监督方式：各级人民检察院对审判监督程序以外的其他审判程序中审判人员的违法行为，有权向同级人民法院提出检察建议。二是将民事执行活动纳入检察监督范围，将人民检察院有权对民事审判活动实行法律监督，修改为人民检察院有权对民事诉讼实行法律监督。不断探索和完善检察监督是必要的，但是怎样从整体、宏观上加强司法监督，采取什么方式加强对审判机关和审判人员的监督，笔者认为仍然还有探讨的空间和必要。在当前的情况下，要不断完善司法监督的内容和形式，毕竟我国出现了大量司法腐败问题，出现了大量裁判不公案件。另外，从国际趋势看，在上个世纪，世界各国在司法建构方面重点解决司法独立性的问题，但最近几年世界各国都在解决司法公正和司法责任的问题。中国的情况比较复杂，一方面宪法所规定的法院独立审判原则没有落实到位，但同时又出现大量司法不公、司法腐败现象，使社会的注意力全都转移到了对司法的监督问题上。如何在这两者之间实现衡平，是我们要面临的新问题。对于怎样建立科学的审判监督机制，笔者认为：

第一，完善当事人在诉讼程序内的监督。任何权力都要受监督。只要是绝对的权力、不受监督的权力就必然产生腐败，必然走向滥用。法官也是人，具有人的弱点，那谁来监督法官呢？如果外部监督过多，肯定会影响司法独立性，影响法官独立行使审判权。因此最好的监督途径

是当事人监督。当事人最了解案情，有实施监督的利益驱动，而且当事人是在诉讼程序之内进行监督，其监督方式最符合司法审判的规律。当事人的监督是在诉讼过程中的监督，可以防患于未然，可以将可能带来的负面影响降到最低限度。加强当事人监督最主要的是充分授予当事人足以监督法院的诉讼权利。这些权利包括起诉权，当事人请求法院就特定的法律主张或权利主张进行裁判的权利；知情权，了解对方的证据和相关法律规定，确保当事人双方信息对称；程序选择权，尽可能为当事人设置一些可供选择的诉讼机制，避免审判人员的独断；表达权，充分赋予当事人申辩权、表达权、辩论权等；请求权，在诉讼中按照规定可以提出各种诉讼上的请求；还有请求救济权，当事人对法院作出的裁决不服时，可以根据一定的程序申请复议、申请复核、提起上诉或申请再审等；还有控告申诉权，当事人受到歧视偏袒可以向上级反映。此外，还可以授予当事人以一定范围的协商权、认可权、同意权等。拥有充分诉讼权利的当事人足以对法官形成监督和制约。当然加强当事人的监督还必须确保法官在诉讼中的主导地位，如果当事人的权利超过法官的权力，可能出现新的弊端。总之要科学配置当事人的诉讼权利和法官的审判权。只要当事人的权利配置好了，就可以对法官的权力形成有效的监督。当事人在诉讼程序内的监督应该成为司法监督的主要手段和基本思路。

第二，进一步规范院长、庭长的内部监督指导权，即加强审判管理。加强审判管理是将行政管理权植入审判过程，用行政管理权监督、制约审判权。行政管理权用得好，有利于加强法院内部的监督制约，提高裁判公正和审判效率；如果用得不好，会导致审判的行政化，带来负面影响。因为院长、庭长也是人，他们的意见不一定完全正确，他们在作出判断时也可能受到外部环境的不正当影响。所以对院长、庭长的内部监督指导权授予到什么程度以及如何行使，必须进行有效规范，否则就容易走向反面。从开始强化审判管理权的时候，就必须强调对审判管理权本身的管理，以及对监督指导权本身的监督。怎么样来把握院长、庭长的内部监督指导权？笔者认为：首先，要规范监督的范围，只有重大疑难案件或容易引发新的社会冲突的案件，才由院长、庭长主动进行监督；其次，要规范监督的程序，院长、庭长的监督指导权必须通过正当程序进行；再次，规范监督的方式，院长、庭长一般要采取提出异议、建议的方式对审判权进行监督，如果合议庭不听从建议，院长、庭长可以将案件提交审委会讨论，通过审委会解决案件争议问题。通过对内部监督指导权的范围、程序和方式的规范，防止院长、庭长的监督指导权强于审判权而带来负面影响。

第三，进一步完善、规范外部监督机制。检察监督、权力机关监督都属于对司法权的外部监督。外部监督权既不能太弱，也不能太强，要根据一定的原则进行：首先，对外部监督权的制度必须进行规范，在什么范围进行监督、按照什么条件进行监督、采用什么方式进行监督，都必须规范化；其次，监督者本身要受到监督，监督者本人如果不受监督，就有可能是以一种恶替代另外一种恶，同样会出问题。因为监督者本身也是人，同样有弱点，有利用监督权寻租的可能性。监督者本身必须接受监督，而且要接受强有力的监督，才可以保证监督权不至于滥用。

以上是构建科学的审判监督机制需要考虑的基本问题。

（五）重新构建案件“事了人和”的解纷机制，实现解纷成本的整体廉价性

当前我国法院谋求案件“事了人和”的基本思路是“大调解”。2012 年修订的民事诉讼法着重完善了“优先调解”制度，体现了对调解工作的重视。“大调解”可以实现当事人之间纠纷的实质性解决，实现和谐审判，降低当事人的诉讼成本。目前来说“大调解”的积极作用是值得肯定的。但是任何一种制度都有局限性，从各方面反映的情况看，大调解机制的负面作用也在逐步显现。有的法院片面强调调解率，以拖促调，强迫当事人调解，牺牲当事人的权利。比如债务纠纷案件中，债务人欠账不还，法官还要说服债权人一让再让，这种调解的导向

实际上支持了不诚信、不依法办事、不履行义务的一方，牺牲了社会公认的道德价值和诚信价值。还有些地方的调查发现，调解结案的执行率非常低，甚至调解结案的执行率反而低于裁判案件的执行率。这反映出调解的优点在一定的条件下有可能走向反面。所以对任何制度都要辩证地看，在利用制度优越性的时候预防它出现负面的作用，这样才能保证制度的持久性。当前我们一方面要高度重视调解，尊重和执行最高法院关于调解的各项政策；另一方面也要防止调解的负面作用。笔者认为在强调“大调解”的同时，我们也要寻求新的纠纷解决思路，构建“大和解”的机制就是其中最重要的一种。“大和解”机制就是动员和利用一切资源，引导双方当事人自行和解、解决争端的机制。调解模式是由法官或第三方主持，双方当事人协商的三方结构；和解主要是当事人协商的双方结构。形成大和解的格局，目标是争取80%～90%的案件通过当事人和解来解决，减轻法院的办案负担，同时避免或减少司法不公、司法腐败现象。但是促进当事人和解是有条件的，要形成大和解的格局必须建立如下几项制度：

第一，法律问题的公示机制。当事人对诉讼的前景不清楚、可预测性差，就容易到法院打官司。如果当事人能够准确预知诉讼后果，他肯定会从自己的利益出发考虑降低诉讼开支，选择自行和解。所以要进一步完善法律问题的公示制度，促进法院裁判上网公开，增加法律问题的透明性和可预见性。

第二，有从事纠纷斡旋的社会组织或代理人。国外之所以有大量的案件通过和解结案，是因为诉讼代理人、律师从中做了斡旋和解的工作。为什么国外的诉讼代理人会主动高效地从事斡旋活动，而我国的律师千方百计地鼓动当事人打官司，挑起矛盾、制造矛盾？这与我国律师收费制度对和解缺乏有效的激励作用不无关系。如果将当事人和解与律师代理费挂钩，和解一个案件，代理人收到的律师费更多；而一旦当事人进行诉讼，代理人收到的律师费会更少，这样当事人的代理人或律师就会千方百计地去做和解工作，形成大和解的格局。

第三，当事人有足够的动力进行和解。通过诉讼成本的激励机制，可以有效促进当事人自行和解。例如，美国联邦民事诉讼规则第 68 条规定：如果被告在审理前提出和解条件，而原告拒绝接受并且在随后的审判中所得到的结果还不如和解条件，那么原告就必须自行支付诉讼成本，他作为胜诉方在一般情况下有权坚持要求被告支付双方的诉讼成本。[①] 可以和解的当事人，如果不肯和解，故意浪费司法资源，要自行承担诉讼成本。这就促使当事人有动力去达成和解。我国《诉讼费用交纳办法》规定的诉讼收费过低，造成了大量当事人滥诉、缠诉。应该完善诉讼收费的相关规定，以诉讼成本分配为杠杆，促使当事人主动和解。

和解的优势比调解要多，弊端比调解要少。法官在诉讼中主持调解，有损法律权威，让当事人感觉法律规范既可以这样执行也可以那样执行，毫无严肃性、确定性和法定性。建立大和解的机制，既有利于尊重当事人的意思自治，又有利于节约司法成本，还可以减少审判不公或司法腐败的问题。

（六）科学设定再审制度，促进再审制度的规范性和有效性

我国的再审制度面临着当事人申请再审难与当事人申诉滥并存的双重压力。解决再审面临的尴尬局面，必须综合治理、辩证施治，通过一系列制度设计，促进再审制度的规范性和有效性。

1. 进一步细化或明确化再审事由。2007 年修改民事诉讼法时，将申请再审事由从原来的五项细化为十四项，这是立法技术的进步。但现在看来，再审事由的第二项“原判决、裁定认定的基本事实缺乏证据证明的”和第六项“原判决、裁定适用法律确有错误的”仍然属于比较笼统的规定。只要有笼统的规定存在，这一规定就有可能成为法官滥

---

① ［美］理查德·A. 波茨纳：《法律的经济分析》，蒋兆康译，中国大百科全书出版社 1997 年版，第 748 页。

用权力和当事人滥用申诉权的条件。现在当事人滥用申诉权的都以第二项和第六项作为理由；法官想滥用权力偏袒当事人，办人情关系案的，也是利用这两项规定。所以再审事由必须进一步细化、明确化和规范化。

2. 纯程序性再审事由与裁判实体妥当性挂钩。现行民事诉讼法规定的再审事由中有相当一部分是违反法定程序的事项，比如违反法律规定导致管辖错误的；审判组织的组成不合法或者依法应当回避的审判人员没有回避；违反法律规定，剥夺当事人辩论权利的等。程序违法对实体正义有影响，但是有很多程序违法的案件在实体妥当性上没有问题。而且很多案件的程序违法事项已经在二审中得到了纠正。一审程序违法、二审不存在问题的案件，如果当事人申请再审，再审法院只能裁定维持原判、驳回申请人的请求。这样的再审程序毫无意义，对当事人而言，浪费了很多时间精力和诉讼费用，最后当事人怨气更大；对法院来说，平添了很多案件压力，也没有实质性地化解矛盾。笔者认为应该将程序违法的再审事由与实体妥当性、正当性联系起来考虑。为了防止程序性再审事由的空转，可以规定必须是同时存在程序违法和实体问题处理不当的案件，当事人才可以申请再审。法院审理后发现原审裁判既有程序违法又有实体处理不当的，可以改变原审法院的裁判；如果没有程序违法只有一般性的不当，作为复审的再审程序要尊重原审法院的裁判，维持原判决的既判力、公信力，不能以再审法院的自由裁量取代原审法院的自由裁量。但是当违反法定程序或审判人员贪污受贿的时候，只要原审裁判有一般性不当就可以改判。这样对当事人来说，不至于造成申请再审的空转，白白浪费时间、精力和钱财；对法院来说纠正了不当的裁判，也具有积极的导向意义。

3. 再审启动顺序上实行“法院救济先行，检察抗诉断后”。司法实践中，当事人往往将一份申请再审书发给几个单位，几个单位都忙着审查处理，最后几个单位的处理意见还不一致。法院驳回的，检察机关提出了抗诉，或者是检察机关驳回了申诉，法院已进入了再审。由于没有建立科学的再审秩序，导致当事人多头申诉，涉诉信访案件多头处理。而处理单位的意见相互矛盾，又加剧了息诉息访的困难。2012 年修订的民事诉讼法第 209 条规定：“有下列情形之一的，当事人可以向人民检察院申请检察建议或者抗诉：（一）人民法院驳回再审申请的；（二）人民法院逾期未对再审申请作出裁定的；（三）再审判决、裁定有明显错误的。人民检察院对当事人的申请应当在三个月内进行审查，作出提出或者不予提出检察建议或者抗诉的决定，当事人不得再次向人民检察院申请检察建议或者抗诉。”建立有效的再审秩序，要删除当事人直接向检察机关申请抗诉的规定，进一步贯彻“法院救济先行，检察抗诉断后”的模式。这样才能防止出现当事人多头申诉、案件多头处理的问题，同时有利于提高检察监督的质量，有利于将矛盾化解在基层。

4. 取消对再审裁判可以上诉的制度。现行民事诉讼法规定：人民法院按照审判监督程序再审的案件，发生法律效力的判决、裁定是由第一审法院作出的，按照第一审程序审理，所作的判决、裁定，当事人可以上诉。实践中，一个案件判决之后被申诉，申诉了又判，多次复查、多次再审，甚至多达十几次。这种情形严重损害了司法权威，造成了大量司法资源的浪费，不利于保护当事人的合法权利，不利于法律秩序的稳定。2012 年修订的民事诉讼法第 209 条已经对当事人申请检察机关抗诉作出了限制，为了防止“无限申诉、无限再审”的弊端，应进一步对当事人申请再审作出一定的限制。可以考虑再审案件全部一审终审，不再设置上诉程序。

（七）进一步构建强制执行的机制，增加义务人履行裁判的自觉性

我国法院面临着严重的执行难问题，同时存在执行乱的问题。这两者之间，执行难依然是主要矛盾，执行乱是次要矛盾。执行乱往往是由于被执行人规避执行而法律上又没有有效对策解决而引起。当然也有一些执行乱的问题是由于地方保护主义、部门保护主义或者法官徇私枉法

引起的。但是，现在司法实践中的主要矛盾仍然是要解决执行难的问题。解决执行难，从制度上要作出如下几个方面的安排：

1. 降低诉讼保全的门槛。如果采取了有效的诉讼保全措施，法院就可以避免在作出裁判之后花费大量的时间、精力去找人、找财产强制执行。目前，诉讼保全制度难以发挥作用的主要原因是制度门槛太高。现行民事诉讼法规定："人民法院采取保全措施的，可以责令申请人提供担保；申请人不提供担保的，驳回申请。"同时，申请诉前保全的，"申请人应当提供担保，不提供担保的，裁定驳回申请"。实践中，申请财产保全的当事人往往是纠纷中利益受到损害的一方，当事人拿不出或者是不愿意拿钱为诉讼保全提供担保。由于担保的门槛太高，诉讼保全制度很难发挥作用，事实上将强制执行的困难全部留给法院了。笔者主张降低诉讼保全的门槛，按照保全财产的适当比例或者是可能造成损失的范围进行诉讼保全的担保；取消诉前保全必须一律提供担保的硬性规定；适当拓宽先予执行制度的适用范围，明确可以先予执行的行为，增加依职权宣告先予执行的规定，促进当事人积极申请诉讼保全。

2. 完善破产制度。作为一种概括执行程序，完善的破产制度能够分流大量执行案件。我国企业破产法规定，人民法院必须依据债权人或债务人的申请，才能受理破产案件，启动破产程序。有的公司法人"资不抵债"后不愿意破产，债权人基于各种原因也不愿意申请被执行人破产。许多本应进入破产程序的案件滞留于执行程序中，造成执行积案增多。国外不存在普遍的执行难问题，主要原因是存在诉讼或执行中法院依职权强制破产制度。如我国台湾地区"破产法"第 60 条规定，在民事诉讼程序或者民事执行程序中，法院查悉债务人不能清偿到期债务时，得依职权宣告债务人破产。要完善我国执行程序与破产程序的衔接，建立强制移送破产制度，即在符合破产法定条件且经法院告知后当事人仍不主动提出破产申请的情况下，执行法院可将案件移送有管辖权的法院裁定启动破产程序。另外，以个人独资企业、合伙企业、个体工商户及自然人等为被执行人的执行难案件，很多也是因为被执行人无清偿能力。在国外自然人也可以成为破产的主体，如《美国破产法》第101 条和第 109 条规定，在美国居住或在美国有住所地、营业场所或财产的个人、公司和合伙等债务人皆可成为破产主体。1999 年《德国破产法》适用于自然人、法人及无权利能力的社团的财产，无法律人格的合伙或公司的财产以及遗产、延续共同财产关系中的共同财产和共同财产关系中由夫妻双方共同管理的共同财产。严格的破产机制，可以把执行问题变成破产问题。因此，可以考虑在我国建立自然人破产的制度。进入破产程序后，债务人只能清偿还债，这也会在很大程度上减轻执行难的问题。

3. 加大被执行人拒不执行和规避执行的责任。民事诉讼法第 111 条规定：对隐藏、转移、变卖、毁损已被查封、扣押的财产，或者已被清点并责令其保管的财产，转移已被冻结的财产的，人民法院可以根据情节轻重予以罚款、拘留，构成犯罪的，依法追究刑事责任。笔者认为对被转移的财产，可以规定法院在一定范围内责令追回或者可以直接执行被转移的财产。当然建立这方面的机制需要兼顾物权法的有关规定，比如善意取得规则等。

4. 加大协助执行人的协助责任。民事诉讼法规定，对拒不履行协助义务的单位和个人，可以罚款甚至拘留。其中对个人的罚款最高额由原先的 1 万元提高到了 10 万元，对单位的最高罚款数额从原先的 30 万元提高到了 100 万元，进一步加大了处罚力度。笔者主张对于不履行协助执行义务的人，不仅要承担公法上的责任，而且要承担私法上的责任。如果因为拒不协助行为，给当事人造成了经济损失，还要承担相应的民事赔偿责任。

5. 加大被执行人报告财产的责任。法院执行难问题的一个重要原因就是被执行人的财产状况无法查明。我国实行被执行人财产报告制度已经有一定的法律依据。最高人民法院《关于人民法院执行工作若干问题的规定（试行）》第 28 条第 1 款规定：“申请执行人应当向人民法院提供其所了解的被执行人财产状况或线索。被执行人必须如实向人民法院报告其财产状况。”第 30 条规定：“被执行人拒绝按人民法院的要求提供其有关财产状况的证据材料的，人民法院可以按照民事诉讼法第 227 条的规定进行搜查。”广东省高级人民法院出台了《关于在执行工作中被执行人报告财产的若干规定（试行)》，这一规定是非常有意义的，应该尽快出台全国性的法律，设立被执行人定期申报财产制度。对于拒不报告、虚假报告的报告人，可视情节不同分别给予罚款、拘留直至追究刑事责任等。

6. 完善协助查询被执行人的制度。2004 年最高人民法院、国土资源部、建设部联合发布了《关于依法规范人民法院执行和国土资源房地产管理部门协助执行若干问题的通知》，对人民法院到国土资源部门和房地产管理部门查询土地和房屋权属情况及办理房屋查封或者预查封等方面的事项作了详尽细致的规定，使人民法院和有关协助单位在办理上述事项时有法可依，有章可循，产生了非常好的效果。在实践中，人民法院查找被执行人，还存在着需要公安、电信、股票证券以及交通管理部门予以协助的大量情形，建议最高人民法院会同有关部门出台类似规定，既可以规范执行行为，又可以确保协助执行事项的顺利完成。

从根本上解决执行难还是要单独制定强制执行法。应将强制执行法尽快列入全国人大的立法规划。

第十三章　刑事诉讼程序的正当化

刑事诉讼法修改决定通过后，中央有关政法机关相继出台了司法解释和其他规范性文件，以保障修改后刑事诉讼法的有效实施。修改后刑事诉讼法、司法解释以及其他规范性文件条文众多，加起来超过了两千条，掌握起来并不容易。实际上，最根本的是要抓住要领，把握核心。刑事审判程序看似很复杂，按照笔者的理解，核心的条款就是几十条。把这几十条掌握了，刑事审判程序的基本精神也就把握了。

我们处在一个司法审判日益国际化的时代。当前，中国的司法审判容易引起国外、国际关注。这就需要我们对国外刑事审判和有关国际公约的基本情况也有所了解。实际上，国外刑事审判和国际公约的不少制度同我们的规定是相通的，都在追求程序的正当性。把握住刑事审判基本正当程序规则，也就大致了解了国外刑事审判和国际条约中相关内容的基本精神，同国外交往时就能实现“知己知彼”。

“法有尽，情无限。”法律、司法解释再详细、再具体，也不可能囊括实践中的所有情况，也可能挂一漏万。司法审判实践问题层出不穷，情况复杂多变。把握刑事审判基本正当程序规则的精神，就足以应对复杂的司法实践，在法律未作明确规定的情况下妥善应对。

一、刑事诉讼程序正当化的意义

1. 程序的正当性对刑事审判至关重要。做任何一件事情，都会有一定的程序、过程。皋陶在处理疑难案件时，将獬豸牵出来，让獬豸直弃“不直不正”者，这是一种程序。封建时代的“五声听狱讼”[①]，强调察言观色，这也是一种程序。对被审讯者进行拷打，刑讯逼供，这还是一种程序。需要注意的是，程序有好有坏，有善有恶，有科学的也有不科学的。而刑事审判的程序选择十分重要，适用的程序不对，就会出现灾难性的后果。

2. 程序的正当性决定了人治与法治的界分。美国联邦法院大法官道格拉斯曾经说过：“正是程序决定了法治和恣意的人治之间的基本区别”。事实上，仅仅这么说是不够的，因为人治也是讲程序的，拍脑袋的过程也是程序。封建时代，刑部、大理寺审理完案件后报请皇帝裁定，实际的裁断权在皇帝，这也是一种程序。故而，程序有正当、不正当之分。程序的正当、良善与否，而非程序本身，才是法治和人治的分水岭。

3. 程序的正当性有助于实现实体正义。程序的基本功能是保障实体正义的实现，但程序并不能等同于实体正义。有些程序，只要双方认可，就是公正的，如赌博程序、抓阄程序。但是，有些程序如果制定得不科学，就难以实现实体公正。现实生活中的绝大多数程序就属于这类程序，其正当化水平决定了实体正义的实现程度。只有高度正当化的程序才能实现刑事审判的实体正义，才能真正做到使有罪的人受到刑事追究，确保无罪的人免受刑事处罚。

4. 程序的正当性能够弥补法律的不足和疏漏。法律有时候会出现偏离正当性的情形，这就需要有正当的程序在法律规定的范围内予以适当地矫正，从而最大限度地接近实体正义。此外，不少情形下，法律未作出明文规定，这也需要适用正当程序规则加以解决。

5. 程序的正当性能够增强司法的公信。司法实践中，一些案件裁判结果本身是公正的，但当事人不能接受，认为不公正，甚至认为裁判

---

① 《周礼·秋官·小司寇》：“以五声听狱讼，求民情。一曰辞听，二曰色听，三曰气听，四曰耳听，五曰目听。”

者偏袒一方，就是因为在程序方面未能实现正当性。这种程序影响了裁判的可接受性，影响了法官的形象，影响了司法的公信力。当前，在个别案件的审判中出现了法官与律师之间的冲突。实际上，只要程序正当了，就能减少这些冲突的发生。

基于以上几点，我认为程序正当问题是司法审判中十分重要的问题，在刑事审判中必须高度重视程序的正当性，确保所适用的程序符合基本正当程序规则的要求，做到“既合法又合理”。

二、刑事审判基本正当程序规则的主要内容

刑事审判基本正当程序规则主要有如下来源：（1）吸收英美法系国家和大陆法系国家刑事审判中的一些精华；（2）吸收有关国际条约中的相关规定；（3）综合概括、提炼我国刑事诉讼法及司法解释的有关规定；（4）针对我国当前刑事审判实践中存在的一些问题，从正面提出一些规则和要求。概括而言，刑事审判基本正当程序规则有如下五个方面：

（一）审判中立规则

审判中立规则主要是针对审判主体而言的，是对刑事审判机关和裁判法官的具体要求。

1. 审判独立规则。任何受刑事指控的人都有权利要求由一个依法设立的、合格的、独立的、无偏倚的法庭进行公正审理。《联合国人权宣言》①、《公民权利和政治权利国际公约》②、《欧洲人权公约》③ 无一

① 《联合国人权宣言》第 10 条规定：“人人完全平等地有权由一个独立而无偏倚的法庭进行公正的和公开的审讯，以确定他的权利和义务并判定对他提出的任何刑事指控。”

② 《公民权利和政治权利国际公约》第 14 条规定：“在判定对任何人提出的任何刑事指控或确定他在一件诉讼案中的权利和义务时，人人有资格由一个依法设立的合格的、独立的和无偏倚的法庭进行公正的和公开的审讯。”

③ 《欧洲人权公约》第 6 条规定：“在决定对他的任何刑事指控时，人人都有权由依法设立的、独立的、不偏不倚的法庭在合理的时间内进行公正的和公开的审理。”

例外都规定这一规则。该规则规定了审判的独立和中立。需要注意的是，该规则中的每一个限定词都有其特定含义，内容十分丰富：“依法设立”限定了审判主体的设置，即不允许搞临时法庭；“合格”限定了审判主体的资质，即应当符合一定的标准和条件；“独立”限定了审判主体的地位，即在体制上不依附于其他主体；“无偏倚”限定了审判主体的运行，即必须是中立、不偏袒任何一方。

2. 控审分离规则。控审分离规则是现代国家刑事诉讼普遍认同的一项基本原则，要求控告某人犯罪的人不得同时充当裁判官。在中国封建社会，无论是包拯，还是狄仁杰，都是由一个主体集中了侦查、控诉和审判三项职能。这是封建时代、专制时代司法的特征。作为一个正当的程序，控诉职能和审判职能必须分别由不同的诉讼主体承担。近代以来，控审分离原则逐渐建立，这是刑事司法制度史上的一个重大进步。在现代刑事诉讼中，控辩审三方组成了基本的构造，承担审判职能的法院不再承担任何控诉职能。

3. 裁判超然规则。英国的自然正义中就有“任何人不得做自己案件的法官”的说法，美国学者戈尔丁将其作为的程序公正标准之一，[①] 并被世界各国法学界和实务界广泛接受。任何人不得做自己案件的法官，案件不得包含裁判者个人的利益，因为如果案件审理的结果会影响裁判者本人的利益，那么，裁判者的中立和公正就无法得到保证。因此，只要这个案件与法官自己的利益有纠缠，有牵连，就应当回避。凡具有可能影响公正审判的特殊关系或者可能引起当事人合理怀疑的不正当行为的，法官应主动申请回避，当事人有权申请回避。我国刑事诉讼法和司法解释中关于回避的条文很多，[②] 但归根到底，都是“任何人不

---

① 戈尔丁为自然正义设定了九项标准，“冲突的任何解决方案都不能包含有冲突解决者自己的利益”是其中之一。参见［美］戈尔丁：《法律哲学》，齐海滨译，三联书店1987年版，第122页以下。

② 修改后的刑事诉讼法第28条至第31条对回避作了专章规定，《最高人民法院关于适用〈中华人民共和国刑事诉讼法〉的解释》第23条至第34条对相关问题作了进一步细化。

得做自己案件的法官”这一程序正义最起码要求的具体化。

4. 裁判中立规则。审判者对控辩双方应给予平等的对待，对双方的意见应给予公平的关注，不应有任何歧视和偏袒，不应对任何一方怀有偏见，也不允许任何一方或者任何人享有超越法律的特权。该项规则强调裁判的中立性，要求对控辩双方均不能偏袒、不能歧视。我国修改后刑事诉讼法和司法解释中的不少条文强调应平等对待控辩双方，一视同仁，不能有任何偏袒和歧视，体现的正是裁判中立规则的要求。

（二）控辩对等规则（平等武装规则）

1. 顺利有效参与规则。审判机关应当确保诉讼参与人安全有效地参与诉讼的活动，依法制裁妨害诉讼的活动，确保诉讼活动无障碍地、和平地、顺利地进行。这是法官职责的应有之义：其一，要确保审判活动的安全性，保证诉讼参与人在诉讼期间的人身安全，有效处置和惩治对当事人的打击报复行为；其二，要确保审判活动围绕中心进行，引导诉讼参与方有效参与庭审。

2. 无罪推定规则。无罪推定规则是现代法治国家刑事司法通行的一项重要原则，要求凡受刑事控告者，在未被依法证实有罪之前，应有权被视为无罪。贝卡利亚在其名著《论犯罪与刑罚》中最早提出了无罪推定的理论构想，指出：“在法官裁决之前，一个人是不能被称为罪犯的。只要还不能断定他已经侵犯了给予他公共保护的契约，社会就不能取消对他的公共保护。”① 目前，无罪推定已经成为国际公约确认和保护的基本人权，《联合国人权宣言》、②《公民权利和政治权利国际公约》③、《欧

---

① ［意］贝卡利亚：《论犯罪与刑罚》，黄风译，中国法制出版社2002年版，第35页。

② 《联合国人权宣言》第11条规定：“凡受刑事控告者，在未经获得辩护上所需的一切保证的公开审判而依法证实有罪以前，有权被视为无罪。”

③ 《公民权利和政治权利国际公约》第14条规定：“凡受刑事控告者，在未依法证实有罪之前，应有权被视为无罪。”

洲人权公约》[1] 均对此作了规定。在刑事诉讼中，只有将被告人推定为无罪，才能确保被告人与控方处于对等的地位，确保审判的对等性。我国修改后刑事诉讼法第12条“未经人民法院依法判决，对任何人都不得确定有罪”体现的正是无罪推定规则的要求。需要特别注意的是，无罪推定强调认定被告人有罪和处以刑罚，必须有确实、充分的证据，如果通过审判不能证明被告人有罪，就应当宣告无罪。

3. 控辩信息对称规则。信息对称是确保控辩双方在平等条件下对抗的先决条件，也是控辩双方权利义务对等[2]的必然要求。法庭应采取必要措施使控辩信息保持对称，确保双方权利义务对等，确保其权利义务得以实现。修改后刑事诉讼法增设了不少新的程序和制度，其目的就在于增强控辩双方的信息对称性。例如，修改后刑事诉讼法第182条第2款增设了庭前会议程序，而司法解释进一步规定在庭前会议程序可以进行证据开示，[3] 就是为了让控辩双方在开庭前了解案件的全部证据，以便开庭时实现信息对称。审判实践中，要特别注意保障被告人的信息对称权，通过释法等有效方式保证其信息的对称性，确保其可以在理智和透明的情况下进行攻击和防御。

（三）权利保护规则

权利保护规则在很大程度上是针对被告人而言的，因为在刑事审判中被告人处于弱势，居于不利的境地，需要予以特别保护。对被告人的程序权利的保护程度，是衡量一个国家法治水平的重要指标。只有赋予被告人充分的权利，才可能查明案件事实，最大限度地实现客观公正，

---

① 《欧洲人权公约》第6条规定：“凡受刑事指控者在未经依法证明为有罪之前，应当推定为无罪。”

② “对等”和“平等”不是一个概念，平等要求同等情况下同等对待，权利义务完全一样才叫平等。但控辩双方毕竟角色不一样，不能完全等同、平等，但必须对等。

③ 《最高人民法院关于适用〈中华人民共和国刑事诉讼法〉的解释》第184条第2款规定，庭前会议中，“审判人员可以讯问控辩双方对证据材料有无异议，对有异议的证据，应当在庭审时重点调查；无异议的，庭审时举证、质证可以简化”。

使有罪的人受到刑事追究，确保无罪的人免受刑事处罚。

法治的最高境界是要维护人的尊严，“将人的世界和人的关系还给人自身”（马克思），实现人的主体性。只有保护被告人的程序权利，才能在其被剥夺或者限制人身自由的不利境遇下，保证其作为人的基本尊严。在自然界，蚂蚁死了、受伤了，其他的蚂蚁也会将其抬回洞穴，安置好。看到动物是如此对待自己的同类，我们都会受到震撼。对被告人程序权利的保护，要从人的主体性、目的性、人作为人的价值出发，要从人类的尊严、人类迈向和谐社会的高度来看待这个问题。

作为刑事审判法官，我们要学会换位思考：如果我们被人诬告陷害成为被告人，那么，我们希望别人如何对待自己?！明末抗清名将袁崇焕被诬陷为通敌卖国后，被崇祯皇帝下令凌迟处死，不明真相的百姓抢其肉而食之。类似的例子在历史上还有不少。究其原因，就是因为在缺乏正当程序的情况下，推定袁崇焕通敌卖国，不给其说话的机会，从而制造了千古冤案。对被认为是好人的人，人们愿意充分保护他的权利，甚至比法律规定保护得更为充分；然而，对被认为是坏人的人，人们容易有一种愤怒的情绪，不愿意去保护他的权利。作为刑事审判法官，我们所面对的被告人绝大多数都被证实为作恶的罪犯，但仍然有可能被证实为无罪，我们必须作无罪推定，将其视为一个无罪的人，依法保护他的权利。

对被告人程序权利的尊重和保护程度，是衡量一个国家是不是法治国家的标准，也是衡量一个国家文明程度的重要指标。概言之，应当赋予和充分保障被告人的下述十三项程序权利，才能使被告人在刑事审判中足以对控方进行防御：

1. 听审请求权。被告人有权请求法院进行审判，非经法庭审判不得确定任何人有罪。要求在光天化日之下接受审判是一项重要的诉讼权利，能够抵御公权力未经法定正当程序剥夺被告人的生命、自由和财产。因此，许多国家都通过宪法对听审请求权加以规定。例如，《德国基本法》第103条规定：“任何人在法庭上有请求法院依法听审的权利。”在我国，法庭审判是确认被告人有罪的必经程序，审判实践中应充分保障被告人的听审请求权，通过公开审判的方式确保程序的正当。

2. 尽快受审权。该项权利强调刑事审判的效率，要求受审时间不得随意延长，应尽可能缩短诉讼周期，审判活动应尽可能节省时间，但法定期间除非各方当事人均同意，否则不得随意缩短。英国于 12 世纪开始实行陪审团制度，陪审团由 12 个人组成，只有 12 个人形成一致意见，才能作出裁断。为了防止陪审团久拖不决，避免对被告人长期羁押，英国制定了一个“可笑”的法律：对陪审团成员不提供吃的东西，不提供蜡烛，不提供炉火（英国冬天很冷），也不能饮酒，以防止陪审团久拖不决，促使尽快形成结论。现在看来，上述制度是否妥当，此种情况下形成的裁判是否公正，值得怀疑，但它反映了对效率的追求。现代国际条约将被告人的尽快受审权作为一项最低限度的权利予以保障。《公民权利和政治权利国际公约》第 14 条规定：在判定对他提出的任何刑事指控时，人人完全平等地有资格享有“受审时间不被无故拖延”的最低限度的保证。我国修改后刑事诉讼法和司法解释对审理期限有明确规定，体现的就是对被告人尽快受审权的保护。刑事审判中，要切实采取有效措施，在法定期限内及时结案，避免审限的拖延。

3. 有效参与权。被告人有效参与审判过程是理所当然的权利，其有权亲自参与审判活动，并对审判活动、审判过程发生实质性的影响。需要注意的是，审判实践中，既要保障被告人参与审判，在审判过程中发挥作用，更要确保其参与的有效性，充分尊重和保障其各项权利，使其在审判中发挥实质性的作用。

4. 被告知权。被告知权是被告人在刑事诉讼中知情权的应有之义，凡被指控的人有权被告知被指控的罪名、性质、原因和理由。这是国际公约规定的公民最低限度的权利。《公民权利和政治权利国际公约》第 14 条规定：在判定对他提出的任何刑事指控时，人人完全平等地有资格享有“迅速以一种他懂得的语言详细地告知对他提出的指控的性质和原因”的最低限度的保证。我国修改后刑事诉讼法不仅充分保障了被告人在审判阶段的被告知权，对犯罪嫌疑人在侦查阶段的被告知权也作了进一步规定。[①]

5. 辩护权。任何被指控犯罪的人，都有权亲自辩护或者由其聘请律师或者由法律援助律师进行辩护。刑事审判实际上是控诉、辩护、审判三种职能的交互作用，辩护权的保护程度直接关系到刑事诉讼的进程，影响到对被告人程序权利的保护程度。因此，我国刑事诉讼法将辩护权作为被告人最基本的程序权利之一予以充分保护。修改后刑事诉讼法第 11 条规定，“被告人有权获得辩护，人民法院有义务保证被告人获得辩护”。值得一提的是，此次刑事诉讼法修改进一步完善了辩护制度，将我国刑事诉讼可以聘请辩护人的时间由审查起诉推进到侦查阶段，对犯罪嫌疑人、被告人的辩护权和其他各项诉讼权利作了更为充分的保护。

6. 方便诉讼权。被指控之人应有合理的时间和便利就出庭受审、答辩以及行使诉讼权利、履行诉讼义务作准备，控辩各方都应得到公平的机会对另一方提出的主张和证据作出反应。简言之，法院和法官有责任保证辩方在合理的时间作准备，有合理的便利来从事刑事审判活动。修改后刑事诉讼法第 182 条第 1 款“人民法院决定开庭审判后，应当……将人民检察院的起诉书副本至迟在开庭十日以前送达被告人及其辩护人”、第 3 款“人民法院确定开庭日期后，应当将开庭的时间、地点……传唤当事人，通知辩护人……传票和通知书至迟在开庭三日以前送达”等规定，都是旨在充分保障被告方有合理的时间和便利出庭参与审判。

7. 获得翻译权。被告人在诉讼过程中遇有语言障碍，应免费获得翻译。这是被告人有效参与审判的前提条件，也是国际公约确定的最低限度的权利保证。《公民权利和政治权利国际公约》第 14 条规定：在

---

① 考虑到犯罪嫌疑人通常被剥夺或者限制人身自由，修改后刑事诉讼法第 36 条进一步规定：“辩护律师在侦查期间可以……向侦查机关了解犯罪嫌疑人涉嫌的罪名和案件有关情况，提出意见”，以通过辩护律师的帮助，将犯罪嫌疑人、被告人的被告知权落到实处。

判定对他提出的任何刑事指控时，人人完全平等地有资格享有“如他不懂或不会说法庭上所用的语言，能免费获得译员的援助”的最低限度的保证。我国刑事诉讼法和司法解释关于提供翻译的相关规定，一言以蔽之，就是在被告人和其他诉讼参与人遇到语言障碍时，有权免费获得翻译。

8. 申请调取证据权。被告对于己有利的证据，可申请审判机关调取，包括强制调取。许多国家都将申请调查取证权、特别是申请以强制程序取证的权利规定为一项基本权利。基于控辩双方实际取证能力的差异，我国历来重视对被告人申请调查取证权的保护，此次刑事诉讼法修改也对辩方申请调取证据权作了进一步的规定。①

9. 禁止强迫自证其罪权。不得强迫受审人证明自己有罪或者作不利于自己的证言或者强迫承认犯罪。《公民权利和政治权利国际公约》第 14 条规定：在判定对他提出的任何刑事指控时，人人完全平等地有资格享受“不被强迫作不利于他自己的证言或强迫承认犯罪”的最低限度的保证。美国联邦宪法修正案第 5 条规定：“任何人不得在任何刑事案件中被迫自证其罪。”我国修改后刑事诉讼法第 50 条也明确规定“不得强迫任何人证实自己有罪”，明确赋予了被告人禁止强迫自证其罪的权利。

禁止强迫自证其罪权的进一步发展，会涉及沉默权的构建问题。沉默权的确立，涉及刑事诉讼整体机制的调整，还需要一个发展过程。封建时代，对不认罪的犯罪嫌疑人进行拷问取证，不可能赋予其沉默权。而现代以来，西方国家在赋予犯罪嫌疑人沉默权之后，就必须通过激励措施，通过辩诉交易等促使被告人认罪，最大限度地降低诉讼成本。西方国家的辩诉交易率非常高，从美国的情况来看，联邦和各州的案件 90% 以上是以辩护交易结案的。实际上，中国古代法制史上的“春秋

---

① 修改后刑事诉讼法第 39 条规定：“辩护人认为在侦查、审查起诉期间公安机关、人民检察院收集的证明犯罪嫌疑人、被告人无罪或者罪轻的证据材料未提交的，有权申请人民检察院、人民法院调取。”

决狱”，讲求“原心定罪”，对于坦陈认罪、主动交代的，因考虑到其主观动机并不邪恶，可以免罪或者从宽处理。这同当代西方国家通过激励机制鼓励犯罪人认罪伏法有相通之处。“鱼与熊掌不可兼得”，我们在观念上需要作进一步的更新，对刑事诉讼机制要作进一步完善，要舍得通过对被告人大幅度从宽处罚来换取其认罪伏法。这样一来，沉默权在中国就能逐渐被接受，才可能在立法中规定为被告人的一项诉讼权利。

10. 请求救济权。凡被判决有罪者，应当有权上诉或者申请复审，控方认为裁判违法可以抗诉，审判机关应提供适当便利和机会。被错判者有权获得纠正并请求赔偿。具体而言，请求救济权至少包括上诉权、申诉权和获得赔偿权。国际条约对请求救济权的内容也有相应规定。《公民权利和政治权利国际公约》第 14 条规定：“凡被判定有罪者，应有权由一个较高级法庭对其定罪及刑罚依法进行复审。”“在一人按照最后决定已被判定犯刑事罪而其后根据新的或新发现的事实确实表明发生误审，他的定罪被推翻或被赦免的情况下，因这种定罪而受刑罚的人应依法得到赔偿，除非经证明当时不知道的事实未被及时揭露完全是或部分是由于他自己的缘故。”我国修改后刑事诉讼法进一步加强了对被告人请求救济权的保护，司法实践中要充分予以保障。

11. 上诉、申诉不加刑权。被告提起上诉或者申请再审，如无自诉人上诉或者申请再审或控方抗诉，不得加重被告人的刑罚。修改后刑事诉讼法进一步加强了对被告人上诉不加刑权利的保护，特别是为了消除被告人上诉的顾虑，规定发回重审也要执行上诉不加刑的规定。[①] 需要注意的是，申诉不加刑权在我国还未完全被落实，司法解释尚规定人民检察院未抗诉的，特殊情况下再审也可以加重原审被告人的

---

① 修改后刑事诉讼法第 226 条第 1 款规定：“第二审人民法院审理被告人或者他的法定代理人、辩护人、近亲属上诉的案件，不得加重被告人的刑罚。第二审人民法院发回原审人民法院重新审判的案件，除有新的犯罪事实，人民检察院补充起诉的以外，原审人民法院也不得加重被告人的刑罚。”

刑罚。[①]

12. 禁止双重危险权。禁止双重危险是最为古老的法律原则之一，在英美法系和大陆法系国家都无一例外地被遵从。根据该项原则，一个人不能因为同一行为或者同一罪名受到两次或者多次审判或者处罚。如果对一个案件进行重复的审判或者处罚，将会使被告人永远被迫生活在焦虑和不安全的状态之中，故应当赋予被告人因为一个犯罪行为受到多次评价、追究的豁免权。美国联邦宪法修正案第 5 条规定："任何人不得因同一犯罪行为而两次遭受生命或身体上的危险。"《公民权利和政治权利国际公约》第 14 条规定："任何人已依一国之法律及刑事程序被最后定罪或者宣告无罪者，不得就同一罪名再予审判或者惩罚。"禁止双重危险原则在我国刑事诉讼中也是基本被遵循的。

13. 未成年人的特殊待遇权。由于未成年人在实施犯罪时的心智尚不成熟，对未成年人案件应适用有利于其身心健康和回归社会的特殊程序。这是国际条约和各国法律中的普遍做法。《公民权利和政治权利国际公约》第 14 条规定："对少年的案件，在程序上应考虑到他们的年龄和帮助他们重新做人的需要。"我国修改后刑事诉讼法在"特别程序"编中增设了"未成年人刑事案件诉讼程序"专节，对未成年人刑事诉讼问题作了规定，进一步保证了未成年被告人在刑事审判中的特殊权利。

（四）公正审理规则

1. 公开性。除依法不公开审判的情形外，审判一律公开进行，并尽可能增加审判的透明度。审判公开规则最早为资产阶级启蒙学者提出，以反对封建司法中的秘密审判和司法专横。贝卡利亚在其名著《论犯罪与刑罚》一书中指出："审判应当公开，犯罪的证据应当公开，

---

① 《最高人民法院关于适用〈中华人民共和国刑事诉讼法〉的解释》第 386 条规定："除人民检察院抗诉的以外，再审一般不得加重原审被告人的刑罚。再审决定书或者抗诉书只针对部分原审被告人的，不得加重其他同案原审被告人的刑罚。"

以便使或许是社会唯一制约手段的舆论能够约束强力和欲望。”[①] 近代以来，西方资本主义国家相继确立了审判公开制度。如美国宪法修正案第6条规定：在一切刑事诉讼中，被告享有“由犯罪行为发生地的州和地区的公正陪审团予以迅速而公开的审判，该地区事先已由法律确定”的权利。我国修改后刑事诉讼法第11条规定：“人民法院审判案件，除本法另有规定的以外，一律公开进行”。刑事审判实践中，除法律有明确规定不公开审判的情形外，审判应当一律公开进行，并通过有效途径保障社会公众的知情权和增强审判的透明度。

2. 和平性。刑事审判程序应当具有非暴力及和平的性质。封建时代，刑讯逼供是“合法的暴行”（贝卡利亚），对于拒不认罪的被告人实施刑讯逼供，迫使其作有罪供述，致使不少被告人含冤认罪受刑。暴力性审判的弊端是显而易见的，“刑讯必然造成这样一种奇怪的后果：无辜者处于比罪犯更坏的境地。尽管二者都受到折磨，前者却是进退维谷：他或者承认犯罪，接受惩罚，或者在屈受刑讯后，被宣布无罪。但罪犯的情况则对自己有利，当他强忍痛苦最终被无罪释放时，他就把较重的刑罚改变成较轻的刑罚，所以，无辜者只有倒霉，罪犯则能占便宜。”[②] 刑讯逼供的弊端迫使其最终退出了人类历史的舞台，近现代刑事诉讼强调审判必须以和平非暴力的方式进行。我国刑事诉讼也强调和平性，“严禁刑讯逼供和以威胁、引诱、欺骗以及其他非法方法收集证据”（修改后刑事诉讼法第50条），要求审判以和平理性的方式查明案件事实，避免冤假错案的发生。

3. 人道性。刑事审判程序必须具有人道性，维护人的尊严。人道性是正当程序的应有之义，也是人的主体性的必然要求。在刑事审判中，裁判者应当将被告人作为一个人予以对待，按照符合基本人道的要求而非野蛮的方式对待被告人，尊重被告人的人格尊严。

---

① ［意］贝卡利亚：《论犯罪与刑罚》，黄风译，中国法制出版社2002年版，第23页。
② ［意］贝卡利亚：《论犯罪与刑罚》，黄风译，中国法制出版社2002年版，第38页。

4. 可接受性。刑事审判程序必须为当事人所能理解和接受，不能运用当事人无法理解或者不可接受的方式裁判案件。古代社会，当人的权威和智慧无法对案件作出裁断时，就将裁判权交给当事人普遍敬畏的神灵，进行神灵裁判。这种裁判方式实际上让当事人无法理解，也不可接受。中世纪的欧洲，根据日耳曼法进行水的考验是神灵裁判的方式之一：将人投入水中，浮则无罪，沉则有罪。中国古代，皋陶使用獬豸处断疑案，獬豸直奔之人则为“不直不正”者。包拯断案，让两个妇人一人拉孩子一只手，谁拉赢了孩子就判给谁。两人用力拉扯，孩子受疼哭喊，生母心中不忍，遂松手。包拯即判松手者胜。① 上述方式在当时或许可使人接受，但在今天看来，显然无法让人理解，难于被人接受，其程序欠缺正当性，裁判的结果自然难以保证公正，已经为现代司法所摒弃。

5. 尽可能的自治性。对于程序事项，根据其性质，可以由诉讼参与人选择或者协商确定的，应优先由诉讼参与人选择或者协商确定，必须由审判人员决定的，决定应符合法律规定并具有正当性。“程序正义的核心与实质在于程序主体的平等参与和自主选择。”② 因此，赋予当事人充分表达意思和在法律许可的范围内处分相关权利的自由，在不违背实体正义的前提下让当事人通过合议选择和决定程序的进程，是正当程序的应有之义。从审判实践来看，一些案件中，法官习惯冲在前面，喜欢为当事人作决定，结果却事与愿违，当事人不仅不买账，还经常出现扯皮现象。2012 年刑事诉讼法修改，也在促进刑事程序尽可能的自治性方面作了新的规定。例如，明确将“被告人对适用简易程序没有异议”作为适用简易程序的条件之一（修改后刑事诉讼法第 208 条），

① 无独有偶，《圣经》中也记载了所罗门王判孩子归属的故事：两个妇人同住一屋。某晚，一个妇人压死了自己的孩子，遂将死的孩子抱去放在另一个妇人的怀中，把活的孩子抱走。她们将这宗案件交到所罗门王手中。所罗门王建议将孩子劈成两半，由两个妇人分别所有。孩子的母亲为此心里焦急，甘愿将孩子送给别人，另一位妇人却说王的建议公平。最终，所罗门王将孩子判给了前一位妇人。

② 樊崇义：《诉讼原理》，法律出版社 2003 年版，第 36 页。

对于符合条件的公诉案件，“犯罪嫌疑人、被告人真诚悔罪，通过向被害人赔偿损失、赔礼道歉等方式获得被害人谅解，被害人自愿和解的，双方当事人可以和解”（修改后刑事诉讼法第 277 条），等等。刑事审判实践中，人民法院和刑事审判法官要正确理解修改后刑事诉讼法的相关规定，在刑事审判过程中与当事人加强沟通，充分保障当事人“意思自治”的空间，尊重和保障当事人的权利。

6. 亲历性。案件的裁判者必须亲自参与庭审，审查所有证据，客观公正地听取控辩双方的意见。无论是英美法系国家，还是大陆法系国家，都强调审判的亲历性，强调裁判者的直接审理，贯彻直接言词原则。只有裁判者本人亲自参与审判活动，直接感受案件事实，将案件裁判建立在法庭调查和辩论的基础上，才能确保程序正当和实体公正。我国修改后刑事诉讼法进一步强调了审判的亲历性，要求裁判法官要自始至终参与案件审判，减少书面审理的范围。例如，修改后刑事诉讼法进一步明确了第二审应当开庭审理的案件范围（修改后刑事诉讼法第 223 条），就是旨在使二审法官尽量在诉讼各方在场的情况下亲历法庭审理，对案件获取丰富的直观印象并作出理性的裁判。

7. 非单方性。审判者应在相对方在场的情况下听取一方当事人或者其代理人的意见，不得私下或者单方接触一方当事人、代理人或者请托人。公正的刑事审判程序必须保证与裁判结果有利害关系的主体都能参与审判，有平等的机会陈述自己的主张和提出证据，并对对方的主张和证据提出反驳，从而平等地对裁判的结果产生影响。因此，审判者必须在控辩双方同时在场的情况下，通过听取各方的陈述、举证、辩论等进行审判，而不应私下同一方当事人进行单方面的接触。我国刑事诉讼法历来强调刑事审判的非单方性，对于审判人员接受当事人及其委托的人请客送礼，违反规定会见当事人及其委托的人的，应当依法追究法律责任，当事人及其法定代理人有权要求他们回避（修改后刑事诉讼法第 29 条）。

8. 直接言词性。控辩双方的证人包括专家证人能够出庭作证的，原则上应当出庭作证并接受询问和质证，除非得到不利一方的认可或同意。证人必须在法官、公诉人、辩方以及其他诉讼参与人在场的情况下接受询问和质证，以使法庭有效判断证言的真实性。《公民权利和政治权利国际公约》第 14 条规定：在判定对他提出的任何刑事指控时，人人完全平等地有资格享有“讯问或者业已讯问对他不利的证人，并使对他有利的证人在对他不利的证人相同的条件下出庭和受讯问”的最低限度的保证。证人、鉴定人不出庭作证，审判主要依靠书面证言和鉴定意见定案，是我国刑事审判长期存在的问题。此次刑事诉讼法修改对此作了较大幅度的修改完善：一方面，强化了证人、鉴定人的出庭作证义务，规定证人没有正当理由拒不出庭作证的，人民法院可以强制其到庭，鉴定人拒不出庭作证的，鉴定意见不得作为定案的根据（修改后刑事诉讼法第 187 条、第 188 条）；另一方面，增加了有专门知识的人出庭，实现有专门知识的人同鉴定人的对抗（修改后刑事诉讼法第 192 条）。这对于促进证人、鉴定人依法履行作证义务，落实证据裁判和直接言词原则，具有重要意义。审判实践中，要深刻领会立法精神，加大证人、鉴定人出庭的力度，逐步提高证人、鉴定人出庭率，增强刑事审判的直接言词性。

9. 及时终结性。审判程序应当及时终结，并应当尽可能地降低司法成本，节约时间，及时终结，合理终结，而不能没完没了。具体而言，及时终结性包含两个方面的内容：其一，刑事审判活动应当在法定期限内迅速、及时形成裁判，而不能拖延，这实际上是前面所述被告人享有的“尽快受审权”的必然要求；其次，对同一刑事案件的审判必须有最终确定的判决，而不能使被告人的刑事责任问题始终处于不确定的状态中。审判实践中需要注意的是再审启动问题。修改后刑事诉讼法和司法解释对再审程序的启动有明确规定和严格限制，就是为了避免随意或者无限制地启动再审程序，确保刑事审判的及时终结。

（五）正当裁决规则

1. 证据裁判规则。法庭认定事实应有充分的、可定案的证据支持，并排除合理怀疑。在人类历史的很长一段时期内，裁判并非依据证据进行，在神灵裁判制度下是将事实交由神灵来查明，法官的职责不过是宣布神灵显现的答案而已。随着人类认识的不断推进，理性审判取代了神灵审判，证据逐渐被确立为裁判的根据，被作为刑事审判的基础。我国刑事诉讼历来强调“以事实为根据，以法律为准绳”，要求根据证据所证明的案件事实和依据法律作出判决。此次刑事诉讼法修改，对证据裁判原则作了进一步完善：对证据种类作出调整（修改后刑事诉讼法第48条），明确举证责任由控方承担（修改后刑事诉讼法第49条），对刑事案件的证明标准作出具体化规定（修改后刑事诉讼法第53条），等等。立法的修改为刑事审判贯彻证据裁判原则提出了更高的要求，也为更好地贯彻证据裁判原则提供了有利的立法基础。

2. 非法证据排除规则。对于以侵犯公民基本权利为代价而收集的证据，以及其他违反法律规定收集的证据，尤其是言词证据，应当依法予以排除。非法证据排除规则源自英美法，于20世纪初期产生于美国。现代各国及国际条约都规定有非法证据排除规则。《联合国禁止酷刑和其他残忍、不人道或有辱人格的待遇或处罚公约》第15条规定：“每一缔约国应确保在任何诉讼程序中不得援引任何确属酷刑逼供作出的陈述为证据，但这类陈述可以作为对被控施用刑讯逼供者起诉的证据。”我国刑事诉讼历来反对刑讯逼供，严禁刑讯逼供和以威胁、引诱、欺骗以及其他非法方法收集证据。2012年刑事诉讼法修改，用“五条八款”对非法证据排除规则的有关问题作了系统规定（修改后刑事诉讼法第54条至第58条）。审判实践中，要严格按照修改后刑事诉讼法和司法解释的规定，切实执行非法证据排除规则。适用非法证据排除规则排除相关证据，据以定案的证据就越少，距离客观真实就越远，因此，个别司法人员不愿意排除非法证据。实际上，在这一过程中，要考虑另外的价值，如果将非法证据作为证据适用的话，第一，可能有风险，非法获取的证据可能是假的，是不真实的；第二，非法证据可能是通过侵犯人的基本权利而获取的，适用非法证据会鼓励公权力机关去侵犯人的基本权利。因此，要注意综合各方因素考虑，严格执行法律规定，妥善把握好“度”的问题，适用好非法证据排除这一“技术含量很高”的程序。

3. 法律适用规则。刑事审判的过程实际上是适用和解释法律的过程，法律适用不得溯及既往，解释法律应遵守解释规则。除对被告人有利外，刑法的适用不得溯及既往，这是包括我国在内的世界各国通行的法律适用规则。《公民权利和政治权利国际公约》第 15 条规定：“任何人的任何行为或不行为，在其发生时依照国家法或国际法均不构成刑事罪者，不得据以认为犯有刑事罪。所加的刑罚也不得重于犯罪时适用的规定。如果在犯罪之后依法规定了应处以较轻的刑罚，犯罪者应予减刑。”我国刑法也明确规定了“从旧兼从轻”的刑法适用规则（刑法第 12 条）。刑事审判中适用法律离不开对法律条文的解释，无论是文意解释、整体解释、社会学解释、目的解释，还是其他解释方法，都应当遵守通行的解释规则，根据实际情况适用，使解释符合法律规定和精神。

4. 庭审中心规则。裁判结论应以庭审为基础，并与庭审的全部情况具有内在关联性，且应以涉及所有已提出的主张和证据的理性推演为依据。刑事审判的中心是庭审，裁判应当建立在庭审认定的案件事实的基础上。在个别案件中，庭开得很热闹，但裁判的结论与庭审完全脱节，开庭是一套，结论是另一套，严重背离了庭审中心规则。此次刑事诉讼法的修改，进一步完善了相关规定，以促进庭审中心规则的落实。审判实践中，要严格遵守如下规则：第一，所有的裁判结论必须以庭审为基础，而不能使庭审成为“走过场”的游戏，成为摆设；第二，要与庭审的全部情况具有内在的关联性，裁判认定的全部事实都应在庭审中找到合理的依据，所有的判断在庭审中找到渊源和来历；第三，裁判结论与庭审具有合理的逻辑关系，二者不应仅仅有联系，而应根据庭审完全能够推演出裁判结论。

5. 规范裁量规则。法官应严格遵守自由裁量权的适用规则与程序（包括量刑指导规则与程序），确保自由裁量权不被滥用。刑事审判过程必然是法官自由裁量的过程，无论是查明案件事实，还是适用法律，抑或裁量刑罚，法官都享有自由裁量权。但是，这种裁量权的行使要通过一定的规则控制，以避免自由裁量权被滥用。近年来，为了规范量刑自由裁量权的行使，量刑规范化改革在不断推进，让刑罚裁量在阳光下进行，以逐步统一司法适用标准。实际上，对于法官而言，不仅仅是刑罚裁量，刑事审判过程中自由裁量权的行使，都必须遵守一定的规则，规范行使，避免权力的滥用。

6. 裁判说理规则。所有裁判应当符合理性并说明理由。现代刑事审判有别于封建时代审判的实质就在于理性，在于“以理服人”，而非以“神灵”、“强权”压人。增强裁判说理，不搞“莫须有”，在裁判中说明认定事实的依据和适用法律的理由，是确保程序正当，增强司法公开、透明的必然要求。需要注意的是，我国刑事审判实践中强调说明认定事实的理由，但对适用法律的理由的说明重视不够。针对此种情况，《最高人民法院关于适用〈中华人民共和国刑事诉讼法〉的解释》第246条专门规定：“裁判文书应当写明裁判依据，阐释裁判理由，反映控辩双方的意见并说明采纳或者不予采纳的理由。”对此，审判实践要高度重视，在裁判文书中阐明包括适用法律理由在内的裁判依据，以增强当事人和社会对裁判的信服。

7. 裁决可执行规则。对被告不得科以实际上无法执行的（过重的）或残酷、非人道的刑罚和强制措施（保证金和罚金）。“法律不能强人所难”。刑事审判中，无论是决定对被告人采取相应的强制措施，还是对被告人判处刑罚，都必须合理，而不能过于残酷和实际上无法执行。这是刑事审判的底线。美国联邦宪法修正案第8条规定：“不得要求过多的保释金，不得处以过重的罚金，不得施加残酷和非常的惩罚。”在我国刑事审判中，法官在作出决定和判决时，也应当注意可执行的问题，确保刑罚的轻重与犯罪分子所犯罪行和承担的刑事责任相适应（刑法第5条），避免畸轻畸重。尤须注意的是，对于法律和司法解释未作明文规定的保证金、罚金的数额，要根据案件具体情况妥善裁量，避免作出实际无法执行的裁决。

8. 慎用死刑规则。适用死刑应当特别审慎，确保死刑只适用于确属罪大恶极的犯罪分子。死刑是世界上最古老的刑罚之一，也是最为严厉的刑罚。随着人类文明的不断发展，越来越多的国家废除了死刑的适用，保留死刑的国家也对死刑的适用有着严格的限制。《公民权利和政治权利国际公约》第6条规定："在未废除死刑的国家，判处死刑只能是作为对最严重的罪行的惩罚，判处应按照犯罪时有效并且不违反本公约规定和防止及惩治灭绝种族罪公约的法律。这种刑罚，非经合格法庭最后判决，不得执行。""对十八岁以下的人所犯的罪，不得判处死刑；对孕妇不得执行死刑。"我国保留死刑，但严格控制和慎重适用死刑，适用死刑有着严格的程序限制。审判实践中，要严格把握死刑政策，切实落实各项程序规定，确保死刑适用慎之又慎。

把握住了以上5个方面共计37条规则，也就把握住了刑事审判基本正当规则的内容。刑事诉讼法和相关司法解释、规范性文件的规定都大抵在这之间，而且，世界各国的刑事诉讼法和相关国际条约也离不开这些精神。

三、适用刑事审判基本正当程序规则应当注意的问题

1. 要处理好基本正当程序规则与法定程序的关系。具体而言，主要注意以下四个问题：（1）法定程序有明确规定的，严格按照法定程序处理。只有法定程序有明显问题的时候，才可以通过法定的途径，向有关部门反映，按照法定程序运用基本正当程序规则予以矫正。（2）当法定程序规定较为模糊时，要按照基本正当程序规则解释法定程序。（3）当法定程序存有漏洞，没有明文规定的时候，要按照基本正当程序规则办事。（4）当法定程序给法官以很大的自由裁量权时，要按照基本正当程序规则来行使自由裁量权。

2. 要更加注重保护犯罪嫌疑人和被告人的程序权利。刑事诉讼中，犯罪嫌疑人、被告人同国家公权力相比，无疑处于弱势地位。只有更加注重保护犯罪嫌疑人和被告人的程序权利，才能体现程序的正当性，也

才能实现实体的公正。尤须注意的是，对于法律规定的犯罪嫌疑人、被告人的程序权利，应当尽量作更为充分的保护，以切实尊重和保障人权，实现个案公正，赢得司法公信。

3. 应当采取更有效的激励措施鼓励犯罪嫌疑人和被告人认罪。随着刑事诉讼程序对犯罪嫌疑人、被告人程序权利的保护越来越充分，审判实践可能会出现放纵一些犯罪分子的问题。对于这个问题，需要我们采取另外一些机制和办法，弥补现有的缺陷，既要坚决防止使无罪的人受到刑事追究，也要尽可能使有罪的人得到追究。而采取有效的激励措施鼓励犯罪嫌疑人和被告人认罪就是值得重视的问题。毕竟，公平和公正是刑事诉讼的重要价值，不可偏废。而且，激励被告人认罪并对其从宽处罚，也有利于预防和减少犯罪。

4. 上述 37 条规则不是最高标准也不是全部标准，而是正当程序的底线标准。刑事审判把握了这些底线标准，就不会出大的问题。当然，审判实践中的具体的操作，还是要认真学习和切实执行刑事诉讼法和司法解释的有关规定。

第十四章　行政诉讼程序的正当化

行政诉讼制度的建立和发展，是中国行政法治建设史上的不朽丰碑，是中国民主法治建设史上的华丽篇章，其重要意义无论如何强调也不过分。但不容忽视的是，制定于计划经济时代、实施至今已有二十余年的行政诉讼法已经不能充分满足人民群众日益增长的司法需求，不能充分回应行政法治建设的客观需要，亟需进一步修改完善。目前，行政诉讼法修改已经纳入本届人大立法规划，学术界和实务界已经对行政诉讼法修改的相关问题展开多方面、深层次的研究和探讨。本章拟结合诉讼理论和司法实务，就行政诉讼制度发展和改革问题作一初步研讨。

在当代中国，行政诉讼制度的建立是改革开放的重要成果，经历了一个从无到有、从不完善到逐步完善的过程。邓小平同志在党的十一届三中全会的预备会议上指出："为了保障人民民主，必须加强法制。""应该集中力量制定刑法、民法、诉讼法和其他必要的法律，例如工厂法、人民公社法、森林法、草原法、环境保护法、劳动法、外国人投资法等等，经过一定的民主程序讨论通过，并且加强检察机关和司法机关，做到有法可依、有法必依、执法必严、违法必究。"在吸引外资方面，保障外商利益特别是保障外商提起行政诉讼的权利，不仅是完善相关经济法律制度的必然要求，也是对外开放的必然要求。全国人大常委会于 1980 年 9 月 10 日通过的中外合资经营企业所得税法第 15 条规定："合营企业同税务机关在纳税问题上发生争议时，必须先按照规定纳税，然后再向上级税务机关申请复议。如果不服复议后的决定，可以向当地人民法院提起诉讼。"[1] 这是新中国成立以来，有关行政诉讼最早的、较为明确的规定。类似的法律规定还包括外国企业所得税法等。[2] 随后，统一的行政诉讼制度在民事诉讼法中正式确立。1982 年3 月8 日第五届全国人大常委会第 22 次会议通过的民事诉讼法（试行）规定，法律规定由人民法院审理的行政案件，适用本法。此为新中国行政诉讼制度的肇始。随后，一些涉及治安管理、交通运输、环境保护等的单行法律开始明确规定行政诉讼的相关内容，涉及的行政管理领域不断扩展，行政诉讼受案范围不断扩大，制定单行的行政诉讼法典势在必行。

1989 年 4 月 4 日，第七届全国人大第 2 次会议通过了行政诉讼法。这一法律的制定、通过和颁布，标志着我国行政诉讼制度全面建立起来，成为新中国立法史上最辉煌的一页。[3] 著名的宪法和行政法学家龚祥瑞先生认为，行政诉讼法的颁布，标志着当代人治时代的终结和法治时代的开始，意味着一场"静悄悄的革命"，具有划时代的里程碑意义[4]。甚至有人认为，中国真正的、实质意义上的民主政治建设和政治体制改革，是从行政诉讼制度的建立开始的。笔者赞成这种说法，因为行政诉讼制度第一次明确肯认了行政相对人具有独立的法律主体地位。而在此之前，公民的行政救济权利停留在宪法条文层面，公民权利相对于国家公权力来说空洞而虚幻。只有在进入行政诉讼之后，公民权利才

---

① 该法已被第七届全国人民代表大会第 4 次会议于 1991 年 4 月 9 日通过的外商投资企业和外国企业所得税法替代，后外商投资企业和外国企业所得税法又被第十届全国人民代表大会第 5 次会议于 2007 年 3 月 16 日通过的企业所得税法替代。

② 1981 年 12 月 13 日第五届全国人民代表大会第 4 次会议通过的外国企业所得税法第 16 条规定："外国企业同税务机关在纳税问题上发生争议时，必须先按照规定纳税，然后再向上级税务机关申请复议。如果不服复议后的决定，可以向当地人民法院提起诉讼。"该法已被第七届全国人民代表大会第 4 次会议于 1991 年 4 月 9 日通过的外商投资企业和外国企业所得税法替代，后外商投资企业和外国企业所得税法又被第十届全国人民代表大会第 5 次会议于 2007 年 3 月 16 日通过的企业所得税法替代。

③ 参见王名扬先生为《行政诉讼法通论》一书所作的序言，载于安主编：《行政诉讼法通论》，重庆出版社 1989 年版，第 1 页。

④ 龚祥瑞主编：《法治的理想与现实——〈中华人民共和国行政诉讼法〉实施现状与发展方向调查研究》，中国政法大学出版社 1993 年版，第 148 页。

变为一种现实的、受到制度保障的权利。在政治体制改革层面，行政诉讼制度建立以后，真正意义上的党政关系才成为实际的议题。行政审判以合法性审查为原则，判断一个行为的合法性不是领导人的指示、批示、讲话，也不是政策文件，而是法律规范。因此，诉讼制度首先要正确处理党政关系，并且明确被告败诉的实际法律责任承担者是作为公法人的行政机关，而不是党委的领导同志个人。所以，从这个意义讲，行政诉讼法真正启动了党政关系的改革。同时，行政诉讼制度的建立，也是我国建构法治政府和依法治国的开端。依法行政和依法治国的根本问题，是行政权力的制约问题，是公权力的合法性和有效性的问题。一个国家，如果没有任何机制来评价公权力行为的合法性和效力，并对其效力作出相应处理，就谈不上法治国家，也谈不上依法行政。

基于以上认识，笔者认为，行政诉讼制度的建立确实是我国一场深刻而广泛的革命。但是，众说称颂、影响深远的优良制度，为什么还要发展，为什么还要改革？笔者认为，主要是基于以下几点考虑：

——行政诉讼法主要围绕行政处罚行为设计，缺乏对全部行政行为科学全面的把握。由于我国行政诉讼制度起步比较晚，经验还不够丰富，所以，当时起草行政诉讼法时，对行政行为的理解基本上仅限于司法实践中常见的、一定范围内的行政处罚行为。行政处罚行为虽然是重要的行政行为种类，但并不能涵括所有行政行为种类。可以说，我国行政诉讼制度在很大程度上是以行政处罚行政案件为模型而建立起来的，造成了案件种类非常单一、制度设计缺乏通盘考虑。所以，在制度建立的科学性和合理性方面，显然需要作出较大幅度的修改和完善。

——行政诉讼法采取逐步扩大受案范围的立法思路，已经与行政执法现状、行政法治水平不相适应。在制定行政诉讼法时，立法机关当时的主导思想是首先确立这一制度，不求一步到位。建立行政诉讼制度是党的十三大提出的重要政治任务。这个任务是作为我国政治体制改革、建设社会主义民主法治的一个重大步骤提出的。可以说，只要制度建立起来就是巨大的成果。至于诉讼程序如何完善，受案范围如何扩大，整个制度如何精雕细刻，都付诸今后的推进和发展。行政诉讼法实施20多年，行政管理领域快速扩展，行政行为的类型也不断丰富，行政诉讼法的规定已大大落后于社会现实。

——行政诉讼法是在计划经济时代制定的，已经不能完全适应和回应社会主义市场经济制度建立等社会现实。任何国家的行政诉讼制度都有一个不断发展的过程，不能指望制度建立以后一成不变。行政诉讼法实施后，我国的经济制度、政治制度、文化制度、社会制度都发生了巨大而深刻的变革。行政诉讼法是在计划经济向市场经济转轨的“前夜”公布的，带有很深的历史烙印。之后，社会主义市场经济逐步确立，社会主义民主制度逐步健全，行政相对人的法治需求日益增长，行政管理和服务的领域日益宽广。在这种情况下，行政诉讼法如果不改革不发展，就跟不上时代的发展，跟不上社会转型的需要，不能适应我们社会管理创新的要求，也不能适应构建社会主义和谐社会的要求。

完善制度或者修改法律，首先应当对法律规定和法律实施中存在的问题进行梳理，并针对存在的问题进行周密设计和科学修改。历史上改革的经验告诉我们，如果改革纯粹按照脱离了现实土壤的“理想”，或者对它的病灶把握不准就强行、盲目推进的话，往往导致事倍功半，最终将有损于制度本身。改革制度本身是有成本的，不关注现实和缺乏论证的“纸面改革”可能打破原有的制度架构，更可能对原有的社会关系造成不当的冲击和扰动，带来很多负面效应甚至不可预测的风险。因此，制度革新必须坚持问题意识和“问诊”意识，坚持关注现实需要和对症下药。在行政诉讼法修改过程中，一些对于行政诉讼现状的重大共识逐步达成，主要是：

——权利救济不足。对行政相对人予以充分有效的救济，是行政诉讼的首要宗旨。行政诉讼法是救济相对人权益的法律，在行政诉讼法实施20多年里，人民法院审理了将近180万件一审行政案件，极大地保障了公民、法人和其他组织的合法权益。多年来，被告的平均败诉率大约在20%左右。据了解，这个比例即便在世界上也是比较高的。但是，我们认为对统计数据进行简单比较是不科学的，容易忽略我国行政诉讼制度实际存在的权利救济不足的问题。这是因为：第一，在行政诉讼制度历史发展进程上，我们与西方国家不可比的因素较多。西方国家经过近200多年的发展，有着比较成熟、科学、规范的行政执法制度，行政行为的合法率和正确率较高，其行政行为的撤销、变更率等败诉率指标必然较低。而我国行政行为的合法率和正确率尚处在较低水平，被告稍高的败诉率也不能认为对相对人的救济已经充分有效。第二，从目前的行政案件申诉情况来看，行政案件申诉率仍处在高位状态。在人民法院审理的所有案件中，行政案件数量的比例在1.5%左右，但是我们的申诉、上诉率通常是20%以上，甚至达到30%。行政案件上诉率、申诉率远远高于其他类案件的上诉率、申诉率。此外，在所有上诉、申诉案件中，被告一方提出上诉或者申诉的仅仅占1%强，也就是说98%以上的案件是由原告一方提出上诉或者申请再审。这也从侧面说明行政诉讼对原告一方的权利救济存在着严重问题，特别是对被告一方存在“官官相护”的问题。

——诉讼成本偏高。目前，行政诉讼成本偏高，诉讼效率也很不理想。从诉讼效率来看，行政诉讼超审限率远远高于民事诉讼和刑事诉讼。虽然存在行政诉讼案件相对复杂、协调难度较大的客观因素，但是行政审判法官人均审理案件数量比民事刑事法官整体要少90%左右，这也从侧面反映出行政诉讼效率低下的问题。此外，行政诉讼中超审限的问题，还源于行政案件大量的案外协调工作，协调不成就寻机再调，导致案件久调不决。对于相对人而言，由于案件本身存在的受理问题、人民法院司法职权配置问题、裁判方式选择问题等导致其诉讼的隐性成本也很高。

——司法功能错位。行政诉讼的功能错位表现在：第一，过分强调维护行政机关依法行使职权的宗旨。行政诉讼法在总则中将“维护和监督行政机关依法行使职权”作为行政诉讼法的立法宗旨之一。之所以明确这一宗旨，主要是考虑到当时一些行政机关对行政诉讼有一定的抵触情绪，甚至还有人坚决反对制定行政诉讼法。立法者为了赢得包括行政机关在内的更大层面的支持，将“维护”行政机关依法行使职权也作为行政诉讼的宗旨。但是，这一规定违背了行政诉讼法规定的“当事人法律地位平等”的原则，在实践中带来许多负面效应。第二，过分强调监督职能。行政诉讼法过分强调人民法院对行政行为的监督功能，忽视当事人处分权利。例如，原告申请人民法院撤诉，人民法院还要对其申请进行审查，认为不能撤诉的，裁定不准予撤诉。当事人对于自身权利处分权受到严格限制。监督功能固然重要，但是人民法院的超职权主义也应当有所改善。第三，忽视非诉执行的审查功能。行政诉讼法规定的非诉行政执行，是“维护”行政机关依法行使职权的重要方面。由于行政诉讼法没有明确对非诉行为的合法性审查，导致有的地方法院成为了行政机关的“执行庭”。第四，忽略纠纷解决功能。行政诉讼仅对行政行为合法性进行审查，对于原告诉讼请求没有充分重视，导致许多案件出现“案结事未了”的情况，背离了行政诉讼的基本职能。

——授权赋权不当。行政诉讼法对审判权应当授予的没有充分授予，导致影响行政诉讼的实际效能；行政诉讼法赋予相对人的权利还不太充分，以至于不能有效制约和监督审判权。行政诉讼法授权不足主要体现为：缺乏对规范性文件的合法性判断权、缺乏一定程度的合理性审查权等；相对人的权利授权不充分，主要体现在：受案范围仍然偏窄，诉讼权利尚不完整，不能有效监督和制约行政权。授权不足会带来司法监督和司法救济不力；赋权不当会带来审判权的滥用，产生司法腐败现象等问题。

——法律理性缺失。行政诉讼法从其工具理性、技术理性、立法技术等方面来看，还存在较多的不足和缺陷。例如，受案范围中肯定的范围不全面、排除的范围不完整；受案范围规定的标准不统一；维持判决、撤销判决和变更判决的条件之间在逻辑上存在不对应；缺乏科学的诉讼类型划分等等。

当然，行政诉讼法是在当时的历史背景下制定的，不能用现时的观念苛责当时的立法技术，而应当采取历史的和辩证的观点。此外，行政诉讼法的许多问题在制定当时就已经出现，立法者为了均衡各方意见，采取了折衷方案。随着司法实践的丰富和发展，一些司法实践证明已经成熟的理念和做法应当上升到法律层面。笔者认为，行政诉讼法的完善应当从以下六个方面来展开：

一、确保权利救济的有效性

1. 合理建构行政审判体制。修改行政诉讼法首当其冲必须解决的是合理建构行政审判体制的问题。这个问题既具有鲜明的中国特色，也具有鲜明的行政诉讼特色。在所有的行政案件中，申诉上访案件的绝大多数是相对人上诉或者申诉，说明现行司法体制下裁判整体偏向被告。偏向被告的主要原因固然有法官裁判不公或者腐败因素，但一些地方党委政府的非法干预，导致法院不敢判决被告机关败诉也是重要因素之一。从基层法院的调查发现，审理难度较大的案件集中在县政府甚至乡政府作被告的案件中。例如，县法院一旦判决乡政府败诉，直接后果是在人大评议法院时，失去一个代表团的票源。过去为了解决这一问题，最高人民法院司法解释规定了交叉管辖、提级管辖等措施，但这些都不是解决问题的根本途径。行政区划与审判体制高度一致、高度契合，必然导致行政案件受到太多干预。行政审判体制必须改变，已经成为学术界的共识。合理建构行政审判体制成为行政诉讼法修改的重中之重。有很多学者建议仿照设立海事法院的成例，设立独立的行政法院系统；也有学者从逐步完善的角度，主张根据行政区划和司法审判区相分离的原则，在中级法院以下实行基层法院行政诉讼集中管辖改革。笔者认为，无论采取何种体制完善方式，都应当以破除地方干预、维护司法公正为第一要义。

2. 弱化人民法院维护行政机关职权的功能。现行行政诉讼法对于“维护”行政机关依法行使职权的功能过分强化。由于行政诉讼法第1条“维护”的规定，在司法实践中，有些地方党政领导据此认为不论行政行为是否违法，法院都要判决维持，负面效应极为明显。事实上，合法行政行为的效力并不基于法院的裁判，而有其固有效力，不需要法院通过司法程序予以维护。行政诉讼法当时规定维持判决主要是为了获得行政机关一方的可接受性，随着司法实践的发展和行政机关法治意识的提高，取消行政诉讼法关于“维持”行政机关行使职权的时机已经成熟。但是，行政诉讼法取消“维持”功能，并不意味着对合法的行政行为不予支持，对于符合维持条件的行政行为还是要予以维持或驳回原告的诉讼请求。

3. 进一步扩大行政诉讼的受案范围。基于种种考虑，目前包括行政相对人、行政机关甚至党政领导人都主张扩大行政诉讼受案范围，主张将行政纠纷纳入法治渠道。将行政纠纷纳入到行政诉讼的法律程序，而非单纯依靠信访途径，更有助于纠纷公平公正解决的观念，已经得到了司法实践的可靠验证和社会各界的广泛认同。扩大行政诉讼受案范围主要应当关注以下几个维度：第一，重新界定行政诉讼标的。行政诉讼法规定，人民法院对行政行为的合法性进行审查。行政行为是撤销诉讼的核心概念，也是行政诉讼最重要的审查对象。但是，行政行为难以涵括事实行为、行政合同行为、不作为行为等，实际上无法涵盖行政诉讼的所有审查对象。因此，有必要将行政行为修订为行政相对人与行政机关之间产生的“行政争议”。第二，权利保护范围。行政诉讼法由于当时历史条件所限，仅仅规定对人身权和财产权进行司法保护，对于其他权利没有作出规定。从目前的行政行为涉及的公民权利来看，劳动权、受教育权、知情权、了解权、表达权、监督权、公民住宅权、通信自由和通信秘密权、救济权等还没有纳入到行政诉讼受案范围。最高人民法院司法解释虽然采取了只要行政行为对“公民权利义务产生不利影响的”均属于行政诉讼受案范围的观点，但还需要上升为法律条文。[①] 第三，适当放开可诉行政行为的范围。也就是说，要适当限制由行政机关终局裁决的行为。对于终局裁决行为应当仅局限于国家行为。对于可以通过合法性审查来判断的行为，原则上都应当纳入行政诉讼受案范围；对于行政机关针对其工作人员作出的处理行为，一般可以由行政机关处理，但涉及公民基本权利的撤职、开除等行为，应当纳入行政诉讼受案范围。第四，适当引入规范审查。学术界对于抽象行政行为的司法审查问题，研究比较深入，将其纳入到行政诉讼受案范围已经成为共识。不同观点主要是纳入审查的规范性文件是否包括规章。多数观点认为，对于规章以上的规范性文件的审查，应当按照立法法以及相关法律法规的规定解决，人民法院对于规章以下的规范性文件的合法性应当进行审查。审查的方式可以借鉴行政复议法关于附带审查的规定。

4. 适当放宽行政诉讼原告资格。从某种意义上讲，权利救济不足在很大程度上是由原告资格的设置不太科学造成的。行政诉讼法第 2 条规定，公民、法人或者其他组织认为行政机关和行政机关工作人员的具体行政行为侵犯其合法权益，有权依照本法向人民法院提起诉讼。“认为”标准是一个主观性非常强的标准，在实践中也带来不好把握的问题。最高人民法院又通过司法解释将原告资格限定在“法律上的利害关系”，但是这一标准又显得过于严格，不利于保障公民、法人和其他组织的合法权益，需要重新进行科学界定。[②] 此外，不同诉讼类型对于原告资格的限制亦不相同，因此应当注意区别情况。例如，公益诉讼的原告资格必须由单行法律明确规定才能提起。

5. 科学设定行政诉讼起诉期限。行政诉讼法第 39 条规定了两种起诉期限：公民、法人或者其他组织直接向人民法院提起行政诉讼的，应

① 《若干解释》第 1 条第 2 款规定，对公民、法人或者其他组织权利义务不产生实际影响的行为，不属于人民法院行政诉讼受案范围。该条文也可以反向推导为对公民、法人或者其他组织权利义务产生实际影响的行为，属于人民法院行政诉讼受案范围。

② 《若干解释》第 12 条规定，与具体行政行为有法律上利害关系的公民、法人或者其他组织对该行为不服的，可以依法提起行政诉讼。

当在知道作出具体行政行为之日起 3 个月内提出；法律另有规定的除外。目前，单行法律对于起诉期限的规定长短不一，有的期限太短，导致当事人很容易超过起诉期限；有的期限太长，导致行政行为效力长期处于不确定状态。因此，应当合理设定行政诉讼起诉期限。在设定起诉期限时应当注意四个问题：一是尽可能设定统一的起诉期限。即将 3 个月的起诉期限修订为 1 个月的普通起诉期限。二是设定特殊起诉期限制度。对于起诉事由在短时间内很难发现的、行政机关作出决定的先行行为发生改变、依据的规范性文件发生改变、涉及不动产等重大财产权益的情形，应当另行设定较长的特殊起诉期限。三是设定最长起诉期限制度。对于利害关系人不知道行政行为的，应当规定从知道之日或者应当知道之日起 1 年内提起诉讼。四是设定起诉期限的延长制度、除斥期间制度。通过设立相应制度，解决由于特定事由不计入起诉期限的问题。

6. 调整经过复议的案件的适格被告制度。现行行政诉讼法规定，经复议的案件，复议机关决定维持原具体行政行为的，作出原具体行政行为的行政机关是被告；复议机关改变原具体行政行为的，复议机关是被告。当时作这样的规定，主要是考虑尽可能降低被告的级别，同时复议机关维持原行政行为，原行政行为的效力仍然存续，所以应当以原行政行为的作出机关为被告。但在实践中，有的复议机关担心改变行政行为之后作被告，采取尽量维持甚至一概维持原行政行为的做法，特别是涉及信访缠诉的案件，复议机关更倾向于将矛盾解决在基层或者下级机关，更倾向于作出维持决定，以至复议虚化。复议机关亦被讥讽为“维持会”。据此，不少学者建议，强化复议机关的监督职能，在复议机关维持原行政行为的情形下，也应当将复议机关列为被告；有的学者建议复议机关可以作共同被告；还有的学者认为可以统一由复议机关作为代理人出庭应诉、复议机关委托原行政行为作出机关出庭应诉等等。我们认为，无论采取何种方式，都应当以强化复议机关依法履行行政复议法规定的监督职责为目标。

7. 合理调整管辖制度。现行行政诉讼法关于管辖的规定比较简单，应当根据行政审判实践中存在的问题，对管辖制度进行适当调整。主要是：其一，中级法院以下实行适度的集中管辖。为了解决基层法院存在的“立案难”、“审理难”和“执行难”的问题，最佳方案是设立跨区域的行政法院体制。如果行政法院方案难以实现，也可以考虑在中级法院以下打破行政区划，由特定基层法院对行政案件实行集中管辖和交叉管辖。其二，在法律规定的范围内，更多地赋予相对人以选择权，强化对当事人权利的保护。对于公民、法人和其他组织以案件重大复杂为由或者认为有管辖权的人民法院不宜行使管辖权的，可以申请由上级人民法院指定管辖。其三，吸收现有司法解释的规定，强化上级法院提审或者指定管辖的权力，以尽可能排除地方非法干预。对于上级人民法院认为下级人民法院管辖的案件自己审理或者指定管辖更为适宜的，可以决定自己审理或者指定辖区内其他法院管辖。

8. 建立逾期不受理起诉的起诉人可以向上级法院另行起诉的制度。当前行政案件“立案难”的问题仍然比较突出，原因是多方面的。有的是由于地方党政领导的非法干预，有的是由于个别地方以出台规范性文件等方式限制法院受理等等。这些违法干预极大地损害了当事人的诉权，使当事人的请求救济权不能得到有效实现。所以，应当建立逾期不受理即可“飞越”起诉的制度。对于受诉人民法院在 7 日内既不立案，又不作出裁定的，起诉人可以向上一级人民法院起诉。上一级人民法院认为符合受理条件的，应予受理；受理后可以移交或者指定下级人民法院审理，也可以自行审理。

9. 建立立案登记制度。一些地方法院受司法环境的制约，对行政诉讼法及其司法解释明确规定应当受理的案件不予受理。有的法院在收到起诉人的诉状后，既不受理，也不出具任何法律文书，极大损害了人民法院的形象和司法权威。因此，有必要对拒不立案和拒不出具法律文书的行为进行规范。人民法院应当在接到起诉状的当日予以登记，并且应当出具注明日期的收据。

10. 增设诉讼保全和先予执行制度。为了保证特定案件生效裁判得到有效的执行，要借鉴民事诉讼法的有关规定，明确规定诉讼保全制度，特别是要在财产保全制度的基础上，增设行为保全制度。明确先予执行制度，特别是对行政机关没有依法发给抚恤金、社会保险金、最低生活保障费等案件，可以根据原告申请，依法书面裁定先予执行。但是，对于在国有土地上房屋征收和补偿案件中，行政机关恶意通过行政诉讼申请人民法院先予执行的，要予以严格限制。

11. 适度强化职权调查。在以往司法实践中，借鉴民事诉讼的做法，过度强调了当事人举证，法院依职权调取证据的功能被弱化。纵观世界各国的行政诉讼制度，除了英美法系外，大陆法系国家都赋予法官依职权主动调取证据的职权。[①] 在行政诉讼中，相对人处于弱势一方，特别是在举证能力方面，更是无法与具有调查权力的行政机关相提并论，因此，有必要强化法院的职权调查。

12. 实行有限制的合理性审查。行政诉讼法规定的合法性审查原则仍然需要坚持和强调，但是，法院的司法审查不能仅限于合法性审查。从司法实践来看，随着合法性审查的加强，行政行为违反合法性原则的比例越来越少，违反合理性原则的比例越来越高，行政行为“明显不合理”的情况非常突出。对于不合理的行政行为，一般认为包括两个方面：裁量滥用和程序滥用。实际上，行政诉讼法规定的“滥用职权”是一个内涵极为丰富的概念，法院在司法实务中还没有充分地运用和掌握这一概念，影响了审理的实际效果，也不利于保护相对人的权利。行政诉讼法规定的“滥用职权”可以结合合理性审查来进行。合理性审查涉及人民法院行政诉讼审查强度的问题。对于专业性判断，一般情况下应当尊重行政机关的判断权，只有在裁量明显滥用、明显不正当的时候才能判决撤销[②]。但是在

---

① 例如，德国《行政法院法》第86条规定，法院依职权调查案情；调查时应取得诉讼参与人的协助。法院不受参与人有关证据请求及其内容的约束。日本《行政案件诉讼法》第24条规定，法院认为必要时，可以依职权进行证据调查。

② 美国《行政程序法》第706条规定，复审法院认定行政机关独断专横、反复无常、滥用自由裁量权或者其他不合法行为的，应当宣布其违法并判决撤销。我国台湾地区“行政诉讼法”第201条规定，行政机关依裁量权所为之行政处分，以其作为或不作为逾越权限或滥用权力者为限，行政法院得予撤销。

程序滥用方面，法院具有完全的审查权，可以根据正当程序原则进行判断，审查的强度较对实体问题的监督要更为有力。

13. 要明确赋予法院对一定范围内法律规范的合法性的判断权和选择适用权。现行行政诉讼法规定人民法院审理行政案件，以法律和法规为依据。该规定没有解决法律之间、法规之间发生冲突时如何适用的问题，例如，前法和后法、一般法和特别法、上位法和下位法可能会发生冲突，有冲突就会有选择适用问题。制定行政诉讼法时，立法法还没有颁布。法院无法对法律规范进行选择适用，只有“拒绝适用权”。立法法对法律规范冲突解决规则作了规定，应当在行政诉讼法中明确法院可以依据立法法的规定进行选择适用[①]。根据立法法的规定，法院能够确定如何适用的，法院可以直接进行选择适用；不能确定如何适用的，送请有权机关进行裁决。对于规章以及规章以下规范性文件，法院应当进行合法性审查，对于合法、有效、适当的，法院可以适用，对于违法、无效、不当的，法院有权拒绝适用。

14. 要进一步加大对不履行裁判的制裁力度。目前，不履行法院生效裁判的情况仍然存在，在有些地方还比较严重。解决这个问题可以采取以下几种方式：其一，目前罚款针对的对象是行政机关。我国大多数行政机关实行首长负责制，处罚行政机关不仅难以执行，而且效果不痛不痒。因此，对于拒不履行生效裁判的，人民法院可以对相关行政机关负责人和直接责任人处以罚款；[②] 其二，对不履行法院判决的行政机关采用公告方式，加大其不履行法院生效裁判的政治成本和舆论成本；其三，对不履行法院裁判的要适当加大罚款的额度。将按日处 50 元至 100 元的规定增加至 500 元至 1000 元。其四，确立上级机关协助执行制

---

① 立法法第 78 ~ 85 条对上位法与下位法、一般规定与特别规定、前法与后法之间不一致时的适用问题作了明确。

② 澳门特区《行政诉讼法典》对于实行委员会制的行政机关的法律责任甚至落实到投赞成票的委员个人。该法第 186 条有关“旨在落实执行之强迫措施”中规定，如须负责命令遵行裁判之行政机关为合议机关，则不对已投票赞成遵行裁判、且其赞成票已记录于会议记录中之成员，亦不对缺席投票、但已书面通知主席其赞成遵行裁判之意思之成员采取强迫措施。

度。法院应当在合理期间内通知负有义务的一方当事人履行；逾期不履行的，由法院强制执行。法院也可以通知行政机关的上一级机关督促义务人依法履行。[①] 其五，追究刑事责任。对于拒不履行法院生效裁判，构成犯罪的，应当明确追究其刑事责任的具体情形，防止这一规定虚化[②]。

15. 建立非诉行政案件的听证制度。根据行政诉讼法的规定，行政机关作出决定后，相对人在法定期间既不起诉又不履行的，行政机关申请法院强制执行。虽然此时相对人已经丧失了诉权和行政复议权利，但是丧失诉权和复议权的原因很复杂，有的还不是相对人的原因，单纯书面审查不利于案件的妥善处理。为了更有效地保障行政相对人的合法权益，应当设置非诉行政执行的听证制度。对于依照听证程序作出的行政行为、一旦执行后会给当事人造成重大损害且难以补救、书面审查难以查清案件事实、涉及重大国家利益和社会公共利益的，应当进行听证，法院应当根据听证结果作出是否准予执行的裁定。

16. 确立非诉行政行为审查标准。行政诉讼法对于非诉行政行为的审查标准没有规定。最高人民法院司法解释对审查标准作了明确，即对于非诉行政行为实行“重大且明显”的无效行政行为的审查标准[③]。行政强制法对此也作了类似的规定[④]。这一标准已经比较成熟，应当在行政诉讼法修改时予以明确。

---

① 这一做法已为我国台湾地区“行政诉讼法”第 305 条第 3 款所明确：债务人为“中央”或地方机关或其他公法人者，并应通知其上级机关督促其如期履行。

② 澳门特区《行政诉讼法典》第 187 条对“违令罪”作了列举：负责执行有关裁判之机关之据位人有意不按法院所定之规定遵行裁判，而未有按情况提出缺乏款项或不符合预算中指定款项，又或不执行之正当原因；合议机关之主席未将有关问题列入议程。

③ 《若干解释》第 95 条规定，被申请执行的具体行政行为有下列情形之一的，人民法院应当裁定不准予执行：（一）明显缺乏事实根据的；（二）明显缺乏法律依据的；（三）其他明显违法并损害被执行人合法权益的。

④ 行政强制法第 58 条规定，人民法院发现有下列情形之一的，在作出裁定前可以听取被执行人和行政机关的意见：（一）明显缺乏事实根据的；（二）明显缺乏法律、法规依据的；（三）其他明显违法并损害被执行人合法权益的。

二、降低行政诉讼成本

行政诉讼的成本直接关系到当事人请求权利救济的积极性，也在很大程度上决定了法院对行政行为监督的可能性，因此，只有降低行政诉讼成本（特别是隐性成本）才能有效提升行政诉讼的价值，充分发挥行政诉讼的作用。降低行政诉讼成本主要应当注意以下几个方面：

1. 增设简易程序。行政诉讼法没有设立简易程序，主要是考虑到行政行为涉及公共利益，实行独任制可能难以实现行政诉讼的目的，相对人也可能缺乏信心，因此普遍实行合议制以增强公信力，抵御某些非法干预。当前，各地受理和审理行政案件数量极不均衡，特别是在北京、上海、浙江等地的基层法院，一年受理 700～800 余件案件，案件压力较大，且相当数量的案件案情不复杂，法律关系较为简单，有必要参照民事诉讼简易程序的规定。经中央批准，最高人民法院下发了《关于开展行政诉讼简易程序试点工作的通知》，实践效果还比较好。行政诉讼法修改应当增设简易程序，但同时也要注意适用范围，只有对于基本事实清楚、法律关系简单、权利义务明确的一审行政案件，才能适用简易程序。

2. 增设紧急审理程序。在司法实践中，一些特殊案件如果按照一般的诉讼程序审理，即便最终获得胜诉的结果，也可能因已经造成无法挽回的结果导致当事人实际败诉。例如，在选举资格诉讼、考试资格诉讼中，选举日、考试日日渐临近，只有在前述日期之前获得胜诉裁判对其合法权益才能获得真正保护。“迟到的公正已经不再是公正”。因此，可以参照民事诉讼法关于特别程序和域外关于紧急程序的规定，对其予以明确。适用紧急程序的案件一般应当在立案之日起 15 日内审结。在紧急程序中，原告在提起诉讼时一并提出停止执行被诉行政行为申请的，人民法院经审查认为停止执行有利于保护原告重大利益，且不损害国家利益和社会公共利益的，应当在 48 小时内作出停止执行该行政行为的裁定。当然，紧急程序是一种特别程序，应当限定其范围。[①]

3. 增设预审程序。目前，行政诉讼法没有规定预审程序，所有案件无论繁简，案件事实和法律问题一律在开庭审理时才能确定，有的学者称为“一步到庭”。这种程序设计往往导致庭审前准备不足，进而影响庭审质量和办案质量，导致庭审拖沓、开庭次数过多等弊端。因此，有必要增设预审程序。预审程序是指在正式开庭审理之前，为了确定争议焦点和相关法律问题，法官通过审查诉讼材料并采取相应措施使案件尽快处于可以判决状态的程序。预审程序的功能主要体现在固定诉讼请求和争点、交换和固定证据、促进纠纷和解等。笔者认为，应当明确除适用简易程序审理的案件外，一般行政案件都要经过预审程序。

4. 增设代表人诉讼制度。相当数量的行政案件涉及的相对人众多，为了方便审理，应当设立代表人诉讼制度。对于同案原告为 5 人以上的，应当推选 1 ~ 5 名诉讼代表人参加诉讼；在指定期限内未选定的，人民法院可以依职权指定。

5. 增设示范诉讼制度。在大陆法系国家，对于若干背景基本相同、行政行为基本相同的案件，采取了推选若干当事人起诉的方式，该案件审理裁判后对其他当事人具有既判效力。[②] 在我国，也可以参考上述做

---

① 法国紧急审理程序分为一般法上的紧急审理程序和特殊法上的紧急审理程序。前者包括暂停执行紧急审理程序（référé-suspension）、维护基本自由紧急审理程序（référé-sauvegarde）和保全性紧急审理程序（référé-conservatoire）；后者主要包括特别法和欧共体法律规定的程序，主要是税收紧急审理程序（référé-fiscal）、视听紧急审理程序（référé-audiovisual）和缔约前紧急审理程序（référé-provision）。参见金邦贵、施鹏鹏：《法国行政诉讼纲要：历史、构造、特色及挑战——区域行政立法模式前瞻》，载《行政法学研究》2008 年第 3 期。澳门特区《行政诉讼法典》第 6 条规定紧急程序适用于：行政行为涉及公共工程承揽合同之形成、继续供应合同之形成及为直接公益提供劳务之合同之形成时，对该等行政行为提起之司法上诉程序；选举上之司法争讼程序；关于提供资讯、查阅卷宗或发出证明之诉之程序；与中止行政行为及规范之效力有关之程序；与勒令作出某一行为有关之程序；与预行调查证据有关之程序；与非特定之预防及保存措施有关之程序。

② 例如，德国《行政法院法》第 93a 条规定了示范诉讼，即以某项行政行为是否合法为诉讼标的的案件超过 20 件以上时，法院可以对其中的一个或者多个案件进行审理，其他案件中止。法院在其他案件的审理中，可以直接采信在示范诉讼中的证据。我国台湾地区“行政诉讼法”第 29 条规定，多数有共同利益之人得由其中选定 1 人至 5 人为全体起诉或被诉。诉讼系属后经选定或指定当事人者，其他当事人脱离诉讼。

法。例如，在征收国有土地上房屋案件中，若干当事人对于该幅地块的补偿标准都持有异议，可以采取个别当事人先进入诉讼，其他当事人先进行立案登记。进入诉讼后，补偿标准确定下来之后，该裁判对其他登记的当事人也同时适用。这对于减少行政诉讼成本，提高行政诉讼效率有积极意义。

6. 实行一次合法传唤的制度。行政诉讼法参照民事诉讼法（试行）的规定，确立了缺席判决的“两次传唤”制度，即经人民法院两次合法传唤，原告无正当理由拒不到庭的，视为申请撤诉；被告无正当理由拒不到庭的，可以缺席判决。1991 年制定的民事诉讼法已经取消了两次传唤制度。在司法实践中，有的行政机关利用本条规定不履行出庭义务或者等待两次传唤后才出庭，一定程度上损害了司法权威。① 行政诉讼法应当对此予以修订。

7. 设立不答辩视为承认的制度。行政诉讼法规定了行政机关举证、答辩义务。对于行政机关的举证，行政诉讼法通过举证责任予以规范。但是，对于行政机关不答辩的，行政诉讼法没有作出规定。域外的做法是，行政机关不答辩的，视为承认原告的诉讼请求，被告提出反诉，原告不答辩也视为承认被告的主张。② 为了督促行政机关依法答辩，行政诉讼法应当明确这一制度。

8. 建立科学的证据失权制度。证据失权的核心是当事人在规定的时间不提供证据的，即便之后提供证据也不能进入质证过程。当然，非

---

① 根据司法实践中出现的问题，最高人民法院行政审判庭作出了《关于如何理解〈中华人民共和国行政诉讼法〉第四十八条的答复》（2008 年 11 月 17 日，〔2008〕行他字第 26 号）：“被告未在法定期限内向人民法院提供据以作出被诉具体行政行为的证据和依据，经人民法院一次合法传唤，被告无正当理由拒不到庭的，人民法院依法作出撤销被诉具体行政行为的判决并无不妥。”

② 例如，澳门特区《行政诉讼法典》第 54 条规定，不作答辩或不提出争执，视为自认司法上诉人所陈述之事实；但从所作之防御整体加以考虑，该等事实与所作防御明显对立者，又或该等事实系不可自认或与组成调查之用之行政卷宗之文件相抵触者除外。前南斯拉夫行政诉讼法第 33 条第 3 款规定，被告在规定的期限内应将与案件有关的全部材料送交法院，如果被告提出别的理由未将材料送交法院或表示不能送交，法院可以在无此种材料的情况下对案件作出裁决。

因举证责任人主观原因造成的逾期举证应当排除在外。同时还要考虑在被告不举证的情况下，第三人提出证据能够证明自己主张或者人民法院依职权调取证据的，为了保护第三人合法权益，不应当一概视为行政行为没有证据[①]。

9. 增设委托调取证据制度。在行政诉讼中，被告可以利用公权力调取证据，而原告无此权力。虽然法院可以依照原告申请或者依职权调取证据，但是法院调取证据存在丧失中立立场的弊端，同时也不利于节约诉讼成本。因此，为了有利于获取证据，降低诉讼成本，有必要增加委托调取证据制度，即法院委托原告一方调查，同时赋予接受调查人予以配合的义务，以补强原告一方收集证据的能力[②]。即人民法院可以根据原告的申请，委托其代理律师向有关机关、组织或者公民调取与本案有关的证据，有关国家机关、组织或者公民应当协助。

10. 确立自认和禁反言制度。在诉讼过程中，对于一方没有不同意见的事实，只要认可的，可以将认可记录在案，对于该事实予以认定，不必再行调查取证。[③] 同时，为了防止当事人反言，提高行政诉讼效率，一般不能采取简单的默认，而应当建立相应的明示制度，即由表示认可的一方当事人通过书面文件、签字、盖章等方式予以固化。

11. 确立意定诉讼期限制度。目前行政诉讼法规定的各类期限均为法定期限，没有规定意定期限。为了节省诉讼期间和尊重当事人的意愿，如果各方当事人同意，可以缩短法定期限，尽可能在意定的时间内

---

① 例如，最高人民法院《关于审理行政许可案件若干问题的规定》第 8 条规定，被告不提供或者无正当理由逾期提供证据的，与被诉行政许可行为有利害关系的第三人可以向人民法院提供；……第三人提供或者人民法院调取的证据能够证明行政许可行为合法的，人民法院应当判决驳回原告的诉讼请求。

② 荷兰《行政法通则》第 8 章第 47 条规定，法院可以委托鉴定人进行调查，委托书中应当包括书面调查事项和期限。我国台湾地区“行政诉讼法”第 138 条规定，行政法院得嘱托普通法院或其他机关、学校、团体调查证据。

③ 最高人民法院《关于行政诉讼证据若干问题的规定》第 65 条规定，在庭审中一方当事人或者其代理人在代理权限内对另一方当事人陈述的案件事实明确表示认可的，人民法院可以对该事实予以认定。但有相反证据足以推翻的除外。

完成诉讼行为。

12. 明确当事人及时准确告知相关情况的义务。当前，一些当事人为了规避审判或者基于其他目的，有意错误告知或者记载住址或者法律文书邮寄地址，导致诉讼程序反复和拖沓。因此，有必要在起诉阶段和应诉阶段，明确其准确告知或者准确载明地址的义务（包括地址发生变更应及时告知法院的义务），并设定相应的法律责任，以便提高审判效率。

13. 裁判文书类型化处理。办理行政案件一般经历撰写审理报告、起草裁判文书、协调、制发裁判文书等若干环节。不同的案件繁简不同，裁判文书亦应当区别处理。提高诉讼效率应当从精简起草相关报告和裁判文书的环节入手。特别是对于当事人争议的焦点问题可以适当详写，没有争议的可以略写甚至不写；对于特定领域的行政案件有的法律文书也可以采取格式化的方式。

14. 确立再审不停止执行为原则的制度。行政诉讼法明确规定，当事人对已经发生法律效力的裁判，认为确有错误的，可以提出申诉，但生效裁判不停止执行。在司法实践中，有的法院担心执行错误，一旦进入再审程序就一概停止执行，导致有的当事人通过向人民法院申请再审达到拖延执行的目的。应当按照不同的行政诉讼类型，确立以不停止执行为原则、以停止执行为例外的制度。这种例外情况包括规定在执行裁判可能造成无法弥补的损失的情况下，应当停止执行。

15. 建立严格的原告保护制度。在司法实践中，有的行政机关败诉后，利用其持续的行政管理职权，对原告进行打击报复，让原告“赢一阵子，输一辈子”，社会反响比较强烈。对于原告遭受被告打击报复的，原告可以对新作出的行政行为重新起诉，通过重新进入诉讼对行政机关打击报复的行为进行制约和监督。法院可以按照“滥用职权”的法定事由对其进行严格审查，必要时还要追究相关责任人的法律责任，以切实降低原告的隐性诉讼成本。

三、强化行政诉讼的解纷功能

我国行政诉讼多年来即存在“上诉率高、申诉率高、服判息诉率低”的现象，一个重要原因是没有充分发挥行政诉讼解决纠纷的功能。解决上述问题的关键是要做好以下几点：

1. 将解决行政争议作为行政诉讼的基本功能。行政诉讼的基本功能是保护行政相对人合法权益、监督和维护行政机关依法行使职权、解决行政纠纷。对于祛除“维护”行政机关依法行使行政职权的功能，前文已有阐述，此不赘述。笔者认为，行政诉讼的功能应当区分直接功能和间接功能、基本功能和衍生功能。解决行政争议应当属于直接功能和基本功能范畴。而保障当事人权益、监督行政机关的功能并非法院的独特功能，其他公权力机关也有该项功能，属于间接和衍生功能。因此，在行政诉讼法立法宗旨中应当明确解决行政纠纷的功能。

2. 构建和解促进机制。当前，通过和解解决纠纷不仅有利于构建社会主义和谐社会，也与域外盛行的通过非正式裁决解决行政纠纷的趋势不谋而合。[①] 据统计，英美法系国家的行政案件，真正进入到诉讼程序的只占10%左右，90%的行政纠纷通过非正式的裁决程序得以消化。一般来说，和解制度主要通过当事人对于诉讼胜败的评估、诉讼的时间考虑、诉讼费用的承担、不履行判决的不利后果等多方面的判断，促使实现主动和解。当然，并非所有行政案件都可以采取和解方式，只有在自愿、合法的前提下，对行政机关依法享有裁量权的事项才能实行和解。

3. 明确有条件的调解结案。行政诉讼法之所以规定行政案件不适用调解，主要原因有三：一是考虑到行政机关的公权力行为不具有处分性，且当时行政诉讼法是按照行政处罚模式构建的，而行政处罚的处分

---

① 德国《行政法院法》第106条规定，只要当事人对和解的标的有处分权，为完成或者部分终结诉讼，参与人可以在法院作出笔录，或者在指定、委派的法官面前作出笔录以达成和解。

空间不大；二是担心在行政诉讼当事人地位不平等的情况下，被告利用优势地位造成调解不公的现象；三是调解可能导致行政机关败诉案件减少，社会效果不好。从目前的实践来看，行政案件数量越来越多且越来越多地案件涉及民事权益的处分，确立调解结案应当是可行的。但是同时也要看到调解的负面作用，要注意防止行政机关利用优势地位造成调解不公的倾向，注意不适宜调解的案件不能强行调解，同时，要注意调解的内容不得违反法律规定，不得损害国家利益、社会公共利益和他人合法权益。

4. 合理分配举证责任。合理的举证责任有利于减少和抑制行政纠纷的产生，特别是对无理缠讼的行为也有一定的平抑功能。从这个意义上讲，举证责任包含了息诉止争的功能。现行行政诉讼法是按照行政处罚的模型构建的，行政机关在作出行政处罚时应当具有相应的证据支持，所以在诉讼中行政机关对其作出的行政行为应当承担举证责任。但是，在行政行为种类越来越复杂的背景下，无论何种样态的行政行为均由行政机关举证，既不合理，也不科学。据统计，相当数量的行政案件是通过裁定驳回起诉和不予受理结案的，且比例高于民事诉讼，在一定程度上也反映了行政案件存在“滥诉”的问题。① 可以说，合理分配举证责任是抑制滥诉的重要工具。

5. 明确行政附带民事诉讼制度。行政诉讼法没有明确行政附带民事诉讼的主要原因在于当时的案件主要集中在行政处罚类案件，且法院内部对于行政案件是否可以附带民事案件存在争议，更有观点认为行政审判庭附带审理民事诉讼有超越职权之嫌。目前，行政案件越来越多地涉及民事权益的处理，行政审判庭和民事审判庭“各管一块”的做法已经受到了社会的广泛批评。确立这一制度的时机已经成熟。最高人民法院通过司法解释和司法政策已经明确了这一制度，需要上升为

---

① 例如，从1989年~2011年全国法院一审行政案件数量为1783272件，裁定驳回起诉的案件达到148114件。

法律规定。[①] 在民事或者刑事诉讼中对行政行为是否合法或者无效有争议的，原则上应当在行政诉讼中处理。行政诉讼已经开始的，相关的民事或者刑事诉讼应当中止。行政诉讼裁判须以民事法律关系成立为前提，而该法律关系属于民事关系且诉讼尚未终结的，人民法院应当裁定中止行政诉讼。

6. 扩大变更判决和课以义务判决的适用范围。在制定行政诉讼法时，对是否赋予法院变更行政行为的权力，曾经争议很大。法院和行政机关持完全相反态度，法院从解决争议的角度主张规定变更权，行政机关从分工角度反对规定变更权，最后立法机关采取了折衷的方案——对行政处罚显失公正的，人民法院可以判决变更。从国际范围来看，许多国家明确了法院的变更权[②]。时至今日，大多数学者甚至行政机关都认为，法院对特定事项直接作出变更，不仅有利于节约行政成本，而且有利于案结事了，应当对此予以明确。法院变更判决应当增设的情形包括：其一，所有涉及民事法律关系处理的，例如行政裁决案件；其二，涉及国家赔偿的；其三，行政行为内容与数字有关且不属于羁束裁量权范围的；[③] 其四，行政合同案件；其五，在反倾销案件中，行政机关计算的倾销幅度

---

① 例如，《若干解释》第 61 条规定，被告对平等民事主体之间民事争议所作的裁决违法，民事争议当事人要求人民法院一并解决相关民事争议的，人民法院可以一并审理。最高人民法院《关于审理行政许可案件若干问题的规定》第 13 条第 2 款规定，在行政许可案件中，当事人请求一并解决有关民事赔偿问题的，人民法院可以合并审理。最高人民法院《关于当前形势下做好行政审判工作的若干意见》明确，充分发挥行政诉讼附带解决民事争议的功能，在受理行政机关对平等主体之间的民事争议所作的行政裁决、行政确权、行政处理、颁发权属证书等案件时，可以基于当事人申请一并解决相关民事争议。要正确处理行政诉讼与民事诉讼交叉问题，防止出现相互矛盾或相互推诿。

② 例如，法国行政诉讼中的完全管辖权之诉，法官可以撤销、变更、代替重新作出决定等。参见王名扬：《法国行政法》，中国政法大学出版社 1988 年版，第 694 页。在德国，根据德国《行政法院法》第 130 条的规定，当“裁量缩减为零”时，法院可以直接变更原行政行为。在英美法国家，涉及数额计算的案件（如罚款数目）等案件，法院都可以变更；至于附带的民事诉讼，几乎所有的比较立法例都承认法院拥有变更权，不存在司法权侵害行政权的问题。

③ 最高人民法院认为，对于社会保险费用和工人工资的金额认定，如果行政机关认定的基本事实成立，但在相关金额计算上存在错误的，人民法院可以依法确定相应数额。参见最高人民法院《关于当前形势下做好行政审判工作的若干意见》（2009 年 6 月 26 日，法发〔2009〕38 号）。

或者征收的反倾销税的数额错误的。

7. 科学规范申请再审的条件、理由、时间和路径。再审案件数量逐年上升，客观上确实存在裁判不公的问题，但是当事人反复缠讼也是重要原因。这就说明对再审制度中存在的“不加筛选”、“不加区别”的立案方式有必要重新审视。科学构建再审制度，主要包括以下几个方面：其一，科学设置再审期限。目前申请再审的时间一律为2年。2年时间对于一般情况而言，存在过长的弊端。而对于发现新证据或者据以裁判的法律文书被改变等情况，又可能太短，应当分别作出规定。其二，限定再审理由。再审理由越明确具体，越有利于案件受理和审理。原有规定过于模糊导致再审准入条件随意性太大、立案人员裁量权过大，不利于降低行政案件申诉率。建议参照民事诉讼法中关于再审事由的列举规定予以完善。其三，再审路径要予以限制。目前处理涉法上访的案件，呈现出申诉、上访人多头告状，人大、政府、法院、检察院等国家机关多头处理的状况。特别是国家机关对于案件处理意见经常不一致，导致申诉、上访人严重质疑法院生效裁判，给息诉罢访带来严重困难。因此，有必要对申请再审的路径进行重新设计，明确在具体规定的条件下对于不服生效再审裁判的，申请再审人方可向检察院申请抗诉。

四、促进行政诉讼效果的最大化

当前行政诉讼的法律效果和社会效果还没有充分体现出来，行政审判的职能没有得到充分发挥。要解决这个问题，必须通过制度调整来促进效果的最大化。

1. 合理界定公法与私法调整的范围。目前，一些特定的公法纠纷是通过民事诉讼程序来解决的。比如行政合同、选民资格案件等。但是，在司法实践中，由于公法和私法的规则完全不同，公法案件适用私法规则会导致实质上的不公平。例如，村民自治组织与村民之间涉及资源分配问题，如果按照意思自治原则处理，将意味着分配随意和分配不公。这类案件有必要通过公法上的公平原则、平等原则、比例原则等来予以解决。事实上，采用公法规则调整相关争议既保证了案件处理的效果，也能有效维护公共利益和个人权益。同时，为了防止“法治国家的漏洞”，对于私法规则不能解决的争议，应当推定通过公法争议来解决。①

2. 增设行政公益诉讼制度。当前，经济交往日益频繁，社会领域的冲突和矛盾日益激烈，一些侵权行为呈现出损害扩散、受害范围广泛、受害持续时间较长和受害者众多等特点，涉及公共利益保护的各类行政案件大量呈现。在行政管理领域，行政行为往往不仅仅涉及行政相对人的个体权利，在很多情况下还涉及国家利益和社会公共利益，特别是在行政规划、行政公产、公共服务、国有资产保护、行业竞争、自然资源、公共工程建设、政策性行政垄断、产品质量监管、环境监管、医疗损害等领域。可以说，要在行政诉讼中真正贯彻科学发展观，不建立公益诉讼制度是很难实现的。行政公益诉讼首先要解决没有利害关系的或者没有直接利益关系的当事人的原告资格问题，现阶段可以采取以下两种方式：其一，由检察机关提起诉讼的方式。其二，由法律规定的特定团体提起诉讼的方式。

3. 建立行政首长出庭应诉机制。行政首长出庭应诉机制，既可以彰显行政机关依法行政的法治形象，也有助于行政机关负责人了解案件的真实情况以及行政执法中存在的突出问题。国务院有关文件对此作了明确要求。② 同时，行政首长出庭应诉还有利于案件的快速解决，尤其是一些案件行政首长能够当场决定，对于促进当事人和解、促进案件彻底解决有着积极的意义。因此，对于重大行政诉讼，被告法定代表人应当出庭应诉，确有合理原因不能参加的，应当指定1名副职负责人参加诉讼。

---

① 例如，德国的行政诉讼制度是一个兜底性的诉讼，对于非宪法的公法争议且争议并不被联邦法律和其他法院主管的，可以提起行政诉讼。我国台湾地区“行政诉讼法”第3条规定，公法上的争议，除法律另有规定外，得依本法提起行政诉讼。

② 《国务院关于加强法治政府建设的意见》要求，对重大行政诉讼案件，行政机关负责人要主动出庭应诉。

4. 科学定位和充分发挥审前程序的功能。在过去，行政诉讼审前程序没有得到重视，在定位和实施方面存在较大的不足。目前，审前程序目的是为了庭审做准备，即将审前程序完全作为准备程序。这种定位有其局限性，也浪费了宝贵的司法资源。笔者认为，审前程序既是准备程序，也是纠纷解决的促进程序。审前程序既要为开庭审理总结争点和焦点，也要以息诉止争为目标，进而降低或者消除开庭审理的成本。

5. 科学设计庭审结构。行政诉讼法规定的庭审程序与民事诉讼程序完全一致，没有关注到行政诉讼的独有特征。行政诉讼类型千差万别，有必要按照不同类型设置庭审结构。特别是要打破以往那种先法庭调查然后法庭辩论的两阶段安排方法。要将庭审设计成以解决争议问题为目标的模式，对于同一争议问题，可以调查、辩论、陈述、申辩，逐个解决争议焦点。对于不作为与作为案件、不同诉讼请求的案件，应当分类处理，对同一类型的案件采取同一种审理模式。

6. 对涉及新的法律问题的案件可以采取飞越上诉或者移送管辖的制度。行政案件新情况、新问题层出不穷，而相对刑事审判、民事审判而言，行政审判的经验尚不丰富，解决问题的手段相对短缺。一些法院在遇到新的法律问题时，习惯于通过向上级人民法院特别是向最高人民法院请示来解决。无限期的请示，导致案件久拖不决，也给当事人带来严重讼累，同时也有损害甚至剥夺当事人上诉权之嫌。在国外，一些国家对于新的法律问题采取了移送管辖或者“飞越上诉”的方法。即法院可以上提一级管辖或者当事人申请越级上诉，上级法院对此作出裁判后，下级法院可以援引判例解决，既有利于当事人服判息诉，也有利于行政机关通过撤销、改变行为化解争议。最高人民法院司法解释针对受理问题，已经规定了越级起诉制度，应当按照这一思路拓宽其适用范围①。

---

① 《若干解释》第32条第3款规定，受诉人民法院在7日内既不立案，又不作出裁定的，起诉人可以向上一级人民法院申诉或者起诉。上一级人民法院认为符合受理条件的，应予受理；受理后可以移交或者指定下级人民法院审理，也可以自行审理。

7. 创造多元化裁判方式。行政诉讼法仅仅规定了维持、撤销、变更和履行判决四种判决方式，最高人民法院司法解释又增加了确认判决和驳回原告诉讼请求判决。在确立行政诉讼类型之后，由于诉讼类型与判决的因应关系，相应地行政诉讼判决也应当逐步完善。此外，为了防止即将作出的行政行为给国家利益、社会公共利益和他人合法权益造成不可弥补的损害，还应当借鉴英美法系的阻止令制度，确立禁令诉讼。针对行政合同诉讼、规范审查诉讼，也应当借鉴域外经验和民事诉讼相关制度，确立相应的判决形式。

8. 司法建议法定化。行政诉讼法规定的司法建议制度是借鉴法国的经验确立的。但是，由于行政诉讼法对司法建议的效力规定得比较模糊，“建议”意味浓厚，法律文书意味淡薄。行政诉讼法虽然要求被建议机关将处理情况告知人民法院，但是没有规定告知期限、告知内容以及拒不告知的法律后果，被建议机关对人民法院的建议经常不予反馈，导致司法建议处于虚置和空转的状态，有必要对此进行法定化改造。

9. 适当放宽审理期限。行政诉讼法规定一审行政案件的审理期限为 3 个月，二审案件的审理期限为 2 个月。制定行政诉讼法时，涉及的案件主要是案情和法律关系都比较简单的行政处罚案件。目前，大多数行政案件案情和涉及的法律问题都比较复杂，且需要作大量的沟通、协调工作，在如此短的时间内仓促结案可能对案件质量造成不利影响。由于审限太短，报请延期审理的案件增多，而上级法院对延期审理的审批几乎是形式意义上的审批，这就事实上造成审限的延长。因此，对于审理期限应当参照民事诉讼法规定的较长审限予以延长。对于一审行政案件，法院应当在立案之日起 6 个月内作出第一审判决。对于二审行政案件，法院应当在立案之日起 3 个月内作出终审判决。法院审理不服一审裁定的上诉案件，应当在第二审立案之日起 2 个月内作出终审裁定。但当事人提供新的证据需要质证，申请鉴定、勘验、补充调查，依法延期审理、调解、公告等期间不计入审理期限。

10. 建立非诉行政案件审执分离制度。非诉行政案件的审查和执行分开，是确保司法公正的重要方面。特别是涉及国有土地上房屋征收和补偿案件，社会各界对于由司法机关对强制征收行为进行规范的呼声很高。行政强制法对于人民法院对非诉行政行为进行合法性审查也作了相应规定。目前，最高人民法院根据相关法律和法规，出台了《关于办理申请人民法院强制执行国有土地上房屋征收补偿决定案件若干问题的规定》。该司法解释明确了人民法院裁定准予执行的，一般由作出征收补偿决定的市、县级人民政府组织实施，也可以由人民法院执行。该司法解释在征收房屋案件中确立的裁执分离原则，也适用于其他非诉行政行为，应当在行政诉讼法中予以明确规定。

五、防止行政审判权怠用和滥用

行政诉讼法作为公法性质的诉讼法，必须注意防止行政审判权消极不作为和滥用。在这方面，主要应当注意以下几点：

1. 加大对有案不收的监督力度。行政案件存在的有案不收、有案不立的问题，为社会各界所诟病。在最高人民法院开通的“民意沟通信箱”中，行政案件立案难的问题高居榜首。为了切实解决这一问题，应当从以下几个方面着手：其一，在行政诉讼法中明确规定，人民法院应当保障当事人依照法律规定享有的起诉权利。其二，受诉人民法院在7日内既不立案，又不作出裁定的，起诉人可以向上一级人民法院起诉。其三，对于有案不立或者非法干预人民法院依法立案的行为，依照有关规定予以行政处分。

2. 严禁法官与当事人不正当接触。经验表明，很多审判权滥用和怠用都是因为非法和不正当接触产生的。因此，行政诉讼法必须明确严禁审判人员与当事人私下接触。审判人员在审理案件时，必须保证不单方接触。法官不得私自会见当事人及其代理人。对于违反规定的，应当追究相关人员的法律责任。另一方当事人及其法定代理人有权要求该审判人员回避。

3. 适当限制法官对行政行为的审查强度。法官是适用法律方面的专家，在不涉及或者较少涉及专业性、技术性的领域，要适当放开对被诉行政行为合理性的审查。但如果涉及专业性、技术性很强的领域，应当限制法官对行政行为的审查强度，特别是要注意不能用司法机关的自由裁量权代替行政机关的自由裁量权。

4. 强化对审判程序违法的监控。当前对于审判程序违法的监控存在着严重的“空转”问题。一些以违反审判程序为由进入再审程序的案件，经过审查后发现合法性和正当性并不存在问题。笔者认为，对单一的审判程序违法的问题不必通过再审程序来解决，而应当通过诉讼程序以外的监督程序来纠正。但是，对于既存在实体认定错误，也存在审判程序违法问题的，仍然可以通过再审程序予以监督。如此规定，既使当事人在实体权益上有所收获，也进一步提升了法院的程序公正意识。

5. 增加当事人诉讼权利与制约审判权。法官不是天使，也具有认识局限和人性弱点，也会在案件处理上出现失误。当事人由于其对自身权益的关注，必然对审判活动也非常关注。因此，与上级法院的监督、院长庭长的监督等内部监督相比，当事人的监督是最直接、最有效、最廉价的监督。当事人拥有的请求权、选择权、同意权、表达权、申请救济权足以监督法官的行为。域外行政诉讼制度中，没有像我国行政诉讼法一样设置许多监督渠道，而是重点加强当事人的监督权利，用诉讼权利监督审判权力。同时，运用当事人之间的权利义务的对称性和平衡性，保证监督的公平性。设置其他监督机制，必然也要设置对监督机制的监控机制，无形之中也会增加防控成本，而当事人监督则是零成本。因此，行政诉讼法修改必须强化当事人对审判权的监督和制约。

6. 适当强化检察机关的法律监督。新一轮的司法体制改革成果加大了检察机关法律监督的力度。最高人民法院和最高人民检察院联合印发了《关于对民事审判活动与行政诉讼实行法律监督的若干意见（试行)》等司法文件。[①] 其中，最主要的是增加了“检察建议”的监督方式。实践表明，“检察建议”也可能被滥用，应当加以适当限制。此外，检察机关作为公益诉讼原告的内容，应当在修改后的行政诉讼法中有所体现。

六、提升行政诉讼法的科学化

在行政诉讼法修改过程中，对于现行行政诉讼法中存在的一些技术问题，也应该加以解决。主要是：

1. 法律主体的名称应当科学表述。行政诉讼法规定的“公民”概念在字面意义上无法涵盖外国公民和无国籍人；行政诉讼法规定的“行政机关”的概念无法涵盖行使公共管理和服务职能的组织等行政主体。从目前来看，上述概念越来越受到局限，缺乏应有的科学性和概括性，应当适度修订，具体方法是，将“公民”表述为“自然人”，“行政机关”改为“行政主体”。具有公共管理和服务职能的企事业单位、社会团体等组织，适用行政主体的规定。

2. 对行政争议进行类型化处理。行政诉讼类型主要包括：形成诉讼（例如撤销诉讼和变更诉讼）、给付诉讼（例如一般给付诉讼、课以义务诉讼）和确认诉讼。不同的诉讼类型，在起诉条件、审理方式、裁判方式和执行上都有其特点，应适用不同的规则。现行行政诉讼法对于属于不同诉讼类型的案件采取了单一的处理方式，既不利于案件及时有效处理，也不符合诉讼科学化的要求。当然，行政诉讼类型的设计需要很高的立法技术，既不能过于繁琐，也不能过于简略。为了防止可能带来的对当事人不便的问题，人民法院可以加大释明力度，就当事人起诉的事实理由和诉讼请求等进行释明，并可要求当事人作相应补充。

---

① 此外，还包括最高人民法院、最高人民检察院《关于在部分地方开展民事执行活动法律监督试点工作的通知》（2011 年 3 月 10 日，高检会〔2011〕2 号）。

3. 受案范围采取概括式的规定。现行行政诉讼法采取的肯定式列举和否定式列举的方式，既不符合逻辑规范，也使受案范围出现了不明不白的中间地带，导致了对于受案范围的不同理解。修改行政诉讼法应当采取概括肯定加概括排除的方式，既逻辑周延，减少灰色地带，也有利于对受案范围的准确把握。当然，对于概括式的规定，可能存在解释空间较大、内容不够具体的弊端，但是，比起肯定式列举“挂一漏万”的缺陷而言，其更为科学。对于不够具体明确的弊端，将来可由最高人民法院进行司法解释予以解决。

4. 修订知识产权管辖的规定。行政诉讼法规定，确认发明专利权的一审行政案件，由中级人民法院审理。行政诉讼法实施后，我国颁布实施了一系列有关知识产权方面的法律。最高人民法院的司法解释根据有关法律规定，对知识产权行政案件已经作了较为明确的规定①。笔者认为，对于专利、商标等授权确权类知识产权一审行政案件，应当由中级人民法院管辖，并由行政审判庭审理。

5. 维持判决与撤销判决条件的表述要对称。行政诉讼法第 54 条规定的维持判决的条件是，证据确凿、适用法律法规正确、符合法定程序。而撤销判决的条件却是主要证据不足、适用法律法规错误、违反法定程序、超越职权、滥用职权等五个条件。这是不符合逻辑规范的。从形式逻辑的角度，维持判决和撤销判决应当具有对称性。现行行政诉讼法对于维持判决的特定条件只有进行扩展解释才能与撤销判决的条件相对应。修改行政诉讼法时，对于维持判决和撤销判决的条件应当按照逻

---

① 这类案件包括：不服国务院专利行政部门专利复审委员会作出的专利复审决定和无效决定的案件；不服国务院专利行政部门作出的实施专利强制许可决定和实施专利强制许可的使用费裁决的案件；不服国务院工商行政管理部门商标评审委员会作出的商标复审决定和裁定的案件；不服国务院知识产权行政部门作出的集成电路布图设计复审决定和撤销决定的案件；不服国务院知识产权行政部门作出的使用集成电路布图设计非自愿许可决定的案件和使用集成电路布图设计非自愿许可的报酬裁决的案件；不服国务院农业、林业行政部门植物新品种复审委员会作出的植物新品种复审决定、无效决定和更名决定的案件；不服国务院农业、林业行政部门作出的实施植物新品种强制许可决定和实施植物新品种强制许可的使用费裁决的案件。

辑要求进行对称规定。

6. 裁判效力的表述要科学。行政诉讼法第58条规定，逾期不提起上诉的，人民法院的第一审判决或者裁定发生法律效力。也就是说，在上诉期间内，一审裁判的效力是待定的。而根据行政诉讼法第61条的规定，原判决认定事实清楚、适用法律法规正确的，判决维持原判，而对于违法的行政行为可以判决撤销。无论是撤销判决还是维持判决，其前提均是原判具有效力。这就在逻辑上出现了问题——同一部法律中对原审判决的效力作了不同的认定，显然是硬伤，应当予以完善。

7. 明确规定行政行为可撤销和无效的关系。可撤销和无效，是行政诉讼法学上两个重要的概念。一般认为，对于“重大且明显”的违法应当认定为无效，司法解释也对此予以明确；对于一般违法的应当认定为可撤销。但是，实体法上对于无效的概念规定得比较混乱，与无效的确切含义还有较大差距。[①] 考虑到判决方式的选择，修订后的行政诉讼法应当注意厘清可撤销的行政行为与无效的行政行为的不同条件和标准。

8. 理顺行政诉讼法和其他诉讼法的关系。行政诉讼法制定之初，由于考虑多方面因素，仅对具有行政诉讼特征的内容作了规定，法条比较简略单一。司法解释明确在行政诉讼中可以参照民事诉讼法的规定，但对于如何参照和参照哪些条文没有明确，实际上导致了人民法院在审理行政案件时也无法参照民事诉讼法[②]。为了强化行政诉讼法的内部逻辑性、连贯性，准确表达行政诉讼法的立法意图，应当改变参照民事诉讼法的做法。在法国，为了建立完整的行政诉讼法体系，立法机关相对减少了转引和参照民事诉讼法的做法，目前只剩下委托调查和时效规定参照适用。除此之外，法国行政诉讼法典尽可能地切断与民事诉讼法的

---

① 例如，行政处罚法第3条第2款规定，没有法定依据或者不遵守法定程序的，行政处罚无效。该款关于“无效”的规定实际上是“可撤销”的内容。

② 《若干解释》第97条规定，人民法院审理行政案件，除依照行政诉讼法和本解释外，可以参照民事诉讼的有关规定。

关系。[1] 修改行政诉讼法应当尽可能根据行政诉讼的需要吸收已经成熟的民事诉讼法条文，促进行政诉讼法的完整化、精密化和科学化。但如果立法者要节省立法资源，也可以参照民事诉讼法，但应当明确参考的范围和条款。

当然，修改行政诉讼法是一项涉及国计民生的大事，必须在慎重的前提下稳步推进。在修改过程中还应当注意以下几个关键问题：

第一，要集思广益，兼顾各方诉求。在行政诉讼法修改中，既要关注行政相对人和律师界的诉求，也要关注被告行政机关的诉求，还要关注人民法院的司法实践诉求。从修改民事诉讼法的情况来看，社会各界的诉求都不相同，诉求的程度也千差万别。因此，要注意从依法治国的高度对各方诉求进行排序、析理和吸纳，同时注意行政诉讼本身的规律，对行政诉讼法进行整体检视、补缺和完善。

第二，要关注重点，照顾一般情况。要坚持马克思主义哲学的“两点论”，既要照顾重点，也要关注一般。既要注意解决行政诉讼实践中的主要矛盾或者矛盾的主要方面，也要关注行政诉讼实践中的次要矛盾或者矛盾的次要方面。特别是注意从行政诉讼基本体系着手，着眼宏观架构，不能头痛医头、脚痛医脚，要做到重点性和一般性的统一和兼顾。

第三，要注重平衡，正确处理各种关系。在修法过程中，要注意坚持平衡理念，正确处理各种关系的平衡。处理好保护权利和履行义务的平衡，处理好纠纷解决与权利救济的平衡，处理好权利救济与监督行政机关依法行政的平衡，处理好行政行为合法性、合目的性与合正义性的平衡，处理好追求实体法和程序法目标的平衡。

第四，要适当前瞻，保持法律稳定。在修法过程中，也要注意防止由于问题研究不够深入，论证不够详细，出现解决一个问题又冒出另一个问题的“翻烧饼”甚至矫枉过正的情况。在制度设计时，对于可能出

---

① 张莉：《法国行政诉讼法典化述评》，载《法学家》2001 年第 4 期。

现的问题要充分考虑，既要关注积极意义，也要防止负面效应，保证制度完整、良善、稳定和有效，否则可能不利于行政诉讼制度的健康发展，损害人民群众对于法治的基本信任。

行政诉讼法修改关乎世情、国运、民生，关乎民主、法治、和谐，因此，必须要有大思路、大手笔，同时也要关注实践中的重点、难点，在广泛征求各方意见的基础上，借鉴域外先进立法例和成功经验，创立科学、有效的行政诉讼制度。

图书在版编目（CIP）数据

程序法治的制度逻辑与理性构建／江必新著．—北京：中国法制出版社，2014.6

（十八大与法治国家建设）

ISBN 978－7－5093－5455－1

Ⅰ.①程…　Ⅱ.①江…　Ⅲ.①社会主义法制－建设－研究－中国
Ⅳ.①D920.0

中国版本图书馆 CIP 数据核字（2014）第 126961 号

策划编辑　马　颖　　责任编辑　谢玲玉　周林刚　　封面设计　李　宁

程序法治的制度逻辑与理性构建

CHENGXU FAZHI DE ZHIDU LUOJI YU LIXING GOUJIAN

著者/江必新

经销/新华书店

印刷/三河市紫恒印装有限公司

开本/710×1000 毫米　16　　印张/19.5　字数/279 千

版次/2014 年 6 月第 1 版　　2014 年 6 月第 1 次印刷

中国法制出版社出版

书号 ISBN 978－7－5093－5455－1　　定价：57.00 元

值班电话：010－66026508

北京西单横二条 2 号　邮政编码 100031　　传真：010－66031119

网址：http：//www.zgfzs.com　　**编辑部电话：010－66066324**

市场营销部电话：010－66033393　　**邮购部电话：010－66033288**